KB216116

곽선희 목사 설교집
65

# 은혜로 은혜 되게 하는 은혜

곽선희 지음

계몽문화사

# 머 리 말

　'복음은 들음에서'—이는 진리이며 우리의 경험입니다. 하나님께서 우리에게 주신 복 가운데 가장 큰 복은 말씀을 주신 것입니다. '말씀이 육신을 입어서 오신 것'입니다. 말씀을 주셨고 들을 수 있게 하셨고 마음문을 열고 받아 믿게 하신 것, 참 놀라운 은혜입니다.

　말씀은 단순한 지식이 아닙니다. 추상적인 이론이 아닙니다. 말씀은 선포되는 하나님의 계시적 능력인 것입니다. 말씀의 권능, 그 능력을 알고 체험하면서 비로소 '말씀 안에서 태어나는 생명적 기적'이 나타나게 됩니다. 오늘도 그 말씀이 증거되고 새롭게 선포되고 있습니다. 설교가 곧 말씀입니다. 성령의 역사와 함께 끊임없이 이루어지는 생명의 역사입니다. 이 선포되는 말씀, 증거되는 진리를 통하여 구원의 능력은 항상 새로워집니다. 말씀 안에서 새 생명이 탄생하고 말씀 안에서 영혼이 소생하며, 그 큰 능력 안에서 우리는 강건해집니다. 우상을 이기는 능력의 사람으로 성장해가는 신비롭고 놀라운 사건을 강단에서 늘 경험하고 있습니다.

　여기에 또다시 설교말씀을 모아 책자로 내어놓습니다. 예수소망교회 강단을 통하여 하나님께서 우리에게 주신 말씀입니다. 이제 그 말씀을 책자로 엮어 내어놓음으로써 우리가 시간과 공간을 초월하여 개별적으로 하나님을 만나게 되는 '말씀의 역사'에 귀중한 방편이 되고자 합니다. 책자라는 그릇에 담긴 이 말씀들은 읽는 자의 마음 안에서 또다른 '말씀의 신비한 기적'을 낳게 되리라 확신합니다.

　한 시간 한 시간의 설교를 위하여 간절히 기도해주신 모든 성도들과 이 책자를 출간하기까지 수고해주신 여러분께 진심으로 감사를 드립니다. 그리고 또다시 영광을 오직 하나님께 돌리면서……

곽 선 희

**곽선희** 목사
장로회 신학대학 졸업
프린스턴 신학석사
풀러신학 선교신학박사
인천제일교회 목사
장로회 신학대학 교수 역임
숭의여자전문대학 학장 역임
서울장로회신학교 교장 역임
소망교회 원로목사
예수소망교회 동사목사

곽선희 목사 설교집 제65권

# 은혜로 은혜 되게 하는 은혜

인쇄·2022년 2월 15일
발행·2022년 2월 20일
지은이·곽선희
펴낸이·김정수
펴낸곳·계몽문화사
등록일·1993년 10월 11일
등록번호·제2016-2호
전화·(02)995-8261
정가·23,000원
총판·비전북 / (031)907-3927

ISBN 978-89-89628-48-4   03230

은혜로 은혜 되게 하는 은혜

# 그 믿음의 현주소

예수께서 즉시 제자들을 재촉하사 자기가 무리를
보내는 동안에 배를 타고 앞서 건너편으로 가게 하시
고 무리를 보내신 후에 기도하러 따로 산에 올라가시
니라 저물매 거기 혼자 계시더니 배가 이미 육지에서
수 리나 떠나서 바람이 거스르므로 물결로 말미암아
고난을 당하더라 밤 사경에 예수께서 바다 위로 걸어
서 제자들에게 오시니 제자들이 그가 바다 위로 걸어
오심을 보고 놀라 유령이라 하며 무서워하여 소리 지
르거늘 예수께서 즉시 이르시되 안심하라 나니 두려
워하지 말라 베드로가 대답하여 이르되 주여 만일 주
님이시거든 나를 명하사 물 위로 오라 하소서 하니
오라 하시니 베드로가 배에서 내려 물 위로 걸어서
예수께로 가되 바람을 보고 무서워 빠져 가는지라 소
리 질러 이르되 주여 나를 구원하소서 하니 예수께서
즉시 손을 내밀어 그를 붙잡으시며 이르시되 믿음이
작은 자여 왜 의심하였느냐 하시고 배에 함께 오르매
바람이 그치는지라 배에 있는 사람들이 예수께 절하
며 이르되 진실로 하나님의 아들이로소이다 하더라
(마태복음 14 : 22 - 33)

# 그 믿음의 현주소

아마도 한 2백 년 전 이야기입니다. 영국의 요한 웨슬리라는 분이 배를 타고 미국으로 선교여행을 떠나게 되었습니다. 가는 중에 큰 풍랑을 만났습니다. 모두가 두려워 떨면서 하나님께 기도하고 울부짖는 시간입니다. 그때 요한 웨슬리는 밝은 얼굴로 조용히 찬송을 부르고 있었습니다. 선장이 그에게 꾸짖듯이 말했습니다. "당신은 하나님도 없소? 하나님도 믿지 않소? 이 어려운 지경인데, 하나님 앞에 부르짖으며 기도해야지, 어찌 당신은 찬송만 부르고 있소?" 그러자 요한 웨슬리가 한 말입니다. "걱정하지 마십시오. 잘 갈 겁니다. 미국을 가든지, 천국을 가든지, 둘 중 한 곳에는 잘 가게 될 것입니다." 유명한 이야기입니다.

우리 가운데에는 근심 걱정이 많습니다. 어떤 분은 이런 이야기까지 합니다. "요새 나는 신문 안 봐." 신문을 보면 마음이 자꾸 어두워지고 좋지를 않아서 숫제 보지 않는다는 것입니다. 어쨌든 근심 걱정이 많은 것입니다. 정치적으로, 경제적으로, 사회적으로, 문화적으로, 가정적으로요. 이처럼 내심 여러 가지 근심 걱정이 있는데, 그 원인이 뭐겠습니까? 세상 때문입니까? 사업 때문입니까? 인간관계 때문입니까? 아니면, 흔히 말하는 대로 환경 때문입니까? 아닙니다. 모든 근심 걱정의 원인은 믿음입니다. 믿음이 흔들리기 때문입니다. 하나님을 믿지 못하고, 사람도 믿지 못하고, 나아가 나 자신조차도 믿을 수 없기 때문입니다. 모든 불안과 공포의 원인은 믿음입니다. 이걸 잊지 말아야 합니다.

좀 더 신학적으로 정리하면, 믿음은 세 가지 차원에서 이루어집니다. 첫째, 믿음은 하나님의 존재와 그 능력을 믿는 것입니다. 하나님께서 천지를 창조하셨고, 하나님께서 섭리하시고, 하나님께서 세상을 주관하시고, 하나님께 그 능력이 있으시다, 이것입니다. 창조의 능력, 경륜의 능력, 오늘 우리를 다스리시는 모든 능력을 우리는 믿는 것입니다. 하나님의 능력에 대한 믿음입니다. 둘째, 믿음은 하나님의 지혜를 믿는 것입니다. 이 믿음이 필요합니다. 하나님의 능력도 우리가 헤아릴 수 없지만, 하나님의 지혜는 무궁무진한 것입니다. 내 생각에는 분명 잘못되는 것이고, 아무 소망이 없는 것처럼 보이는데도 아닙니다. 하나님께는 역사의 시작이요, 새로운 장을 여는 것입니다. 하나님의 경륜, 이 경륜적 지혜에 대한 믿음이 있어야 됩니다. 우리의 개인적인 작은 경험에서도 그렇습니다. 우리가 실패하기도 하고, 성공하기도 합니다마는, 어떻습니까? 실패가 없었으면 성공도 없었습니다. 내가 병들지 않았으면 이만한 믿음도 없었습니다. 생각해보면 우리가 당하는 여러 가지 마음에 안 드는 일들이 다 하나님의 경륜과 지혜 속에서는 귀한 일들입니다. 좀 더 생각해보면 우리는 종종 하나님의 능력만을 생각하며 기도합니다. "하나님, 병 고쳐주세요. 하나님, 성공하게 해주세요. 하나님, 모든 문제를 해결해주세요." 그렇습니다. 그러나 하나님의 지혜에 대한 기도가 부족합니다. "하나님의 지혜를 알게 해주세요. 그 경륜을 내가 깨닫게 해주세요." 그럼 얘기가 달라집니다. 하나님의 능력을 구할뿐더러, 하나님의 지혜를 구하는 믿음이 있어야 됩니다. 그리고 셋째, 더 중요한 믿음이 있습니다. 그것은 사랑입니다. "하나님의 사랑을 알게 해주세요. 하나님의 사랑을 확증해주세요. 어떤 일을 당하든지, 이것

이 나를 향한 하나님의 사랑이라고 간증하게 해주세요." 이런 기도
가 필요합니다. 그런고로 하나님에 대해서는 하나님의 능력, 하나님
의 지혜, 하나님의 사랑, 이 세 차원의 사실을 믿어야 합니다. 이것
을 확실히 믿고, 거기에 도달해야 비로소 바른 신앙이라고 할 수 있
습니다.

신앙에는 두 가지 날개가 있습니다. 하나는, 그 믿음을 받아들
이면서 믿음이 확신으로 바뀌게 되는 것입니다. 객관적 신앙에서 주
관적 신앙이 되는 것이지요. 그래서 확신을 얻게 됩니다. 또 하나는,
그에 따라서 순종하게 되는 것입니다. 믿고 순종합니다. 믿고 기뻐
합니다. 믿고 찬송합니다. 그것이 신앙입니다. 아브라함이 하나님
을 믿음으로 말씀을 따라 고향을 떠납니다. 갈 바를 알지 못하고 고
향을 떠납니다. 아브라함의 믿음입니다. 여기에는 모험이 있습니다.
그러나 하나님을 믿는 믿음 안에서 조용히 순종하고, 그와 같이 먼
순례의 길을 떠납니다.

우스운 이야기 하나 하겠습니다. 1963년의 일이니까 아주 오래
전 이야기지요. 당시 우리나라에서 처음으로 만든 자동차가 있었습
니다. 바로 '브리사'입니다. 엔진이 2기통인 조그마한 차입니다. 원
래는 오토바이에 사용되던 엔진을 자동차에 넣은 것입니다. 어느 날
제가 시무하던 교회가 운영하는 학교에서 그 차를 사들였습니다. 한
데, 그 차의 운전을 저한테 맡겨서 제가 그 차를 타게 되었습니다.
아주 새 차입니다. 근데, 그걸 타고 집에 오니, 그때 아주 어렸던 우
리 아이들이 그걸 보고 얼마나 좋아했겠습니까. 아버지가 차를 가져
왔다면서 전부 다 그 차에 올라탔지요. 아이들이 조릅니다. "아빠,
빨리 가! 빨리 가!" 그래 제가 그걸 몰고 가는데, 제 아내는 타지 않

고 밖에 그대로 서 있는 것입니다. 그래 제가 아내를 보고 말했지요. "여보, 당신도 여기 타지?" 그래도 안 탄답니다. 남편을 믿지 못하는 것입니다. 그래 그 말을 했더니, 아내가 한 말이 이랬습니다. "나는 당신은 믿어도 당신의 운전기술은 못 믿어요." 그래서 끝내 안 탔습니다. 그런데 요즘은 제 차에 아내를 태우면 타자마자 잡니다. 시작부터 끝까지 잡니다. 그래서 왜 그렇게 자느냐고 하니까 어차피 천당에 같이 갈 텐데, 신경 안 쓰고 그냥 잔다는 것입니다. 편안한 마음으로요.

믿음이 무엇입니까? "믿습니다!" 한다고 되는 것이 아닙니다. 올라타야 합니다. 운명을 같이해야 합니다. 그것이 믿음 아니겠습니까. 말로는 믿는다고 하면서 정작 행동은 없다면 평안도 없고, 용기도 없는 것 아니겠습니까. 오늘본문은 베드로의 믿음을 생생하게 보여주는 중요한 계시의 말씀입니다. 베드로가 물 위로 걸어오시는 예수님을 봅니다. 그리고 그 예수님을 향해서 물 위로 걸어갑니다. 이런 이야기입니다. 아무리 생각해도 이 장면에는 귀하고 놀라운 계시의 의미가 담겨 있습니다. 왜냐하면, 불과 얼마 전에 큰 사건이 있었던 것입니다. 바로 예수님께서 5천 명을 먹이신 사건입니다. 떡 다섯 덩이와 물고기 두 마리로 5천 명을 먹이시는 기적을 베드로는 보았던 것입니다. 베드로가 그때 시중을 들었습니다. 바구니를 들고 다니면서 나누어주는 일을 한 것입니다. 그 엄청난 감격을 경험하고, 지금 저녁이 된 것입니다. 그런데 예수님께서는 산에서 좀 더 기도하겠다고 하십니다. 그래서 기도하셨고, 제자들은 배를 타고 먼저 떠난 것입니다. 그런데 바다에 큰 풍랑이 일었습니다. 예수님께서는 제자들이 풍랑 때문에 시달리는 것을 아시고 물 위로 걸어서 제자들

에게 오셨다는 것 아닙니까. 이 물 위로 걸어오시는 예수님이 누구
십니까? 5천 명에게 떡을 먹이신 그분입니다. 바로 그분이 걸어오시
는 것을 보면서 베드로가 고백합니다. "예수님, 정말로 주님이시면
제게 명하사 물 위로 걸어오라고 말씀해주십시오. 제가 걸어가겠습
니다." 이런 이야기입니다. 그런데 예수님께서는 마음이 참 인자하
십니다. 베드로에게 걸어오라고 하십니다. 그리고 베드로가 예수님
을 보고 물 위로 걸어갑니다. 지금 이 장면까지만 생각해보십시오.
얼마나 엄청난 믿음입니까. 베드로는 압니다. 말씀하시면 말씀에 능
력이 있고, 말씀에 순종할 때 예수 그리스도의 능력이 자기에게 있
다는 것을 압니다. 이것이 성경적 진리입니다. 말씀대로 순종하면
말씀의 능력이 현실화된다는 것을 압니다. 우리는 그것을 알아야 합
니다. 지금 그런 장면입니다. 베드로는 말씀이 떨어지자마자 물 위
로 걸어갑니다. 이게 가능했다는 말입니다. 예수님께서만 물 위로
걸어가시는 게 아니라, 베드로도 걸어갈 수 있었습니다. 물 위로 걸
어가는 두 분의 장면을 상상해보십시오. 얼마나 굉장한 일입니까.
그런데, 성경에 보면 베드로가 바람을 보고 무서워했다는 것입니다.
바람을 보고 말입니다. 바람을 안 보고 예수님만을 보아야 하는데,
그만 바람을 보고 무서워했다는 것입니다. 그리고 그는 바다에 빠져
들어 갑니다. 그때 예수님께서 그의 팔을 잡아 일으키시면서 하시는
말씀입니다. "믿음이 작은 자여, 어찌 의심하느냐?" 얼마나 귀중한
말씀입니까. 말씀 안에 능력이 있음을 체험적으로 경험했습니다. 그
런데 바람을 보고 무서워 빠져가는지라― 아주 유감스럽습니다. 이
장면이 너무너무 안쓰럽습니다. 그는 왜 바람을 보았을까요? 예수
님만 보면 되는데 말입니다. 풍랑이 있건 말건, 아무리 바람과 파도

가 밀려 오더라도 예수님만 보면 되는데 말입니다. 예수님께로부터 시선을 바다로 돌리는 동안 그는 물속에 빠져들어 갑니다.

여러분, 세상 풍랑이 심합니다. 정치, 경제, 문화…… 모든 면에서 감당할 수 없을 만한 파도가 밀려옵니다. 이제 무엇을 보아야겠습니까? 파도도 보지 말고, 바람도 보지 말고, 예수님만 보아야 한다는 것입니다. 예수님께 초점을 맞추고, 예수님께 운명을 맡기고, 그분만 바라보았어야 한다는 말입니다. 집중적으로 바라보아야 합니다. 여기서 시선이 떨어질 때 근심 걱정에서 헤어날 수 없습니다. 이 풍랑 속에 빠져들 수밖에 없는 것입니다. 그것이 우리의 현실입니다. 성도 여러분, 우리 믿음의 현주소가 어디 있습니까? 예수 그리스도께 초점을 맞추어야 하겠습니다. 그리고 말씀을 듣고, 예수님만 바라보고, 예수님의 말씀만을 듣고, 예수님만 보고 앞으로 나아가야 할 것입니다. 바람과 물결은 신경 쓰지 말아야 합니다. 시선을 예수님께로부터 잠시라도 떼어서는 안 됩니다.

1947년(2월 11일)은 토머스 에디슨이 출생한 지 100년이 되는 해입니다. 그것을 기념하는 축하파티가 열렸을 때 그가 평생 쓰던 책상서랍 하나를 열어보았다고 합니다. 그 안에는 종이 한 장이 들어 있었습니다. 거기에 이렇게 쓰여 있더랍니다. '캄캄한 곳에 떨어질 때 누가 뭐래도 요나를 생각하라.' 요나가 하나님 앞에 범죄함으로 그는 물속에 빠졌고, 큰 물고기 뱃속에 들어갔습니다. 그러나 그 요나를 통하여 하나님께서는 니느웨 성을 구원하시는 역사를 이루셨습니다. 요나를 생각하라— 얼마나 중요한 말씀입니까. 요나를 생각하라—

여러분, 내 믿음은 어느 정도입니까? 예수님께서는 베드로에게 "믿음이 작은 자여!" 하고 말씀하십니다. 그렇습니다. 믿음이 없는 것이 아닙니다. 믿음이 작은 것입니다. 믿음이 너무나 약하고 초라한 것입니다. 분명히 믿기는 믿는데, 예수님께 초점을 맞추지 못했습니다. 초점이 흔들립니다. 여러분, 다시 한번 정리해보십시다. 세상은 끝없이 흔들리고 있습니다. 그러나 우리가 믿는 것은 세상이 아닙니다. 어느 정치가도 아닙니다. 어느 이념도 아닙니다. 오직 예수님께 우리의 시선을 맞추고 흔들리지 말아야 할 것입니다. 우리의 물결이 내 몸에 부딪힐 때까지 다가오더라도 저 사나운 물결과 파도를 바라보지 말아야 합니다. 그리고 주님만 바라보고, 주의 음성에만 귀를 기울일 때 능히 이 풍랑을 헤쳐나갈 수 있을 것입니다.

다시 한번 수로보니게 여인에게 하신 말씀을 생각합니다. 예수님께서 이 여인에게 "네 믿음이 크도다!" 하셨습니다. 네 믿음이 크다— 오늘 베드로를 향해서는 "네 믿음이 작다!" 하셨는데, 수로보니게 여인에게는 "믿음이 크다!" 하십니다. 크다는 말이 헬라어로는 '메가스'입니다. '메가(mega)'의 어원입니다. "네 믿음은 메가톤급이다!" 하고 칭찬하신 것입니다. 확실히 믿음은 있습니다. 우리에게도 믿음이 있어서 여기까지 온 것입니다. 그러나 믿음이 작습니다. 희미하고 흔들립니다. 하지만 위대한 믿음, 큰 믿음, 확실한 믿음, 그 믿음이 세상풍파가 심하고, 세상이 흔들려도 우리 마음을 고요하게 할 것이고, 우리의 발걸음을 온전한 영생으로 향하게 할 것입니다.

여러분, 내 믿음을 한 번 점검해보십시다. "믿음이 작은 자여, 어찌 무서워하느냐?" "네 믿음이 크다. 네 소원대로 되리라." 여러분은 어떤 믿음을 가지고 계십니까? 우리의 믿음을 재점검해서 위대한 믿음, 큰 믿음, 세상을 이기는 믿음, 그 믿음의 소유자가 되어

야 할 것입니다.　△

# 심히 아름다운 땅

온 회중이 소리를 높여 부르짖으며 백성이 밤새도
록 통곡하였더라 이스라엘 자손이 다 모세와 아론을
원망하며 온 회중이 그들에게 이르되 우리가 애굽 땅
에서 죽었거나 이 광야에서 죽었으면 좋았을 것을 어
찌하여 여호와가 우리를 그 땅으로 인도하여 칼에 쓰
러지게 하려 하는가 우리 처자가 사로잡히리니 애굽
으로 돌아가는 것이 낫지 아니하랴 이에 서로 말하되
우리가 한 지휘관을 세우고 애굽으로 돌아가자 하매
모세와 아론이 이스라엘 자손의 온 회중 앞에서 엎드
린지라 그 땅을 정탐한 자 중 눈의 아들 여호수아와
여분네의 아들 갈렙이 자기들의 옷을 찢고 이스라엘
자손의 온 회중에게 말하여 이르되 우리가 두루 다니
며 정탐한 땅은 심히 아름다운 땅이라 여호와께서 우
리를 기뻐하시면 우리를 그 땅으로 인도하여 들이시
고 그 땅을 우리에게 주시리라 이는 과연 젖과 꿀이
흐르는 땅이니라 다만 여호와를 거역하지는 말라 또
그 땅 백성을 두려워하지 말라 그들은 우리의 먹이라
그들의 보호자는 그들에게서 떠났고 여호와는 우리
와 함께 하시느니라 그들을 두려워하지 말라 하나 온
회중이 그들을 돌로 치려 하는데 그 때에 여호와의
영광이 회막에서 이스라엘 모든 자손에게 나타나시
니라

(민수기 14 : 1 - 10)

## 심히 아름다운 땅

유명한 심리학자 롤로 메이가 쓴 「창조의 용기(The Courage to Create)」라는 책이 많은 사람들에게 깊은 감명을 주고 있습니다. 사람에게 가장 중요한 것은 용기입니다. 용기는 내적인 것입니다. 그런데 이 용기의 근원이 어디에 있느냐, 하는 것입니다. 그의 연구는 우리 마음에 깊은 깨달음을 줍니다. 첫째는 신체적 용기입니다. 건강하면 용기가 있지만, 병들면 그만 용기가 줄어들고 맙니다. 젊은 사람들은 건강하니까 용기가 있습니다마는, 우리 노인들은 그렇지를 못합니다. 젊은 사람들은 다리도 그냥 건너가지 않고 건너뛰려고 합니다. 신체적 용기입니다. 젊으니까 가능합니다. 그러나 나이 든 사람들은 돌다리도 두드려보고 가야 합니다. 지팡이를 짚고 다니는 사람에게는 용기가 없습니다. 범사에 용기가 없습니다. 그러니까 건강이 주는 용기, 이를 신체적 용기라고 하는 것입니다.

둘째는 도덕적 용기입니다. 이게 중요합니다. 잠언에도 이런 말씀이 있습니다. "죄인은 쫓아오지 않는 자가 없어도 도망간다." 죄를 지은 사람, 양심의 가책을 느끼고 사는 사람은 용기가 없습니다. 목소리는 큰데, 용기는 없는 것입니다. 이걸 알아야 합니다. 그래서 우리가 아이들에게나 인간관계에서 "그것이 사실이냐?" 하고 물을 때 "사실이에요" 하고 조용하게 말하면 진짜고, "진짜예요!" 하고 크게 말하면 거짓말입니다. 목소리만 크지, 도덕적으로 자신이 없거든요. 도덕적으로 깨끗해서 남이 뭐라고 하든 그냥 밀어붙일 수 있는 용기, 그것이 도덕적 용기입니다.

셋째는 사회적 용기입니다. 많은 사람들이 나를 지지해주느냐, 하는 것입니다. 요샛말로 하면, 언론의 효과입니다. 여론입니다. 많은 사람들이 몇 프로, 몇 프로인지에 엄청 신경을 쓰고 있지 않습니까. 사실 프로테이지는 그리 중요한 것이 아닙니다. 백성들이 많이들 밀어준다고 다 옳은 것입니까? 여러분, 진리는 고독한 것입니다. 예수님께서 십자가에 돌아가실 때 많은 사람들이 모여서 예수님을 십자가에 못박으라고 소리를 질렀습니다. 그것이 옳습니까? 이걸 잊지 말아야 합니다. 그러나 요새 많은 경우에 여론이 옳다고 하면 옳은 것이라는 생각이 드는 때가 많습니다. 거기서 용기를 얻으려고, 이 한마디를 하기 위해서 이분이 책 한 권을 쓰고 있습니다. '용기의 근본은 창조적인 것이다. 하나님이 내 편이다, 할 때 용기가 있는 것이다. 내 양심이 나를 성원해 줄 때 용기가 있는 것이다. 진리 앞에 떳떳할 때 죽어도 용기가 있는 것이다.' 이것이 용기의 근본이라는 것입니다. 그런데 이렇지 못할 때 문제가 있는 것입니다. 나의 잘못된 것, 내가 알고 있지 않습니까. 그러면 용기가 없는 것입니다. 내가 잘못된 것은 내가 압니다. '하나님께서 내 편이시다. 하나님께서 나와 함께 계셨고, 지금도 함께 계신다.' 이렇게 말할 때 생기는 용기, 이것을 가리켜 '창조적 용기'라고 명명합니다. 그렇습니다. 창조적 용기가 필요합니다. 하나님과 나와의 관계에서 말입니다. 마르틴 루터의 말대로 하면 '하나님 앞에 정직할 때 얻어지는 용기'입니다. 이것만이 참 용기요, 창조적 용기다, 이것입니다. 이를 오늘말씀대로 바꾼다면, 바로 '믿음에서 나오는 용기'입니다. 하나님을 믿는 용기, 하나님의 능력을 믿는 용기, 하나님의 지혜를 믿는 용기, 하나님의 절대적 사랑을 믿는 용기 말입니다. 여기서부터 용기를 얻을 수 있는 것이다, 이것입니다.

여러분, 용기의 반대가 뭐겠습니까? 바로 두려움입니다. 오늘 우리에게서 가장 어려운 문제가 바로 이 두려움입니다. 그래서 양심도 흔들리고, 용기를 잃고 살아가는 것입니다. 요새 사람들을 보니까 다들 깊은 영적 용기가 없습니다. 그래서 이랬다저랬다, 아주 초라하기 짝이 없습니다. 아주 비참할 정도입니다. 두려움과 공포에 떨고 있는 것입니다. 보십시오. 먼저, 과거에 집착하는 사람은 용기가 없습니다. 지난날에 잘못한 일이 많거든요. 그 후회가 자꾸 자기를 괴롭히는 것입니다. 여기에 매여 있는 동안 그는 용기의 사람이 될 수 없습니다.

또한, 미래가 불확실합니다. 앞이 안 보입니다. 이래서 문제입니다. 요새 많은 사람들이 용기를 잃어버렸습니다. 미래가 안 보입니다. 좀 더 냉철하게 말씀드리자면, 천당이 보이지 않는 것입니다. 스데반처럼 비록 돌에 맞아 쓰러지는 순간이라도 눈앞에 하늘나라가 열려야 합니다. 주님께서 저기에 서 계십니다. "어서 올라오라!" 하시며 내려다보고 계시는 것을 봅니다. 스데반의 얼굴은 천사의 얼굴같이 되었습니다. 미래가 보이니까요. 사도 바울도 말합니다. "내가 달려갈 길을 마치고 믿음을 지켰으므로 내 앞에 의의 면류관이 있다." 비록 순교가 기다리고 있지만, 이 문턱만 넘어서면 주님께서 면류관을 들고 나를 기다리고 계시다는 것입니다. 이것이 사도 바울의 용기였습니다. 이것은 사도 바울과 같은 사람만을 말하는 것이 아닙니다. 모두가 마찬가지입니다. 우리 모두가 다 확실한 하나님의 나라, 약속의 땅을 바라볼 때 그에게 용기가 있다고 하는 것입니다. 또, 두려움은 정체성의 부재에서 옵니다. 내가 아무리 보아도 의가 없고, 가능성도 없고, 도대체 무엇이라고 할 만한 것이 없습니다. 이런 불신앙 때문에 나 자신의 존재를 부정하게 된다는 말입니다.

오늘 본문은 애굽에서 나온 이스라엘 백성들에 대한 이야기입니다. 60만 대군이 하나님의 은혜로 10가지 재앙을 눈으로 보면서 나왔습니다. 특별히, 여러분도 잘 아시지 않습니까. 이스라엘 백성이 홍해의 광야 길로 들어갑니다. 하나님께서 인도하신 것입니다. 앞에는 홍해가 있고, 뒤에서는 애굽 군대가 따라옵니다. 보십시오. 홍해의 광야 길로 인도하면, 이것은 독 안에 든 쥐나 마찬가지입니다. 앞이 안 보입니다. 바로 그런 순간에 하나님께서 홍해를 열어주시어 이스라엘 백성이 출애굽을 하지 않습니까. 큰 기적을 본 것입니다.

그리고 오늘 요단강까지 와 있습니다. 이 요단강만 건너가면 가나안 땅입니다. 바로 이 순간입니다. 결정적인 시간입니다. 아주 중요한 시간입니다. 그런데 그만 이들이 하나님을 원망하고, 불신앙적인 소행을 저지릅니다. 그래서 하나님께서 심판하시는 것입니다. 불합격입니다. 그리고 다시 회군합니다. 돌아가게 되는 것입니다. 여기까지 왔는데 말입니다. 가나안 땅 문턱까지 왔는데, 다시 돌이키시어 광야로 보내십니다. 그렇게 이스라엘 백성들은 메마른 땅에서 40년을 고생하게 됩니다. 그렇게 40년 동안 지내다가 요단강을 건너갑니다. 무엇이 문제입니까? 무슨 실수가 있었습니까? 그것이 오늘 본문의 내용입니다. 그들은 가나안을 정탐합니다. 인간적으로 보면 정당한 일입니다. 이성적으로 보면 가장 합리적인 행위입니다. 그러나 불신앙이었습니다. 이 순간을 잘 알아야 됩니다. 생각도 옳고, 경험도 옳고, 이성적 판단도 옳습니다. 그러나 신앙이 없으면 안 됩니다. 이걸 잊지 말아야 합니다. "그 땅을 정탐하자. 우리 열두 지파 가

22

운데 대표를 보내서 가나안 땅을 정탐하자." 성경은 그 상황을 자세히 기록합니다. "그 땅을 정탐해서 어느 길로 올라가야 할지, 또 어느 마을로 들어가야 할지를 알아보자. 어느 길로 가야 좋을까? 어느 마을로 들어가면 좋을까? 정탐을 해서 합리적으로 결정하자." 이렇게 되었던 것입니다. 실상은 이 자체가 불신앙입니다.

여러분, 이스라엘 백성이 여기까지 오게 된 것이 정탐을 해서입니까? 아니면, 이성적 판단으로 온 것입니까? 사실은 자기들이 한 일은 아무것도 없습니다. 오직 하나님께서 인도하셨을 뿐입니다. 신명기 1장 32절 이하는 말씀합니다. "이 일에 너희가 너희의 하나님 여호와를 믿지 아니하였도다 그는 너희보다 먼저 그 길을 가시며 장막 칠 곳을 찾으시고 밤에는 불로, 낮에는 구름으로 너희가 갈 길을 지시하신 자이시니라." 하나님께서 다 하신 것입니다. 하나님께서 친히 길을 인도하셔서 여기까지 온 것입니다. 그런데 이제 와서 인간적으로 한다는 것입니다. 인간의 판단이 작동하는 것입니다. "정탐하자. 어느 길로 가야 좋을까? 어느 마을로 먼저 들어가야 좋을까?" 불신앙입니다. 여러분, 생각해보십시오. 오늘까지 살아온 것이 기적 아닙니까. 그러면 앞으로도 기적을 믿어야지요. 오늘까지 살아온 것은 다 기적이자 하나님의 은혜라고 생각하면서 정작 앞으로 살 것에 대해서는 계산을 합니다. 나름대로 추리하는 것입니다. 이 이성적 판단, 이것이 절망의 요소가 된다는 말입니다.

그래서 그들은 보냅니다. 열두 사람이 갔다 왔습니다. 정탐을 하고 돌아와 보고를 하는데, 열 사람은 불신앙적인 얘기를 합니다. "아, 가보았더니, 아름다운 땅은 틀림없습니다. 포도송이 하나를 둘이서 메고 왔습니다. 과연 젖과 꿀이 흐르는 땅입니다." 여기까지는

좋았습니다. 저는 어렸을 때 이 말씀을 보고 '아무리 포도가 크기로
서니, 포도 한 송이를 둘이서 메고 왔다고? 이것은 아무래도 과장이
다!' 하고 생각했습니다. 그런데 제가 프린스턴에서 공부할 때, 제가
농사꾼의 아들이라서 그런지, 농산물 전시회 같은 걸 할 때 열심히
가서 구경했습니다. 언제는 농산물 박람회를 한다고 해서 가 보았
는데요, 깜짝 놀랐습니다. 포도가 진짜 엄청나게 큽니다. 요새 거봉
이라고 있는 것이 꽤 크지 않습니까. 하지만 그 포도에 견주면 아무
것도 아닙니다. 그 정도면 정말 먼 길을 갈 때 막대기에 끼워가지고
두 사람이 메고 갔겠구나, 싶습니다. '그거 진짜구나!' 그때부터 믿
게 되었다는 말입니다. 어쨌든 정탐꾼들이 그런 큰 포도송이를 가지
고 와서 자랑하면서 말합니다. "자, 보라. 이런 포도가 저기에는 있
다. 아, 젖과 꿀이 흐르는 땅이다. 아름다운 땅이다." 그러니 백성들
이 얼마나 좋아하겠습니까.

　하지만 거기까지입니다. 이들이 딱 뒤집어놓고 말합니다. "그
런데 거기에는 아낙 자손이 있다. 사람들이 키가 크고 다 장수더라."
여러분, 그 말은 사실입니다. 오늘도 보면 이스라엘 사람들은 작습
니다. 목 하나만큼 더 작습니다. 이스라엘 사람의 특징이 키가 작고
얼굴이 크다는 것입니다. 하지만 아낙 사람들은 지금도 키가 큽니
다. 아, 잘 생기고 큽니다. 육체적으로 딱 비교하면 상대가 안 됩니
다. 그러면서 그들과 비교합니다. "그들 앞에 우리가 섰더니, 우리
는 마치 메뚜기 같더라. 우리는 사람도 아니야. 그들 앞에 가서 보니
까 그들은 장수들이야. 다 거인들이야. 그 앞에 서니까 우리는 메뚜
기 같더라." 그때는 전쟁을 해도 그저 몸으로 할 때 아닙니까. 상대
가 안 되는 것입니다. 그래서 돌아와서 보고합니다. "아름다운 땅은

틀림없지만, 그 나라 백성은 거인이고 장수더라. 우리는 그 앞에 서니 메뚜기 같더라." 이렇게 보고를 하니까 온 백성들이 통곡합니다. 그러면서 생각합니다. '그럼 우리가 애굽에서 왜 나왔던가? 벌써 죽었더라면 좋았을 것을. 애굽으로 돌아가자!' 이런 모양이 된 것입니다. 불신앙이었습니다. 신앙이 없는 눈으로 볼 때는 불가능해 보입니다. 가능한 일은 하나도 없습니다. 지금도 그렇습니다. 오늘의 이 세대도 보십시오. 이른바 생태학, 환경공학이라는 것이 있지 않습니까. 그 잣대로 보면 어느 모로 보아도 소망은 없습니다. 다 끝났습니다. 이제 그 앞에 보이는 것은 아무것도 없습니다. 불신앙으로 볼 때는 그러합니다.

참 재미있는 것은, 정탐하고 돌아온 열 명의 사람들이 보고를 하는데, 하나님이라는 말을 단 한마디도 안 합니다. 머릿속에 하나님이 없는 것입니다. 하나님이라는 말을 한마디도 안 하는데, 여호수아와 갈렙은 백성들 앞에서 말할 때 하나님이라는 말을 세 번이나 합니다. 하나님, 하나님, 하나님…… 간단합니다. 하나님 없는 사람의 시각과 하나님 있는 사람의 시각은 다릅니다. 하나님 없는 사람의 미래 전망과 하나님 있는 사람의 미래는 다릅니다. 보는 insight가 다릅니다. 전혀 다른 세계를 보고 있더라, 그 말입니다. 그래서 오늘본문에서 여호수아와 갈렙 두 사람이 하는 말 가운데 오늘본문의 제목이 있습니다. "이것은 심히 아름다운 땅이요." 하나님께서 약속해주신 땅은 심히 아름다운 땅이다, 들어가자, 하나님께서 우리에게 허락하신 땅인 고로 들어가자, 하나님의 약속이 우리와 함께하신다…… 이렇게 여호수아와 갈렙은 외쳤더라는 것입니다. 큰 감사과 용기입니다. 창조적 용기입니다. "하나님께서 우리를 여기까지 인

도하셨고, 우리는 택하신 백성이요 선민이다. 하나님의 약속이 여기
에 있다. 하나님께서 주신 땅이다. 하나님께서 주신 약속의 땅이다.
들어가자!" 이렇게 외칩니다. 신앙의 눈으로 보고, 신앙으로 판단하
고, 신앙으로 용기를 얻습니다. 이것이 여호수아와 갈렙입니다. 믿
음으로 보고, 하나님만을 의지하고, 하나님의 약속만 믿습니다. 그
리고 "심히 아름다운 땅이다!" 하고 미래를 보게 됩니다. 가능하다
고 외칩니다. 얼마나 아름다운 이야기입니까. 여러분, 우리 눈앞에
있는 현실은 복잡합니다. 그러나 하나님의 사람이 보는 세계는 아름
다운 땅입니다. 이제 조금 있으면 봄이 되겠습니다. 어쨌든 우리는
항상 하늘을 보나 땅을 보나 "참 아름다워라! 참 아름다워라!" 하는
찬송을 부르며, 믿음으로 생각하고 행동해야 할 것입니다.

　지금으로부터 꼭 100년 전, 3·1운동이 일어났습니다. 일본 사
람에게 억압을 당하다가 우리가 독립해야 되겠다 해서 3·1운동이라
는 것이 일어납니다. 큰 사건입니다. 온 민족이 일어났고, 온 종교
가 일어났습니다. 그러나 얼마 안 가서 다 사라지고, 마지막에는 오
직 기독교인만 남았습니다. 참 재미있습니다. 이 일로 말미암아 희
생된 사람들 가운데에는 기독교인이 대부분입니다. 그때 교인이 얼
마 안 될 때지만, 5만 명 정도가 죽었습니다. 여기서 우리는 생각해
야 합니다. 일본 사람들이 우리 한국을 지배하고 있었습니다. 일어
나야 하지 않겠습니까. 그래서 교회가 일을 일으킵니다. 교회가 그
당시 독립운동의 진앙지가 됩니다. 저 남대문에 있는 상동교회, 그
지하실에서 독립선언문을 인쇄했습니다. 거기서부터 일어난 것입니
다. 당시 기독교 안에는 두 가지 흐름이 있었습니다. 하나는 일본에
무력으로 대항해야겠다는 흐름입니다. 싸워서 이겨야겠다는 것입니

다. 그래서 만주벌판에 가서 군사를 일으켜 일본군과 싸웁니다. 무력으로 일본군과 맞서 싸운 것입니다. 또 하나는 우리가 나라를 빼앗긴 것은 우리 잘못이라는 흐름입니다. "일본 사람 원망할 것 없다. 우리가 무식했고, 우리가 미련했고, 우리가 약했고, 우리가 불신앙적이었기 때문이다." 유명한 말이 있지 않습니까. "배워야 산다. 늦었지만 이제라도 공부해야 한다. 배우는 것이 애국이다. 공부가 애국이다." 그랬습니다. 안창호 선생님 같은 분은 이런 자성의 말을 했습니다. "거짓말하지 마라. 우리는 거짓말이 몸에 익어 있다. 그런고로 이 나라가 망했다. 거짓말하지 마라. 꿈에라도 거짓말을 했거든 회개해라." 그래서 진실이 애국이고, 공부하는 것이 애국이라는 마음으로 학교를 많이 세우지 않았습니까. 결과적으로는 그때 그렇게 열심히 가르치고 배우고 닦은 것이 오늘 이 나라를 이루게 된 기반이 된 것입니다.

돌이켜보면 3·1운동 같은 사건을 계기로 우리나라는 큰 선교적 열매를 거두게 된 것이 사실입니다. 그러나 어느 나라나 다 그런 것은 아닙니다. 우리가 선교할 때 부딪히게 되는 가장 큰 벽이 민족주의입니다. 민족주의적 종교가 가장 큰 문제인 것입니다. 좋은 예가 일본입니다. 일본은 우리나라보다 선교사가 많이 나가 있고, 선교 역사도 2백 년이나 됩니다. 많은 선교사들이 가서 애를 썼지만, 선교가 안 됩니다. 그 이유가 무엇인지를 놓고 많이들 연구를 했습니다. 저도 이것을 연구해서 한때 작은 논문도 써보았습니다. 문제는 민족주의에 있습니다. 한마디로 말하면 '기독교는 서양종교다' 이것입니다. '기독교는 서양종교고, 우리 신도이즘은 우리의 미신 같지만, 우리 것이다.' 이런 생각이 있는 것입니다. 그래서 기독교를 잘 받아들이지 않습니다. 다른 말로 하면, 기독교는 서구 제국주의의 앞잡이다, 서구 종교의 앞잡이다, 하고 정죄해놓고 반대하는 것입니다. 이것이 문제입니다. 동남아시아에도 많은 교회를 세웠지만, 결국 다 없어졌습니다. 이유는 '기독교는 서구 종교의 앞잡이'라는 인식이 깔려 있기 때문입니다. 이런 민족주의적인 협소한 생각을 극복하는 비결은 생각을 바꾸는 것입니다. '이것은 서양종교다.' 이것이 아니고, '이건 우리 종교다. 우리 하나님이다' 하고 받아들일 수 있는 분위기가 되어야 합니다. 우리가 잘한 것은 3·1운동을 계기로 '우리가 앞선 일본으로부터 살아남는 길은 기독교를 받아들이는 것밖에 없다. 기독교적 신앙을 받아들이고, 기독교적 사상을 우리 것으로 삼아야 한다'는 생각을 하게 된 것입니다. 백낙준 박사의 논문에는 이런 말이 나옵니다. '초기에 우리 기독교 안에는 두 종류의 교인들이 있었다. 하나는 개화 교인이고, 하나는 기독교인이다.' 무슨 말인가 하면, 사실은 예수를 믿어서가 아니라, 민족 운동을 하기 위해서 교회를 이용했고, 교회에 모여들었다는 것입니다. 이것이 소위 '개화 교인'입니다. 그런데 '105인 사건'이 터지면서 핍박이 옵니다. 그래서 많은 사람들이 순교를 당합니다. 그러니까 개화 교인은 다 떠나가고 순수한 신앙을 가진 기독교인만 남게 되었다고 하는 것입니다. 백낙준 박사의 유명한 논문입니다.

　이것이 참 중요합니다. '개화 교인은 다 물러가고 기독교인만 남았다. 그리고 기독교를 우리 종교로, 우리 신앙으로 받아들이게 되었다.' 이 사실, 얼마나 중요합니까. 그래서 오늘이 있게 된 것입니다. 생각해보면, 한국 교회가 부흥되는 은총적 계기가 둘 있습니다. 하나는 6·25 전쟁이고, 또 하나는 3·1운동입니다. 이 두 가지로 말미암아 한국 교회가 뿌리를 내리고, 큰 부흥을 이루게 되었다는 말입니다. 그래서 옛날 3·1운동 하는 분들에게는 애국이 신앙이요, 순국이 순교였습니다. 나라를 위해서 죽었습니다. 그들을 우리는 순교자라고 불렀습니다. 교회의 찬송가도 보면 14장이 애국가입니다. 교회에서 찬송만 부른 것이 아닙니다. 계속 애국가를 부르면서 나라를 위해 기도하고, 나라를 위해 일어나고, 나라를 위해 애써서 이 나라의 정체성을 지켰던 것입니다.

3·1운동 100주년을 당하는 오늘 특별한 의미가 있습니다. 우리의 신앙을 새롭게 해서 나라를 사랑함이 곧 하나님을 사랑하는 것이고, 하나님을 사랑함이 곧 나라를 사랑하는 것인 이 신앙적 전통을 생각해야 합니다. 이제 우리의 믿음을 새롭게 하고 이 나라를 보십시다. 잡다하고 어려운 일들이 많습니다. 그러나 우리 신앙의 눈으로 볼 때 '심히 아름다운 땅이라! 심히 아름다운 나라다!' 하는 신앙적 전망을 가지고 새로운 마음으로 이 나라를 사랑하는 하나님의 사람들이 되어야 할 것입니다.   △

# 감사함으로 아뢰라

주 안에서 항상 기뻐하라 내가 다시 말하노니 기뻐
하라 너희 관용을 모든 사람에게 알게 하라 주께서
가까우시니라 아무 것도 염려하지 말고 다만 모든 일
에 기도와 간구로, 너희 구할 것을 감사함으로 하나
님께 아뢰라 그리하면 모든 지각에 뛰어난 하나님의
평강이 그리스도 예수 안에서 너희 마음과 생각을 지
키시리라

(빌립보서 4 : 4 - 7)

## 감사함으로 아뢰라

　　1960년대 초에 저는 인천제일교회에서 목회하고 있었습니다. 그 시절에 경험한 일인데, 이것은 제 일생 잊을 수 없는 대단히 중요한 경험이라고 생각합니다. 어느 수요일 저녁입니다. 3·1절 기도회를 맞아서 예배를 드리고 있었습니다. 예배 중에 보니까 외국인 몇 사람이 문으로 들어오는 거였습니다. 부목사님들이 그들을 안내하여 뒷좌석에 앉게 했습니다. 설교하면서 가만히 보는데, 그 가운데 한 사람이 메모지에다가 뭐라고 쓰더니, 그걸 우리 부목사님 한 분한테 건네주더라고요. 궁금했습니다. '뭐라고 썼을까?' 한데, 그 부목사님이 제가 설교하고 있는 곳으로 다가오더니, 강대상 위에 그걸 조용히 놓고 가는 것입니다. 설교하면서 곁눈으로 그걸 슬쩍 읽어보았더니, 내용은 간단합니다. 설교가 끝난 다음 자기가 한 가지 간증을 하고 싶은데, 목사인 제가 허락해주면 간증을 하겠다는 것입니다. 그래 설교가 끝나고 제가 이랬습니다. "Mr, would you come here?" 그랬더니 그가 벌떡 일어서서 앞으로 걸어 나옵니다. 그러고는 저더러 옆에서 통역을 해달라고 부탁하고는 간증을 시작합니다. 먼저 자기소개를 이렇게 합니다. "저는 세계기독실업인협회 회장입니다." 그분은 신앙도 좋지만, 무엇보다도 세계적인 부자입니다. 소유하고 있는 자가용 비행기만 7대입니다. 자동차가 아니고, 자가용 비행기가 7대인 것입니다. 그는 고등학교 때 학교공부가 마음에 안 들어서 고등학교 1학년을 3년 동안이나 다녔답니다. 그의 친구들은 어느덧 다 졸업해서 대학에 들어갔는데, 그는 계속 낙제를 한 것입니다. 어느 날 교장 선생님이 그를 불러 이런 말씀을 하시더랍니다. "네 친구들은 다 대학을 갔는데, 너는 아직도 고등학교 1학년으로, 했던 공부를 또 해야 되니, 이를 어떡하면 좋으냐?" 그래서 그가 이 랬답니다. "저도 그리 생각합니다. 뭐, 배울 것도 많지 않은 것 같은 데, 그만하겠습니다." 그리고 그 길로 자퇴를 했다는 것입니다. 나 중에 그는 어느 인쇄소에 직공으로 들어갔습니다. 그래 열심히 일하 고, 성실하게 믿음으로 살아서 오늘 이와 같은 세계적인 부자가 되 었다는 것입니다. 그가 하고 싶은 말은 이것입니다. "제가 가장 좋 아하는 좌우명, 제가 가장 좋아하고 사랑하는 성경구절은 이것입니 다." 그리고 그 구절을 암송하는데, 특별합니다. 제가 여러 차례 통 역을 한 경험이 있는데, 보면 성경구절을 인용할 때 대개는 우리가 잘 아는 요절을 암송합니다. 그래서 첫 운만 떼면 금방 알아차리는 데, 이분의 요절은 알 수가 없었습니다. 왜요? "가서 먹고 마시고 다 시는 얼굴에 근심이 없었다." 세상에 이런 성경 요절을 외우는 사 람이 어디 있습니까. 가서 먹고 마시고 다시는 얼굴에 근심이 없었 다— 이것이 자기가 제일 좋아하고 소중히 여기는 성경구절이라는 것입니다. 그런데 이어지는 이야기를 들어보니, 비로소 알 것 같습 니다. 무슨 말인가 하니, 사무엘상 1장에 보면 한나라는 여인이 나 오지 않습니까? 이 여인은 아이를 못 낳습니다. 그래 남편은 당시 풍습대로 첩을 들였습니다. 이 첩이 아이를 낳았습니다. 그 뒤로 이 첩이 본처인 한나를 무시하는 것입니다. "넌 아이도 못 낳잖아!" 그 러니 본처 한나가 얼마나 괴롭겠습니까. 한나는 너무나 괴로운 나 머지 낮에 하나님의 성전에 들어가 기도합니다. 얼마나 간절히 기도 를 했는지, 얼굴이 벌겋게 달아올랐습니다. 그렇게 중얼중얼 기도하는 모습을 제사장이 지나가다가 보았습니다. 제사장은 웬 젊은 여자가 대낮에 술을 마신 줄로 알았습니다. 그래 술을 끊으라고 나무랐습니다. 그때 한나가 말합니다. "아닙니다. 저는 술을 마신 것이 아닙니다. 간절한 소원이 있어서 하나님 앞에 토로하고 있었을 뿐입니다." 그때 제사장이 마음에 감동이 되었습니다. 그래서 한나에게 복을 빌어줍니다. "네가 구한 것을 하나님께서 허락하실 줄을 비노라." 축복기도입니다. 그런데 다음으로 이것이 중요합니다. 한나는 이 축복기도를 응답으로 받았습니다. 하나님의 사람을 통해서 내게 축복해주시는 것, 이것을 응답으로 받고 돌아가는 한나에 대하여 사무엘상 1장 18절은 이렇게 말씀합니다. "가서 먹고 얼굴에 다시는 근심빛이 없더라." 먹고 마시고 다시는 얼굴에 수색(愁色)이 없으니라— 한나는 이 말씀을 응답으로 믿었습니다. 하나님의 종의 입을 통하여 주시는 축복으로 믿은 것입니다. 그렇게 가서 근심과 걱정 없이 살았더니, 사무엘을 낳았습니다. 그리고 사무엘을 하나님께 바쳤더니, 하나님께서 덤으로 5남매를 또 주십니다. 이것이 한나의 이야기입니다.

여러분, 기도가 무엇입니까? 어떻게 기도해야 됩니까? 그리스도인이란 한 마디로 기도하는 사람입니다. 좀 더 확실하게 말하면, 예수 그리스도의 이름으로 기도하는 사람입니다. 예수의 이름으로— 이 말이 참 중요합니다. '예수의 이름으로'라는 말은 우리가 흔히 기도하고 나서 맨 끝에 붙이는 그 말이 아닙니다. 시작부터 끝까지, 그 내용이 전부 '예수의 이름으로' 되어야 합니다. 그게 예수의 이름으로 기도하는 것입니다. 예수님의 마음, 예수님의 뜻, 예수님의 생각을 생각하며 하나님 앞에 기도하는 것이 예수의 이름으로 하는 기도인 것입니다. 하나님의 사람은 기도합니다. 하나님을 아버지로 생각하고 기도합니다. 예수님께서 친히 말씀하셨습니다. "구하라 주실 것이요, 찾으라 찾을 것이요, 두드리라 그리하면 열릴 것이니 너희가 악할지라도 자식에게는 좋은 것을 줄 줄 알거든 하물며 하늘 아버지께서 너희에게 좋은 것을 주시지 않겠느냐." 간곡한 말씀입니다. 하나님의 응답은 반드시 있다는 것입니다.

기도에는 중요한 신학적 의미가 있습니다. 기도한다는 것은 그 순간 하나님을 창조주로 고백하는 것입니다. '하나님 없이는 나는 못 삽니다.' 이걸 고백하는 신앙고백입니다. 뿐만 아니라, 기도는 하나님을 아버지로 고백하는 행위입니다. 예수 그리스도를 통하여 구원받은 자로서 하나님 아버지의 넓은 사랑을 느끼며 기도하는 것입니다. 이것이 기도입니다. 꼭 기도해야 합니다. 열심히, 그리고 꾸준히 기도해야 됩니다. 예수 믿는다는 것은 곧 기도하는 것입니다. 누가 기도 없이 예수를 믿는다면 그는 그리스도인이라고 할 수 없습니다. 기도에는 수준이라는 것이 있습니다. 열심히 기도하는 것 같기는 한데, 하나님을 아버지로 생각하지도 못하고, 하나님의 사랑을 느끼지도 못하고, 창조주 된 능력을 고백하지도 않고, 자기 마음대로 자기 집착 속에서 하나님 앞에 구하고 있다면 그것은 기도가 아닙니다. 잘못된 것입니다.

특별히 오늘본문은 기도에 대하여 간단히 이렇게 말씀합니다. "감사함으로 하나님께 아뢰라(6절)." 원망하는 마음으로 기도하지 말고, 불평하는 마음으로 기도하지 말고, 감사함으로 아뢰라— 야고보서 4장에 이런 귀한 말씀이 있습니다. "너희가 얻지 못함은 구하지 아니하기 때문이요 구하여도 받지 못함은 정욕으로 쓰려고 잘

못 구하기 때문이라." 무엇인가 잘못되었다면 기도하지 않았기 때문입니다. 또 기도해도 잘못되었다면 그것은 기도가 잘못된 탓입니다. 애당초 정욕으로 쓰려고 잘못 구한 것입니다. 정욕에 붙들려서 헤어나지 못한 채 하는 기도는 바른 기도가 될 수 없습니다. 이걸 잊지 말아야 합니다. 그런고로 구원받은 자의 감격을 가지고 감사함으로 아뢰라, 하십니다. 예수님께서 말씀하셨습니다. "받은 줄로 믿으라." 얼마나 중요한 말씀입니까. 기도하고 "아멘!" 했다면 그다음부터는 받은 줄로 믿으라는 것입니다. 귀한 말씀입니다. 그러므로 감사할 것입니다. 감사함으로 기도할 때 하나님의 응답이 비로소 내게 응답으로 주어지는 것입니다.

어느 교회에 한 10년 동안 출석한 어느 여자 교인이 있었답니다. 이분은 남편이 예수를 믿기로 약속해서 결혼했는데, 남편은 결혼식 전에 딱 한 번 교회에 나가고는 그 뒤로 안 나갔답니다. 그러니 완전 속은 기분 아니겠습니까. 게다가 이 남편은 술까지 많이 마십니다. 하루도 술을 먹지 않고 집에 들어오는 날이 없습니다. 들어와서는 꼭 문 앞에서 발로 문을 꽝 차고는 쓰러집니다. 그러면 끌어다가 씻기고, 자리에 눕혀서 재우는데, 이렇게 10년 동안 시중을 들며 살아온 것입니다. 어느 날 남편이 또 술에 만취가 돼서 돌아와 쓰러졌습니다. 그를 간신히 끌어다가 씻겨서 눕혀놓고 겨우 잠을 청하려는데, 절로 신세타령이 나왔습니다. "하나님, 제가 왜 이런 술 도깨비하고 한평생을 살아야 합니까? 어째서 저는 일생을 이렇게 살아야 합니까? 하나님, 억울합니다. 분합니다." 이렇게 기도했는데, 그 순간 성령께서 역사하시어 바로 지난 주일 교회에서 들은 목사님의 설교가 생각나더라는 것입니다. 바로 오늘본문말씀입니다. "감사함으로 아뢰라. 원망하는 기도도 응답이 없고, 근심하는 기도도 응답이 없다. 감사에까지 도달해야 된다. 감사함으로 아뢰라. 그러면 응답이 있다." 그래서 이분이 생각합니다. '아, 감사해야 응답이 있는가보다.' 하지만 아무리 생각해봐도 감사할 일이 생각나지 않는 것입니다. 그래서 이렇게 기도했다는 것입니다. "하나님, 감사할 일은 없습니다마는, 좌우지간 감사합니다. 감사하라고 하시니 좌우지간 감사합니다." 그랬더니 마음에 감동이 되면서 감사할 일이 떠올랐습니다. '그래도 남편이 있으니 과부보다야 낫지 않냐. 또 아들이 둘이나 있으니 얼마나 행복하냐. 또 남편이 술을 이렇게 많이 마시고도 건강하니 행복하지 않냐. 남편이 저렇게 많이 취해가지고 돌아다니면서도 사고 내지 않고 제집을 찾아오는 게 신통하지 않냐. 그래도 주일에는 집에 있으면서 교회 가라고 하니, 그것도 감사한 일 아니냐.' 이렇게 이것저것 생각하다 보니 감사할 일이 제법 많더라는 것입니다. "하나님, 감사합니다. 하나님, 감사합니다." 그랬더니 마음이 밝아지면서 얼굴도 펴졌습니다. 바로 그 순간 남편이 목이 말라서 눈을 떴습니다. 아내가 자기를 보고 빙그레 웃고 있습니다. 그래 쏘아붙였습니다. "왜 웃어? 지금 나 비웃는 거야?" 그랬더니 아내가 하는 말입니다. "아닙니다. 감사할 일이 많아서 그럽니다. 생각해보니 당신 건강하니 감사하고, 차 사고 나지 않으니 감사하고, 무사히 집을 찾아오니 감사하고, 우리들 예수 믿는 거 도와주니 감사하고……" 그랬더니 남편이 빙그레 웃으면서 한마디 하더랍니다. "그만해라. 다음 주일부터 교회 나가줄게." 10년 동안 원망하는 기도를 했더니 응답이 없었습니다. 딱 한 번, 감사와 더불어 아뢰니까 하나님께서 응답해주셨습니다. 이것이 간증입니다.

우리가 하나님 앞에 기도합니다. 무엇이든지 구할 수 있습니다. 자식이 아버지에게 말하듯이 뭘 못 구하겠습니까. 무슨 말이라도 하나님 앞에 다 구하십시오. 하지만 응답은 하나님의 지혜와 능력 안에 있다는 것을 잊지 마십시오. 잊지 말아야 합니다. 하나님의 시간대로 응답하시고, 하나님의 방법대로 응답하신다는 것을 수용해야 됩니다. 내 방법대로가 아닙니다. 하나님의 방법대로입니다. 우리는 때때로 건강을 위해서 기도합니다. 그러나 하나님께서는 오히려 병들게 하십니다. 그래서 그 속사람을 강건하게 하신 다음에 겉사람을 치료하시는 하나님의 역사를 봅니다. 내가 생각하는 것하고는 다릅니다.

우리 어머니의 기도는 이루어졌지만, 우리 어머니는 제가 목사된 것을 못 보셨습니다. 이걸 잊지 말아야 합니다. 저는 고향을 떠나와서 오늘 여기에 서 있습니다. 우리 어머니의 기도가 이루어진 것입니다. 응답이 되었습니다. 하지만 어머니가 생각하신 대로 응답이 된 것은 아닙니다. 하나님의 능력과 하나님의 지혜, 하나님의 사랑, 하나님의 경륜 안에서 응답하시는 것입니다. 내 생각과는 다릅니다. 나는 당장 바라지만, 아닙니다. 하나님께서는 높은 방법으로 응답하십니다. 보십시오. 요셉이 얼마나 기도했겠습니까. 얼마나 울었겠습니까. 17살에 애굽으로 팔려가 그 많은 고생을 할 때 얼마나 기도하며 울었겠습니까. 그러나 기도의 응답은 13년 뒤에 이루어집니다. 이걸 잊지 말아야 합니다. 하나님의 시간, 하나님의 방법, 하나님의 지혜 속에서 응답 되는 것입니다. 그런고로 이것을 믿는 사람은 기도하고 응답 된 것으로, 받은 줄로 믿는 것입니다. 기도한 다음에 이루어진 일은 다 응답입니다.

제가 서두에 말씀드린 미국의 유명한 재벌이었던 그분이 간증 가운데 했던 이런 이야기가 있습니다. "저는 하나님 앞에 기도합니다. 어떤 사업을 하나 할 때는 사흘 동안 기도합니다. 그리고 계약을 합니다. 그런데 언젠가 공장에 불이 났다는 소식이 왔습니다. 전화 벨이 울리고 난리를 칠 때 저는 이렇게 대답했습니다. '걱정하지 마라. 기도하고 세운 공장이다. 잘되고 있는 중일 것이다.'" 정말로 그 낡은 공장이 불이 남으로써 더 큰 공장을 짓게 되어서 회사가 더 크 게 성장하게 되었다는 것입니다.

우리는 내 소원대로 되기를 바라고, 당장 이루어지기를 원하지 만, 하나님께서는 아니십니다. 하나님만의 방법이 있습니다. 하나 님의 지혜와 능력 속에서 이루어집니다. 그런고로 우리는 이것을 믿 고 기도하며 "아멘!" 하는 순간, 이제부터 되는 일은 전부 기도응답 입니다. 기도하고 교회문을 나가는 순간 저 앞에서부터 당하는 모 든 일이 다 하나님의 사랑이요, 하나님의 섭리요, 기도의 응답입니 다. 응답으로 사는 것입니다. 그런고로 오늘본문은 말씀합니다. "모 든 지각에 뛰어난 하나님의 평강이 그리스도 예수 안에서 너희 마음 과 생각을 지키시리라." 지각에 뛰어난― 이 말씀은 내 생각보다 높 은 것을 뜻합니다. 상상할 수 없이 높고, 꿈에도 생각할 수 없는 크 고 위대한 일을 하나님께서는 이루어가십니다. 넘치는 큰 은혜를 부 어주십니다. 이걸 잊지 말아야 합니다. 하나님의 크고 위대한 역사 를 믿고, 기도하고, 아멘 하며, 하나님께서 하시는 일을 조용히 바라 보아야 합니다.

이스라엘 백성들이 애굽에서 나올 때 주어진 메시지가 무엇입 니까? 홍해가 앞을 가로막고 있고, 뒤에는 애굽군대가 따라온다며 죽겠다고 그들이 모세를 원망할 때 하나님께서 주신 메시지가 이것입니다. "너희는 잠잠하여 내가 하나님 됨을 알지어다." 떠들지 마라, 근심하지 마라, 당황하지 마라, 잠잠히 내가 하나님 됨을 알지니라— 그렇습니다. 그 하나님을 믿고 기도하며 하나님 됨을 알 때 하나님 됨을 현실 속에서 간증하게 됩니다. 지각에 뛰어난 하나님의 평강이 내 마음을 지키시고, 우리의 길을 인도하시는 것입니다.

다시 한번 생각해봅시다. 하나님의 사람은 하나님을 아버지로 고백하고 하나님께 기도합니다. 기도는 의무가 아닙니다. 기도는 특권입니다. 하나님의 자녀만이 가지는 특권입니다. 기도하되 모든 정욕으로부터 벗어나 감사함으로 아뢸 것입니다. 이미 받은 은혜에 감사하고, 앞으로 받을 은혜에 감사하고, 하나님의 약속에 감사하고, 하나님의 자녀 됨을 감사하고, 그렇게 감사함으로 기도할 때 그 감사하는 믿음에 응답이 있는 것입니다. 그 감사하는 믿음의 기도에 상상할 수 없는 하나님의 평강이 우리를 주장할 것입니다. 모든 것이 응답 됨을 믿는 우리의 기도에 하나님께서 오늘을 축제의 마음으로 살 수 있도록 인도하실 것입니다. 이것이 바로 기도생활의 표본입니다. "지각에 뛰어난 하나님의 평강이 너희를 지키시리라. 감사함으로 아뢰라." △

# 오직 한 가지 아는 것

이에 그들이 맹인이었던 사람을 두 번째 불러 이르
되 너는 하나님께 영광을 돌리라 우리는 이 사람이
죄인인 줄 아노라 대답하되 그가 죄인인지 내가 알지
못하나 한 가지 아는 것은 내가 맹인으로 있다가 지
금 보는 그것이니이다 그들이 이르되 그 사람이 네게
무엇을 하였느냐 어떻게 네 눈을 뜨게 하였느냐 대답
하되 내가 이미 일렀어도 듣지 아니하고 어찌하여 다
시 듣고자 하나이까 당신들도 그의 제자가 되려 하나
이까 그들이 욕하여 이르되 너는 그의 제자이나 우리
는 모세의 제자라 하나님이 모세에게는 말씀하신 줄
을 우리가 알거니와 이 사람은 어디서 왔는지 알지
못하노라 그 사람이 대답하여 이르되 이상하다 이 사
람이 내 눈을 뜨게 하였으되 당신들은 그가 어디서
왔는지 알지 못하는도다 하나님이 죄인의 말을 듣지
아니하시고 경건하여 그의 뜻대로 행하는 자의 말은
들으시는 줄을 우리가 아나이다 창세 이후로 맹인으
로 난 자의 눈을 뜨게 하였다 함을 듣지 못하였으니
이 사람이 하나님께로부터 오지 아니하였으면 아무
일도 할 수 없으리이다 그들이 대답하여 이르되 네가
온전히 죄 가운데서 나서 우리를 가르치느냐 하고 이
에 쫓아내어 보내니라
(요한복음 9 : 24 - 34)

## 오직 한 가지 아는 것

매들린 L. 반 헤케가 쓴 「블라인드 스팟」이라는 유명한 책이 있습니다. 이 책에서 그는 이런 말을 합니다. '자동차 안에서 운전자는 정면의 유리를 통해 앞을 본다. 또 백미러라는 거울을 통해서 뒤를 본다. 그리고 옆에 붙어 있는 사이드미러라는 거울을 통해 양 옆을 본다. 이래서 앞을 보고, 뒤를 보고, 옆을 본다. 그러나 문제가 하나 있다. 블라인드 스팟(Blind Spot), 곧 거울 속에 나타나지 않는 부분이 있다. 이걸 조심해야 된다.' 그렇습니다. 이 블라인드 스팟을 놓치면 그게 바로 사고의 원인이 됩니다. 다시 말해서, 운전자가 거울로 못 보는 부분인 사각지대가 있다고 하는 것입니다.

제가 미국에 처음 가서 운전면허를 딸 때 보니까 우리와는 조금 다른 것이 있었습니다. 보통 우리는 시험을 보는 동안 감독관이 옆에서 이래라 저래라 하지 않습니까. 좌로 가라, 우로 가라, 멈춰라, 빨리 가라, 천천히 가라…… 그런데 다른 것이 뭐냐 하면, 좌로 가라고 할 때 사이드미러만 보고 쓱 갔다가는 여지없이 낙방입니다. 반드시 고개를 돌려서 보아야 합니다. 우로 가라고 할 때도 옆의 사이드미러만 보고 갔다가는 바로 낙방입니다. 반드시 고개를 돌려야 합니다. 왜냐하면, 블라인드 스팟이 있기 때문입니다. 거울에 나타나지 않는 부분이 있으므로 고개를 돌려서 직접 자기 두 눈으로 확인하고 가라는 것입니다. 그러나 우리는 아직 그렇지 못합니다. 이 블라인드 스팟이라는 것이 아주 중요합니다. 이것을 무시하다가는 옆에 사람이 있는 것을 못 보고, 차가 옆에 가까이 다가와 있는 것도 못 봅니다. 그래서 사고의 원인이 된다, 이것입니다.

　블라인드 스팟, 여기에 얼마나 중요한 상징적 의미가 있습니까. 아무리 다 보는 듯해도, 결국 못 보는 부분이 있다, 이것입니다. 다 아는 것 같은데, 모르는 것이 있습니다. 다 할 수 있을 것 같은데, 절대로 할 수 없는 것이 있습니다. 이걸 아는 것이 지혜의 근본입니다. 그의 말은 이렇습니다. '사람들이 다 아는 것 같지만, 모르는 게 많다. 그런데 중요한 것은 무엇을 모르는지를 모른다는 것이다. 아는 것만 가지고 대단한 것처럼 생각하지만, 도대체 무엇을 모르는지를 전혀 모르고 있다.' 이 얼마나 중요한 일입니까.

　또한, 사람들은 부분은 보면서 전체는 보지 못한다는 것입니다. 시인들이 말하지 않습니까. '나무는 보고 숲은 못 본다.' 숲을 보아야 하는데 말입니다. 멀리서 숲을 보아야 하는데, 가까이 가서 나무만 보고 있다, 이것입니다. 이 또한 시야의 문제입니다. 또, 세상은 보면서 자기 자신은 못 본다는 것입니다. 세상에 대해서는 아는 것이 많습니다. 특별히 남에 대해서는 아는 것이 많습니다. 이렇다 저렇다, 수많은 정보를 가지고 있는 것 같지만, 정작 자기 자신은 모르고 있더라, 이것입니다. 그래서 이런 것들이 인간의 결정적인 약점이라고 그는 말하고 있습니다.

　여러분, 사실입니다. 다른 사람에 대해서는 우리가 많이 알고 있습니다. 그런데 정작 자기 자신을 모릅니다. 실은 꼭 알아야 할 것은 모르고, 쓸데없는 것은 많이 알고 있습니다. 정보의 홍수 시대입니다. 많은 것을 알고 있지만, 꼭 알아야 할 것은 모르고 있다는 것입니다. 저는 승강기를 탈 때마다 봅니다. 젊은 사람들이 휴대폰을 손에 쥐고 그것만 들여다보고 있는 모습을요. 승강기가 내려가는지 올라가는지도 모릅니다. 그래서 언젠가 제가 한번 슬쩍 곁눈으로, 무얼 그렇게 유심히 보나, 하고 살폈더니, 별것도 아니더라고요. 그런데 그런 걸 보느라고 자기가 내려야 할 곳에서 내리지도 못하고 있는 것입니다. 이거 뭔가 크게 잘못돼 가고 있는 것 아닙니까.

베르너 티키 퀴스텐마허는 자기 저서인 「단순하게 살아라」에서 이렇게 충고합니다. '사랑에 초점을 맞추고 단순하게 살아라.' 요즘 '포커스(Focus)'라는 말이 유행처럼 나돕니다. 초점이 어디에 있느냐, 이것입니다. 내가 지금 어디에 초점을 맞추고 있느냐, 어디에 목적을 두고 사느냐, 하는 것입니다. 그는 또 말합니다. '다 알 수는 없으므로 초점에서 벗어난 것은 잊어라.' 목적에서, 초점에서 빗나간 것은 포기하고 버릴 줄 알아야 한다는 것입니다. 사람이 나이가 들기 시작하면 더더욱 그렇습니다. 포기할 것들이 많아집니다. 그 잡다한 것들을 다 움켜쥐고 있어서는 안 됩니다. 어차피 포기해야 합니다. 그러므로 스스로 초점을 맞추고, 목적 지향적으로 살면서 나머지 것은 다 버려야 합니다. 과감하게 잊어버려야 단순하게 될 수 있다, 이것입니다. 또 그는 말합니다. '실제적인 기적을 믿어라.' 모름지기 사람은 자기 노력만으로, 자기 수고만으로 사는 것이 아닙니다. 세월이 갈수록 우리는 느낍니다. 생이란 기적입니다. 출생도 기적이고, 살아온 것도 기적이고, 앞으로 사는 것도 기적입니다. 우리는 기적으로 삽니다. 그래서 실제적 기적을 믿으라는 것입니다. 그리고 거기에 초점을 맞추고 살라고 그는 권고하고 있습니다.

오늘 본문말씀은 너무나 소중한 이야기입니다. 요한복음의 아주 중심부에 있는 귀한 말씀입니다. 나면서부터 소경 된 사람이 있습니다. 선천적인 시각장애인입니다. 일생토록 눈을 떠본 일이 한 번

도 없다는 뜻입니다. 빛이라는 것을 한 번도 본 적이 없는 시각장애
인입니다. 오늘본문말씀을 자세히 보면 특별한 것이 하나 있습니다.
예수님께로 나아오는 사람들 가운데에는 문둥병자들도 있었습니다.
그들이 나아와 말합니다. "저를 깨끗하게 해주세요." 심지어 시각장
애인들도 예수님을 따라오면서 말합니다. "제 눈을 뜨게 해주세요."
바디메오 같은 사람 말입니다. "제 딸에게 들린 귀신을 쫓아내주세
요. 제 딸이 죽어갑니다." 사람마다 제각기 다 요청사항이 있습니다.
하지만 오늘 이 사람은 예수님을 만나도 그분이 예수님이신 줄 모릅
니다. 왜 사람들이 웅성거리는지도 모르고, 그냥 군중 속에 밀려가
고 있습니다. 그러는 가운데 이상한 말을 듣습니다. 굉장히 충격적
인 말입니다. 이 사람을 앞에 놓고 사람들끼리 시비를 벌이는 것입
니다. "이 사람이 소경으로 난 것이 뉘 죄 때문이옵니까? 본인의 죄
입니까, 부모의 죄입니까?" 참 어려운 질문입니다. 의학적으로 상당
한 의미가 있는 말입니다. 병이라는 것은 그 부모의 죄나 불찰 때문
에 빚어지는 경우가 허다합니다. 더구나 옛날에는 더더욱 그랬다고
합니다. 많은 성병이 있었는데, 고치지 못했으니까요. 성병을 앓는
사람이 아이를 낳으면 그 아이는 시각장애인이나 지체장애인인 경
우가 많았다는 것입니다. 바로 그런 걸 말하는 것입니다. 그래서 묻
습니다. "부모의 죄입니까, 본인의 죄입니까? 무슨 죄로 이 사람은
이렇듯 맹인으로 태어나 한평생을 고생하는 것입니까?"

아시다시피 시각장애인은 청각이 발달되어 있습니다. 다른 사
람이 못 듣는 것을 다 듣습니다. 오늘본문의 소경도 이렇게 시비를
벌이는 소리를 다 듣고 있었습니다. 그러면서 생각합니다. '또 나를
놓고 저들이 시비를 벌이는구먼. 쓸데없는 소리들을 또 하는구먼.'

이 사람도 나름대로 할 말이 많습니다. '그럼 너희들은 죄가 없어서 눈 뜨고 사나?' 하지만 그는 그 모든 걸 속으로 다 삭이면서 조용히 침묵하고 있습니다. 이 맹인은 침묵하고 예수님 앞에 나아옵니다. 많은 시비 속에서도 말이 없습니다. 저는 이 침묵 자체가 상당한 믿음이라고 생각합니다. 상당히 아름다운 마음입니다. 그런데 예수님께서는 특이한 방법으로 이 사람의 눈을 고치십니다. 예수님께서 많은 병자들을 고치셨지만, 이번은 좀 이해하기가 힘듭니다. 하필이면 왜 이렇게 하시는 것입니까? 침을 땅에다 퉤 뱉으시고, 그걸 진흙에 이겨서 소경의 눈에 바르셨습니다. 생각해보십시오. 아니, 장님의 눈은 눈이 아닙니까? 눈에는 살짝 먼지만 들어가도 아프지 않습니까. 한데, 예수님께서는 진흙을 이기셔서 그걸 소경의 눈에다 덕지덕지 바르셨습니다. 그렇게 하시고는 이제 말씀하십니다. "실로암 연못에 가서 씻어라."

여러분, 지금까지 예수님의 능력으로 봐서는 그냥 "눈을 떠라!" 하시면 뜨는 것입니다. 그냥 "깨끗하라!" 하시면 깨끗해지는 것입니다. 한데, 이건 무엇입니까? "실로암에 가서 씻어라!" 참 순종하기 어려운 시간입니다. 저라도 그냥은 따르지 못할 것 같습니다. 어떻게 이런 말씀에 순종합니까. 중요한 것은, 그렇게 하면 눈을 뜨리라는 말씀도 없었다는 사실입니다. 다짜고짜 그냥 실로암에 가서 씻으라고 하신 것입니다. 하지만 이 사람은 그 말씀대로 그냥 지팡이를 들고 실로암까지 갑니다. 한 5리 길쯤 되는 거리입니다. 이 소경이 더듬거리며 5리 길을 가려면 두 시간은 족히 걸릴 것입니다. 그는 지팡이를 더듬더듬 짚어 가면서 실로암까지 갔습니다. 그리고 자기 손으로 물을 떠서 눈을 씻었습니다. 그래서 눈을 뜨게 되었던 것입니다. 아주 특별한 기적의 체험입니다.

여러분, 그때 그 감격이 얼마나 굉장했겠습니까. 이런 기적을 체험하고, 많은 사람 앞에서 증거하는데, 얼마나 좋은 일입니까. 그 좋은 일에 모든 사람이 함께 하나님을 찬양하고, 같이 기뻐해주면 좋겠는데, 아닙니다. 이 아름다운 일에도 시비가 일어납니다. "너를 눈 뜨게 한 자가 누구냐?" "그 사람이 안식일을 범하게 한 것을 보니, 그 사람은 죄인이다!" 여러 말들이 많습니다. 여러분, 안식일을 범했다는 말이 무슨 뜻인지 아십니까? 시각장애인이 지팡이를 들고 다니는 것은 죄가 아닙니다. 하지만, 눈을 뜬 다음 지팡이를 들고 다니면 그것은 죄가 됩니다. 막대기를 가지고 다니는 것은 안식일을 범하는 일입니다. 아마도 이 사람이 전에 하던 대로 그 지팡이를 버리지 않고 가지고 다녔던가 봅니다. 그러니까 이렇게 된 일입니다. "멀쩡히 눈 뜬 사람이 왜 지팡이를 가지고 다니느냐? 이는 안식일을 범한 것이다." 그래서 묻습니다. "너를 이렇게 만든 사람이 누구냐? 그 사람은 죄인인 것 같다. 그 사람이 도대체 누구냐?" 이런 시비가 자꾸 벌어지는 것입니다. 얼마나 힘들었겠습니까.

그 무렵은 예수를 그리스도로 시인하는 사람은 출교하기로 결의된 때입니다. 출교는 무서운 일입니다. 유대교에서 출교가 되면 누가 그 사람을 함부로 죽여도 살인죄가 되지 않습니다. 많은 사람이 물어봅니다. "너를 눈뜨게 한 사람이 누구냐? 그 사람은 안식일을 범한 것이다. 그 사람은 죄인이다." 이런 상황인데, 그 순간 이 사람은 아무 말이 없습니다. 일일이 대꾸하지 않습니다. 다만 이렇게 한마디를 할 뿐입니다. "저는 다른 것은 모릅니다. 오로지 아는 것은 제가 맹인으로 있다가 지금 눈을 떴다는 것뿐입니다. 이 한 가지만은 분명합니다. 그분이 저를 눈뜨게 하셨다는 것, 이 하나만은 분명합니다. 저는 그분을 믿고 싶습니다." 이 얼마나 아름다운 얘기입니까. 이건 절대 신앙입니다. 절대 은총입니다. 중요한 것은 그가 이 경험 하나를 소중히 여기고 있다는 사실입니다.

때때로 보면, 우리가 기쁠 때 그냥 기뻐만 하면 좋겠는데, 기쁠 때 꼭 슬픈 일을 생각하는 사람들이 있습니다. 제가 결혼주례를 하면서 보면, 다 같이 기뻐하는 그 시간에 꼭 앞에 앉아서 우는 사람이 있습니다. 알고 보니 죽은 아이를 생각하는 것입니다. 여러분, 기쁠 때는 그냥 기뻐야 합니다. 슬픈 생각 하는 게 아닙니다. 그냥 '할렐루야!' 하면 되는 것입니다. 사람들은 그렇게 과거를 생각하며 눈물을 흘립니다. 또 어떤 사람은 엄청난 기쁨의 순간이 와도 미래를 걱정합니다. '다음은 어떻게 될까? 그다음은 또 어떻게 되나?' 현재의 기쁨을 제쳐두고 미래를 걱정합니다.

제가 아는 어느 장로님은 나이가 마흔다섯 된 딸이 있었습니다. 그렇게 딸이 노처녀가 됐는데, 장로님이 늘 걱정합니다. 저 딸 시집보내고 죽으면 한이 없겠다고요. 장로님이 70이 넘었거든요. 그래 자꾸 그 얘기를 하더라고요. 그런데 용케 그 딸이 좋은 분을 만나 결혼했습니다. 제가 주례도 해주었습니다. 이제 결혼식이 끝나고, 그 장로님과 또 만나게 되었습니다. 제가 이랬지요. "이제 그 딸 시집보냈으니, 죽어도 한이 없겠습니다." 그때 장로님이 하는 말입니다. "뭐, 하나 낳을 수 있을까?" 이렇게 또 걱정입니다. 여러분, 걱정은 끝이 없습니다. 단순화하십시오. 집중하십시오. 오늘 받은 은혜, 그거 하나면 되는 것입니다. 하나에 집중하는 것이 중요합니다.

제가 인천에서 목회할 때 장로님이 한 20여 분 계셨는데, 그 가운데 한 분이 특별했습니다. 정말 특별한 분이었는데, 그분 별명이 '예수님 동생'입니다. 바로 한태범 장로님입니다. 그분의 행동 하나 하나가 참 특별합니다. 다 설명할 수가 없습니다. 그 장로님 집에 가면 안방에 커다란 배낭 하나가 벽 구석에 걸려 있습니다. 낡은 배낭이지만, 항상 그 자리에 있습니다. 여러분, 이게 뭔지 아십니까? 장로님이 6·25 전쟁 때 남한으로 피난을 오다가 뒤에서 쏜 인민군의 총에 맞았습니다. 모두 세 발의 총알이 배낭에 맞은 것입니다. 그래서 장로님이 죽지 않고 살아남게 된 것입니다. 그 배낭에 총알이 꽂히고 자기는 산 것입니다. 그래서 장로님은 그 배낭을 버릴 수가 없다는 것입니다. 그래서 항상 배낭을 걸어놓고 기도합니다. 그것만 보면 "아멘!"이 나올 수밖에 없습니다. 배낭만 쳐다보면 더 간구할 것도 없습니다. 더 바랄 것도 없습니다. '내가 저 배낭을 메고 피난 올 때 총을 맞았는데, 그 총알 세 발이 배낭에 꽂히고 내가 살았다.' 대단한 일 아닙니까.

여러분에게 말씀드리지는 않았지만, 저도 전쟁 때 포복을 하는데, 정말 총알이 비 오듯 했습니다. 그 상황에서 진격 명령이 떨어졌습니다. 어떡합니까? 진격해야지요. 거기 엎드려 있다가는 죽습니다. 그런데 팔에 무엇이 탁, 하고 맞더라고요. 순간 '아이쿠, 이놈의 팔 하나 달아났구나!' 하고 봤더니, 팔은 그대로 있고 옷만 찢어졌습니다. 총알이 옷을 스치고 지나간 것입니다. 생각해보십시오. 그러고 난 다음에는 얼마 동안은 저절로 이걸 쳐다보게 됩니다. 여러분, 그 순간만 생각하면 무슨 딴 걱정이 있습니까. 이걸 잊지 말아야 합니다.

오늘 본문에서 이 맹인이었던 자가 말합니다. 한 가지 아는 것—

이걸 잊지 마십시오. 쉽게 잊어버리지 마십시오. 망각하지 마십시오. 이것이 바로 은혜에 초점을 맞추는 것입니다. 은총적 사건에 초점을 맞추십시오. 사도 바울을 보십시오. 그는 수많은 어려움을 겪습니다. 수많은 환난을 겪습니다. 정말 고생을 많이 합니다. 그래도 모든 것을 잊고, 분토와 같이 여기고, 오직 그리스도만 바라봅니다. 왜 그랬을 것 같습니까? 그가 예수를 핍박할 때 다메섹 도상에서 예수님을 만납니다. 하늘에서 빛이 내려오면서 주님의 음성이 들려옵니다. "사울아, 사울아, 어찌하여 네가 나를 핍박하느냐?" 주님의 부르심을 받은 것입니다. 그리고 바로 그 순간 하나를 가지고 일생을 사는 것입니다. 그 순간을 생각하면 어떤 고난을 당해도 원망이 없습니다. 불평도 없습니다. 그 순간만 생각하면 그렇습니다. 그 순간 하나에 초점을 맞춘 것입니다. 그래서 사도 바울은 로마서 8장에서 말합니다. "우리를 위하여 자기 아들을 내어주신 이가 어찌 아들과 함께 모든 것을 우리에게 은사로 주지 아니하시겠느뇨." 모든 것을 은사로 주지 아니하시겠느냐! 모든 것이 은사입니다. 은혜의 선물입니다. 건강도, 질병도, 실패도, 성공도 다 은혜의 선물입니다. 전부 은혜의 선물입니다. 이렇게 소화하고 사는 것이 바울의 생활이고, 바울의 생애입니다. 그렇게 그는 마지막 순교까지도 하나님께서 자기에게 주신 영광으로, 은혜의 선물로 받아들이고 있습니다.

성도 여러분, 우리는 넘치는 정보에 너무 마음이 혼란합니다. 다 털어버리고, 이제는 초점을 맞추어야겠습니다. 이제 우리 분명히 하십시다. 십자가에다 초점을 맞추고, 내게 주신 은혜, 특별히 내게 주신 그 어느 순간, 거기에 초점을 맞추고, 영원한 약속을 바라봅시다. 걱정할 것 없습니다. 이것저것 복잡할 것 없습니다. 여러분, 그

저 이 큰 은혜에 늘 감사하면서, 이 절대적 은혜에 집중하면 모든 문
제의 해답이 거기에 있는 것입니다.　△

# 사람을 자랑하지 말라

아무도 자신을 속이지 말라 너희 중에 누구든지 이 세상에서 지혜 있는 줄로 생각하거든 어리석은 자가 되라 그리하여야 지혜로운 자가 되리라 이 세상 지혜는 하나님께 어리석은 것이니 기록된 바 하나님은 지혜 있는 자들로 하여금 자기 꾀에 빠지게 하시는 이라 하였고 또 주께서 지혜 있는 자들의 생각을 헛것으로 아신다 하셨느니라 그런즉 누구든지 사람을 자랑하지 말라 만물이 다 너희 것임이라 바울이나 아볼로나 게바나 세계나 생명이나 사망이나 지금 것이나 장래 것이나 다 너희의 것이요 너희는 그리스도의 것이요 그리스도는 하나님의 것이니라

(고린도전서 3 : 18 - 23)

## 사람을 자랑하지 말라

성도 여러분이 어렸을 때 자주 들으셨을 이런 짤막한 동화가 있습니다. 큰 뿔을 가진 사슴이 아침에 물을 마시려고 연못을 찾아갔습니다. 한데, 잔잔한 그 수면에 비친 자기 얼굴이 그렇게 아름다울 수가 없는 것입니다. 거기에 비친 자신의 굉장한 뿔을 이리저리 보면서 사슴은 생각했습니다. '그래, 이 뿔은 과연 명품이다!' 이렇게 사슴은 자신을 흐뭇하게 여기며 스스로 자랑스러워했습니다. 바로 그 순간 숲에서 느닷없이 사자가 달려 나왔습니다. 당연히 사슴은 사자를 피해서 도망치려고 했지요. 하지만 그 명품 뿔이 그만 나뭇가지에 걸려서 옴짝달싹 못 하게 되었습니다. 결국, 사슴은 속절없이 사자 밥이 되고 말았다는 이야기입니다. 그 크나큰 자랑, 스스로 그토록 멋지게 여겼던 바로 그 뿔 때문에 사슴은 죽고 만 것입니다.

비슷한 이야기가 성경에도 있습니다. 사무엘하 14장 25절, 26절에 이런 말씀이 있습니다. "온 이스라엘 가운데에서 압살롬 같이 아름다움으로 크게 칭찬 받는 자가 없었으니 그는 발바닥부터 정수리까지 흠이 없음이라 그 머리털이 무거우므로 연말마다 깎았으며 그의 머리 털을 깎을 때에 그것을 달아본즉 그의 머리털이 왕의 저울로 이백 세겔이었더라." 저는 머리숱이 워낙 적어서 할 말이 없습니다마는, 압살롬은 머리숱이 얼마나 많았던지, 그것을 깎을 때 모아서 달아보았더니 무려 2백 세겔이나 되었다는 것 아닙니까. 이렇게 압살롬은 모든 사람이 부러워할 만한, 정말 흠잡을 데 없는 다윗의 셋째 아들이었습니다. 하지만 사무엘하 18장 9절에는 이런 기록이 있습니다. "압살롬이 노새를 탔는데 그 노새가 큰 상수리나무 번성한 가지 아래로 지날 때에 압살롬의 머리가 그 상수리나무에 걸리매 그가 공중과 그 땅 사이에 달리고 그가 탔던 노새는 그 아래로 빠져나간지라." 그 숱 많은 머리카락 때문에 공중에 매달려서 죽게 되었다, 이것입니다. 그 자랑스러운 머리 때문에 말입니다. 그 머리채 때문에 압살롬은 비참하게 죽은 것입니다.

　교만하지 아니한 자랑, 정말로 겸손하면서도 마음속 깊이 간직하고 있는 자랑은 참 중요합니다. 이것은 정체의식이라고도 하고, 존재감이라고도 합니다. 하지만 가만히 보십시오. 얼굴이 잘났습니다. 이 때문에 인간관계가 무너집니다. 돈이 참 중요하지만, 이 때문에 얼마나 많은 불행이 있습니까. 「탈무드」에 이런 말이 있습니다. '돈 많은 사람은 후계자는 있어도 아들은 없다.' 돈이 많은 사람은 그 유산을 물려받을 사람은 있을지 몰라도 그 집에 화목은 없더라는 것입니다. 아시는 대로, 우리가 형제지간에는 물론이고 부자지간에까지도 돈 때문에 문제가 생기는 경우를 많이 보지 않습니까. 가난했다면 오히려 효자도 되고, 효부도 되었을 텐데 말입니다. 명예는 또 어떻습니까? 이것은 갈수록 태산입니다. 그리고 건강도 마찬가지입니다. 건강이 꼭 복이라고 말하기는 어렵습니다. 너무나 건강하기 때문에 당하는 어려움도 있으니까요. 제가 잘 아는 친구 하나가 어쩌다 그만 아내를 때려서 상해치사 혐의로 감옥살이를 했습니다. 별 대수로운 일도 아니었답니다. 이 친구가 워낙 체격도 크고 건강했습니다. 그가 하는 말이 이렇습니다. 어쩌다 딱 한 번 쳤는데, 그만 아내가 죽었다는 것입니다. 여러분, 생각해보십시오. 무엇 때문입니까? 물론 여러 말로 설명해야겠지만, 건강이 너무 좋았던 것입니다.

그러니 건강이라는 것도 자랑거리는 아닙니다. 여러 가지로 생각할 바가 많습니다. 더구나 똑똑한 것은 또 어떻습니까? 사람이 남들보다 더 똑똑해서 덕을 잃어버리는 경우가 얼마나 많습니까.

오늘본문은 이 모든 말들을 종합해서 딱 한 마디로 요약합니다. "사람을 자랑하지 말라……(21절)" 사람 됨을 자랑하지 마라, 사람에 속한 그 무엇도 자랑하지 마라…… 이 현대에 있어서 가장 어려운 문제, 근본 문제가 무엇입니까? 많은 연구가 있습니다마는, 심리학적으로 가장 큰 문제는 뭐니 뭐니 해도 고독입니다. 많은 이들이 고독해 합니다. 그래서 지금 이토록 좋은 세상에 전부 독신으로 살지 않습니까. 무려 40퍼센트입니다. 그래서 고독한 것입니다. 혼자 살면 고독합니다. 그래서 절망하고, 우울증에 빠지고, 몸도 마음도 병들고, 마지막에는 자살까지 합니다. 이렇게 어려운 사회가 되었습니다. 원인이 무엇입니까? 교만입니다. 왜 친구가 없습니까? 교만하기 때문입니다. 왜 외롭습니까? 외로울 일이 하나도 없습니다. 바로 교만하기 때문입니다. 고독의 원인은 교만입니다. 이걸 잊지 말아야 합니다.

농사의 이치를 생각해보십시오. 농사를 지으려면 무엇보다도 우선 토지가 있어야 합니다. 땅이 있어야 되는 것입니다. 그다음으로는 씨앗이 있어야 합니다. 또, 비가 있고, 햇빛이 있어야 합니다. 바람도 불어야 합니다. 어느 것 하나도 우리 인간의 것이 아닙니다. 다 하나님께서 주신 것입니다. 그런고로 농부는 교만하지 않습니다. 바다에서 일하는 사람도 교만할 수 없습니다. 그 대자연 앞에서는 겸손할 수밖에 없습니다. 하지만 과학기술문명이 발전하면서 전기도 쓸 수 있게 되고, 자동차도 타고 다닐 수 있게 되는 등 많은 것들이 편리해지니까 그만 인간이 교만해졌습니다. 그 소중한 대자연에 대한 신비, 그 생명에 대한 존중을 다 잊어버리고 교만해졌습니다. 그래서 하나님이 어디 있느냐고 하면서 예전에 하나님을 믿던 전통까지도 다 부정하고, 그저 인간의 위대함만 자랑하고 있습니다. 그래서 오늘의 세대가 이토록 어렵게 된 것입니다.

어리석은 자는 언제나 자기 노력으로 사는 줄 압니다. 또 노력하면 된다고 생각합니다. 여러분, 옛날에 듣던 말 기억하시지요? 새마을운동이 한창일 때 제가 강사로 새마을운동본부에 가서 강연을 많이 했습니다. 그래 강당에 들어갈 때 보면 앞에 '하면 된다. 안 되면 되게 하라'라는 구호가 붙여져 있었습니다. 그 구호를 보고 들어가서 저는 강연을 합니다. 그때 제가 이랬습니다. "하면 된다? 교만입니다. 해도 안 될 것은 안 되는 것입니다." 하면 된다, 안 되면 되게 하라— 참 좋은 말처럼 들리지만, 실은 교만한 말이요, 교만한 마음입니다. 하면 되지요. 그러나 안 될 것은 안 되는 것입니다. 이걸 알아야 합니다.

지혜로운 사람은 모든 것이 하나님의 은혜임을 압니다. 이것도 저것도 하나님의 은혜요 은총이라고 생각합니다. 그리고 스스로 작은 자라고 여깁니다. 하나님의 은총을 긍정하려면 내가 작아져야 합니다. 하나님의 은혜를 아는 순간 내가 작아지는 걸 느낍니다. 하나님의 큰 은혜, 하나님의 큰 역사와 신비 앞에서 인간은 초라한 존재입니다. 아무것도 아닙니다. 이것을 깨달아야 합니다. 아인슈타인의 유명한 말이 있습니다. '우리가 과학을 하고 지혜를 안다고 하지만, 이건 어린아이가 바닷가에서 조개껍데기를 줍는 것과 같다.' 하나님의 크신 역사 앞에서 인간의 과학이란 조개껍데기 하나를 가지고 노는 일밖에 안 된다는 말입니다. 하나님의 은총 앞에 작아지는 인간을 고백할 수 있어야 합니다.

사도 바울은 빌립보서 3장 5절로 7절까지에서 유명한 고백을 합니다. "나는 팔일 만에 할례를 받고 이스라엘 족속이요 베냐민 지파요 히브리인 중의 히브리인이요 율법으로는 바리새인이요 열심으로는 교회를 핍박하고 율법의 의로는 흠이 없는 자라 그러나 무엇이든지 내게 유익하던 것을 내가 그리스도를 위하여 다 해로 여길뿐더러." 예전에 자기가 자랑하던 것, 가말리엘 문하에서 공부했고, 이스라엘 족속이요, 바리새파요, 옛날에 자랑으로 여겼던 그 모든 것들을 오늘에 와서는 다 잊어버리고 분토와 같이 여긴다, 이것입니다. 다 이로운 줄 알았는데, 이제 신앙의 눈으로 보니 다 해로운 것이더라, 이것입니다. 그야말로 철저한 자기 부정입니다. 그리고 사도 바울은 작아집니다. 사도 바울의 원래 이름은 사울입니다. 이스라엘의 초대 왕 사울의 이름을 따서 '사울'이라고 지은 것입니다. 하지만 예수를 믿고 사도로서 그가 하나님의 일을 할 때 그 이름을 바울로 바꿉니다. 이 바울이라는 말은 '작은 자'라는 뜻입니다. 아마도 키가 좀 작아서 어렸을 때부터 그런 별명으로 불린 것 같습니다. 그런데 예수를 믿은 다음 남들이 자신을 업신여기며 불렀던 그 별명을 아예 자기 이름으로 삼습니다. '나는 작은 자다.' 이 정체의식에서 절대 벗어나지 않습니다. 이것이 바로 은혜의 사람이요, 은혜의 사람이 가지는 정체의식입니다. 수고와 땀, 기회가 다 하나님의 것입니다. 내가 아무리 노력하더라도 결국은 하나님께서 지혜를 주셔야 하는 것입니다.

저는 특별히 개인적으로 간증할 말이 있습니다. 왜냐하면, 제가 북한에서 중고등학교를 다녔거든요. 그리고 월남했지만, 계속 학교를 다닐 형편이 못 되어 검정고시를 봤습니다. 그랬던 제가 어떻게 해외유학 갈 생각이나 했겠습니까. 아무리 생각해도 공부하러 미국에 갈 수 있는 사람이 아니었습니다. 그 시절에는 어느 모로 보아도 그랬습니다. 그런 제가 유학을 갔습니다. 아무리 생각해도 최고의 기적입니다. '어떻게 내가 영어를 해서 미국유학을 했을까?' 지금 생각해봐도 놀라지 않을 수 없습니다. 아무리 생각해도 있을 수 없는 일입니다. 여러분, 나는 아무것도 아닙니다마는, 하나님께서는 하고자 하실 때 엄청난 일들을 이루어나가십니다. 은혜 안에서 나는 작은 존재요, 더더욱 작은 존재임을 부인할 수 없습니다. 그런 때문에 늘 감사하게 되는 것입니다. 이렇듯 우리는 자기를 비우는 일을 게을리해서는 안 될 것입니다. '나는 아무것도 아니다. 내 지식도, 내 능력도, 내 돈도, 내 건강도 아무것도 아니다.' 이렇게 자기 자신을 완전히 비우는 노력을 게을리해서는 안 됩니다. 꼭 기억해야 합니다.

그리고 조금 더 신학적으로 생각할 문제가 있습니다. 하나님께서는 나를 겸손케 만들어주십니다. 우리가 받은 축복 가운데 겸손할 수밖에 없는 처지가 된다면 그건 축복입니다. 나를 겸손하게 만드시는 하나님, 그분을 찬양해야 합니다. 사도 바울은 자랑할 것이 많은 사람입니다마는, 그는 감히 자랑할 수 없었습니다. 결정적인 약점이 있었기 때문입니다. 확실한 것은 모르겠습니다마는, 제가 연구한 대로는 바울에게 간질병이 있었습니다. 그는 간 곳마다 쓰러졌습니다. 갈라디아서 4장에서 그는 고백합니다. "너희를 시험하는 것이 내 육체에 있으되 이것을 너희가 업신여기지도 아니하며 버리지도 아니하고 오직 나를 하나님의 천사와 같이 또는 그리스도 예수와 같이 영접하였도다(14절)."

여러분, 상상해보십시오. 바울이 교회에서 설교하는 도중에 외마디 소리를 지르며 쓰러집니다. 얼마나 많은 사람들이 놀랐겠습니까. 하나님의 종 사도 바울은 또 얼마나 부끄러웠겠습니까. 그런데도 갈라디아교회 교인들은 놀라지 않았고, 사도 바울을 그리스도와 같이 영접해주었습니다. 바울은 그래서 감사하다는 말을 절절하게 하고 있습니다. 그 육체의 가시, 사탄의 사자는 왜 있어야 했던 것입니까? 고린도후서 12장에서 사도 바울은 이것이 있음으로 말미암아 자기가 겸손하게 되었고, 자기의 약함을 통하여 하나님의 능력이 나타났다고 고백하고 있습니다. 단적으로 말하면, 자기를 겸손하게 만들기 위하여 육체의 가시, 사탄의 사자가 필요했다, 이것입니다. 한평생을 말입니다.

나를 겸손하게 만드는 것은 무엇이든 그것을 은사로 받아들여야 합니다. 축복이니까요. 오늘 사도 바울처럼 말입니다. '나를 겸손하게 만드는 육체의 가시, 사탄의 사자, 이것이 있음으로 말미암아 나는 약할 때 강하다.' 육체의 가시, 사탄의 사자를 은혜로 받아들이는 것입니다. 이렇게 받아들이는 것이 사도 바울의 신학입니다. 하나님의 뜻을 조용히 기다리는 겸손, 그것이 바로 은혜입니다. 여러분, 하나님 앞에 기다리십니까? 아니면, 하나님 앞에 재촉하십니까? 왜 내 기도를 안 들어주시느냐고 원망하고 있습니까? 잠깐 멈추시고, 겸손한 마음으로 기다리십시오. 그것이 더 큰 축복이니까 말입니다.

이제 우리가 한 가지 더 생각해볼 귀중한 신학적 문제가 있습니다. 교만은 하나님의 심판이라는 것입니다. 하나님 심판의 전주곡입니다. 유명한 역사학자 찰스 베어드는 말합니다. '하나님께서는 악한 사람을 심판하실 때 선한 사람을 통해서 악한 사람을 심판하지 않으시고, 악한 사람을 교만하게 하심으로써 심판하신다.' 그를 더 성공하게 만들고, 그가 더 큰 권력을 쥐게 하고, 그를 더 교만하게 만들어서 결국은 무너지게 한다, 이것입니다. 악인의 형통함은 심판입니다. 악한 사람의 성공도 심판입니다. 악한 사람이 재벌이 되었다면 그것도 하나님의 심판이요, 민족적 심판입니다. 이걸 잊지 말아야 합니다. 교만한 자의 성공은 보이지 않는 하나님의 심판입니다.

우리가 잘 아는 성 아우구스티누스에게 누가 물었습니다. "그리스도인의 덕목 가운데 가장 첫째가 무엇입니까?" 아우구스티누스는 이렇게 답했다고 합니다. "겸손입니다." 그럼 둘째가 뭐냐고 이어 물었을 때 그는 역시 겸손이라고 답합니다. 또 셋째가 무엇이냐고 묻자 그것도 겸손이라고 말합니다. 그렇다면 조금 더 깊이 생각합시다. 나를 겸손케 하는 것, 겸손할 수밖에 없도록 만드는 것은 하나님의 축복입니다. 겸손이 축복의 기본이요, 축복의 시작입니다. 어느 순간에라도 교만해지기 시작하고, 교만함이 성공한다면 그것은 곧 멸망의 징조입니다. 하나님의 심판입니다.

에디슨과 뉴턴을 비교해서 연구한 사람이 있습니다. 발명가와 과학자로 유명한 두 사람을 자세히 연구해보니까 공통점이 있었다는 것입니다. 첫째, 그 두 사람에게는 고독을 참는 능력이 있었습니다. 고독할 때 그 둘은 더 성실하게 연구하는 생활에 몰두하며, 오히려 고독을 즐겼다는 것입니다. 또 하나의 특징은, 그 둘에게는 호기

심과 손재주가 많았습니다. 무엇보다도 중요한 것은, 그들은 절대 교만하지 않았다는 사실입니다. 많은 성공을 하고, 많은 사람의 칭찬을 받을 때도 그 둘은 절대 교만하지 않았습니다. 그들은 겸손과 온유가 큰 성공의 기본이었다고 말합니다.

오늘본문은 말씀합니다. "누구든지 사람을 자랑하지 말라." 말 없는 것 같으나 교만하고, 조용한 것 같으나 속에는 꿈틀거리는 교만이 있습니다. 이 때문에 고독한 것입니다. 이 때문에 하나님이 보이지 않는 것입니다. 이 때문에 하나님의 은총을 바로 깨닫고 감격할 수 없습니다. 다시 한번 귀담아 들으시기 바랍니다.

사람을 자랑하지 말라— △

# 생각하여 보라

그러므로 내가 너희에게 이르노니 목숨을 위하여 무엇을 먹을까 무엇을 마실까 몸을 위하여 무엇을 입을까 염려하지 말라 목숨이 음식보다 중하지 아니하며 몸이 의복보다 중하지 아니하냐 공중의 새를 보라 심지도 않고 거두지도 않고 창고에 모아들이지도 아니하되 너희 하늘 아버지께서 기르시나니 너희는 이것들보다 귀하지 아니하냐 너희 중에 누가 염려함으로 그 키를 한 자라도 더할 수 있겠느냐 또 너희가 어찌 의복을 위하여 염려하느냐 들의 백합화가 어떻게 자라는가 생각하여 보라 수고도 아니하고 길쌈도 아니하느니라 그러나 내가 너희에게 말하노니 솔로몬의 모든 영광으로도 입은 것이 이 꽃 하나만 같지 못하였느니라 오늘 있다가 내일 아궁이에 던져지는 들풀도 하나님이 이렇게 입히시거든 하물며 너희일까보냐 믿음이 작은 자들아 그러므로 염려하여 이르기를 무엇을 먹을까 무엇을 마실까 무엇을 입을까 하지 말라 이는 다 이방인들이 구하는 것이라 너희 하늘 아버지께서 이 모든 것이 너희에게 있어야 할 줄을 아시느니라 그런즉 너희는 먼저 그의 나라와 그의 의를 구하라 그리하면 이 모든 것을 너희에게 더하시리라 그러므로 내일 일을 위하여 염려하지 말라 내일 일은 내일이 염려할 것이요 한 날의 괴로움은 그 날로 족하니라

(마태복음 6 : 25 - 34)

## 생각하여 보라

　　독일의 젊은 신학자이자 순교자인 본회퍼가 설교할 때 즐겨 쓰던 예화가 하나 있습니다. 너무나 잘 알려진 이야기지만, 이 간단한 예화 속에 엄청나게 많은 진리가 함축되어 있습니다. 여기에 버스 한 대가 있습니다. 많은 사람이 버스에 타고 있습니다. 그런데 자세히 보니 버스를 운전하고 있는 운전사가 술에 취해 있습니다. 맑은 정신으로 운전을 해도 시원찮은데, 술 취한 운전사라니요? 요샛말로 음주운전입니다. 그렇게 술에 취한 운전사가 운전하니 자동차 전체가 휘청거립니다. 이대로 가다가는 큰 사고가 날 수밖에 없는 상황입니다. 술에 취해 정신이 오락가락하는 사람 손에 많은 사람의 생명이 달려 있는 것입니다. 차는 계속 흔들립니다. 어찌해야 되겠습니까? '그렇다면 당연히 운전사를 차에서 내려오도록 해야 하지 않겠느냐?' 이것이 본회퍼의 지론입니다.

　　성도 여러분, 함께 생각해보십시다. 사람의 몸은 분명 동물성입니다. 그런데 이 동물성의 육체라는 몸을 운전하는 것은 이성입니다. 그 이성을 또 다스리는 것은 그보다 더 위의 영성입니다. 문제는 이성입니다. 이성의 문제입니다. 이 이성이라고 하는 것, 쉽게 말하면 생각이고, 어려운 말로 하면 이성입니다. 그런데 이 이성이라고 하는 기능은 균형을 잡아야 합니다. 바른 균형을 잡아야 하는데, 이 이성이 육체에 끌립니다. 그러면 육체 주도적 인간이 됩니다. 육체의 욕망에 끌려가며, 그걸 정당화해가며 살 때 무서운 함정으로, 나락으로 빠져듭니다. 이게 이성입니다. 그런가 하면, 이 생각이 영 주도적으로, 하나님의 생명력인 영에 주도되어 있을 때 맑은 이성을 가질 수 있고, 맑고 깨끗한 생각을 가질 때 그 육체도 건강한 길을 갈 수가 있다, 하는 말입니다. 이건 깊이 생각해야 합니다.

흔히 생각의 근본요소로 세 가지를 말합니다. Knowledge, Acceptance, Practice입니다. Knowledge란 지능입니다. 지능이 낮으면 아무리 많은 사물 속에서도 우리는 바른 지식을 얻을 수 없습니다. 그런고로 지식의 근본요소인 지능이 아주 중요합니다. 이미 아는 것, 그 위에서 새로운 지식이 있는 것입니다. 그런고로 깨끗한 지능, 이 얼마나 중요합니까. 여러분이 아시는 대로 아이들은 참 기억력이 좋습니다. 한 번 얘기해놓으면 며칠 뒤에도 다 기억하고 있습니다. 우리 어른들은 날마다 같은 말을 들어도 다 잊어버립니다. 왜 그럴 것 같습니까? 바로 깨끗한 이성입니다. 깨끗하기 때문에 하얀 종이에 그림을 그린 것 같아서 다 기억하는 것입니다. 꼬박꼬박, 무서울 정도로 또렷이 기억합니다. 그러니 맑은 이성, 이 얼마나 귀한 것입니까.

그런가 하면, 맑은 감성이 있어야 됩니다. 맑은 가슴입니다. 그렇습니다. 사랑하는 마음이 있고야 지식이 이루어집니다. 내가 그분을 존경해야 그분의 말이 내 귀에 들려옵니다. 가슴이 열리지 않으면 어떤 지식도 성립되지 않습니다. 바로 Acceptance입니다. 이 얼마나 중요합니까. 맑은 감성입니다.

그런가 하면, Practice, 우리의 경험입니다. 우리는 경험을 통해서 배웁니다. 경험을 통해서 새로운 지식을 얻습니다. 그러나 경험이 쌓이는 동안에 타성이 생깁니다. 한 번 경험한 사건은 내게 '전(前) 이해'라고 하는 하나의 지식으로 축적됩니다. 이거 무서운 것입니다. 이게 축적되는 가운데 무의식적으로 엄청난 지식이 발동한다, 이것입니다. 그래서 문제입니다. 똑같은 일을 보면서도 어떤 사람은 나쁘다고 하고, 어떤 사람은 좋다고 합니다. 어떤 사람은 부정적으로 보고, 어떤 사람은 긍정적으로 봅니다. 왜요? 그 사람의 전(前)이해가 다르기 때문입니다.

요새는 이것이 너무나 중요하다고 해서 열심히 연구하는데, 깜짝 놀랄 만한 이야기가 있습니다. 결국, 사람의 운명은 한 살부터 네 살 사이에 결정된다는 것입니다. 그때 어떤 말을 들으면서 자랐느냐, 어떤 경험을 하면서 살았느냐에 따라서 운명이 좌우된다는 것입니다. 그렇습니다. 그런데 우리는 일반적으로 네 살 전의 일은 기억하지 못합니다. 그러니까 기억되지 않는 것 같은데, 기억되고 있습니다. 마침내 이걸 연구하고 연구하다가 이런 무서운 말까지 합니다. 내가 아직 어머니 배 속에 있을 때, 소위 '모태교육'이라고 하지 않습니까. 경건하고 좋은 모태교육을 해야 할 때 아버지 어머니가 싸웠습니다. 소리를 내며 싸웠습니다. 울면서 싸웠습니다. 그렇게 아버지 어머니가 무섭게 싸우는 걸 경험한 아이는 장차 가정생활이 원만하기 어렵다, 하는 무서운 말을 합니다. 아주 행복한 경험만 가지고 태어나야 되는데, 태어나기도 전에 벌써 엄청난, 들어서는 안 되는 말을 듣고, 보아서는 안 될 것을 봅니다. 그렇게 해서 잘못된 잠재의식이 형성되면 그다음부터 오는 모든 지식, 모든 경험이 빗나간다, 이 말입니다. 이 얼마나 무서운 이야기입니까. 인간은 무의식 중에 경험한다는 것입니다.

우리의 경험은 알게 모르게 나한테 지식을 만듭니다. 그리고 그 지식이 축적되어나갑니다. 그래서 우리가 무슨 판단을 할 때 가만히 보면 내가 전에 경험한 대로 판단해버립니다. 여자한테 한번 크게 혼난 사람은 이렇게 생각합니다. '아, 여자는 믿을 수 없다. 나는 이제부터 일생토록 여자 얼굴을 안 볼 것이다!' 그래서 어떤 분은 보따리를 싸서 미국으로 갔습니다. 그래 제가 미국에 갔을 때 한 번 그분을 따라가서 그분이 정말 여자를 안 보고 사나 봤더니, 정말 안 보고 살더라고요. 그분이 어느 교회 사찰로 있으면서 하는 말이 이랬습니다. "목사님, 그때 한 말대로 저는 두 번 다시 여자 얼굴은 안 보렵니다." 그래서 제가 이렇게 충고했습니다. "중생해야겠구먼. 그 과거의 추억을 잊고 그로부터 탈피하기 전에는 당신, 자유인이 아니야. 당신은 구원받을 수 없어. 다시 한번 회개하고 중생해서 여자를 아름답게 볼 수 있는 눈이 될 때까지 새로워져야 밝은 생을 살 거요."

여러분, 다시 한번 원점으로 돌아가서 창조의 원리부터 생각해보십시다. 사람의 몸은 흙으로 만들어졌습니다. "흙으로 빚어서 만드셨다." 그래서 창세기를 자세히 연구해보면, '만들어진 부분'이 있고, '창조된 부분'이 있습니다. 관련하여 두 단어가 나옵니다. 영어로 make와 create입니다. 만든 것과 창조한 것, 이 두 가지 말이 나오는데, 대단히 중요합니다. 먼저, 하나님께서 흙으로 만드신 것이 있습니다. 흙이라는 소재로 만들어진 것입니다. 이것은 '만든 것'입니다. 하지만 창조는 하나님께로부터 직선적으로 내려오는 것입니다. 다른 요소와 상관없이 하나님의 형상으로 창조되었습니다. 이제 만들어진 부분은 몸입니다. 이것은 흙으로 만들어졌습니다. 곧, 흙덩어리입니다. 흙덩어리가 분명합니다. 우리는 그저 흙에서 나는 물건을 먹고, 흙과 함께 살다가 흙과 함께 갑니다. 인간은 흙입니다. 하나님께서 말씀하십니다. "너는 흙이다. 그런고로 흙으로 돌아갈지니라." 흙으로 갈 것입니다.

　요새는 장례 때 화장을 많이 합니다마는, 언제부터인가 또 '질소 장례법'이라는 것이 생겨났습니다. 대단한 것입니다. 관 속의 시체에 질소를 집어넣습니다. 그러면 한 시간 뒤에 싹 없어집니다. 다 분해되는 것입니다. 그리고 한 줌의 흙만 남습니다. 화장이 아닙니다. 질소로 분해하는 것입니다. 이런 방법이 지금 스웨덴으로부터 우리나라에 들어오기 시작했습니다. 화장이 아니고, 질소로 인간의 몸을 분해해버리는 것입니다. 그럼 요만큼 한 줌이 남는데, 이걸 가져다 땅에다 붓고 불과 며칠 뒤에 보면 없습니다. 흙으로 변한 것입니다. 금방입니다. 그걸 보며 역시 흙은 흙이다, 이렇게 생각하게 됩니다. "흙으로 돌아가리라." 몸은 흙이 분명합니다. 그런데 이 몸이라고 하는 육체가 있고, 이 육체를 다스리는 것이 영혼입니다. 그래서 몸은 흙으로 만들어졌고, 영은 하나님께서 창조하십니다. 남자와 여자를 하나님의 형상으로 창조하셨다— 참 중요합니다. 이것이 바로 영성입니다. 하나님의 형상으로 창조됩니다.

　이런 재미있는 이야기가 있습니다. 우리가 육체를 입고 사는데, 도대체 언제 하나님의 영혼이 우리 생명체에게 주어진 것일까요? 궁금합니다. 우리가 한 가지는 알고 있습니다. 영혼이 육체에서 떠나게 될 때는 언제인가, 하는 것입니다. 바로 사람이 육체를 입고 있다가 죽을 때 영이 떠나는 것입니다. 분명합니다. 요새는 영혼의 질량이 얼마나 될까, 하면서 계산까지 합니다. 영혼이 떠날 때 육체가 분명 가벼워진다는 것입니다. 그대로 있던 몸인데, 생명이 떠나는 순간에 체중이 달라집니다. 그래서 이걸 전문적으로 연구한 책도 있습니다. 어쨌든 재미있습니다. 영혼의 무게가 얼마냐, 이것입니다.

궁금한 것은, 육체는 아버지 어머니로부터 왔지마는, 영혼은 하나님께로부터 왔는데, 도대체 언제 이 영혼이 들어왔나, 하는 것입니다. 언제 영혼을 불어넣어주셨나, 하는 것입니다. 그래서 많은 사람이 연구하지만, 연구할 재료가 마땅치 않습니다.

여기에 대한 이스라엘 사람들의 전통적인 이해는 이렇습니다. 어린아이는 태어나기 전에는 어머니의 탯줄을 통해서 피를 받고 호흡을 합니다. 자기 힘으로 호흡하는 것이 아닙니다. 어머니로부터 생명력을 받고 사는 것입니다. 그러다가 세상에 태어나서는 자기가 스스로 호흡해야 합니다. 아이가 태어났는데, 울지 않으면 큰일입니다. 아이의 폐에 바람이 들어가야겠는데, 어떻게 합니까? 그래서 여러분도 아시지요? 아이를 거꾸로 매달아서 때립니다. 그 새빨간 핏덩이를 말입니다. 그래서 "악!" 하고 울면 "됐다, 이제 됐다!" 하면서 안심하게 됩니다. 왜요? 아이가 스스로 호흡하니까요. 폐에 공기가 들어가면서 스스로 호흡하기 시작하는 것입니다. 그런데, 확 하고 공기가 들어가는 그 순간에 하나님의 영혼도 같이 들어간다, 이것입니다. 그래서 그때부터 인간이라고 사람들은 생각하는 것입니다.

사람은 이 세상을 사는 동안 육체라는 옷을 입고 있습니다. 이 불편한 옷을 입고 살다가 고장이 나면 꿰매기도 하고, 수술도 합니다. 이렇게 별짓 다 하다가 마지막으로 죽음을 맞이할 때 육체의 옷을 벗고, 영이 자유로워지는 것입니다. 예수님께서는 아주 간단하게 말씀하십니다. "나는 아버지께로 가노라." 아주 복잡한 과정이 앞에 있습니다. 십자가가 있습니다. 하지만 개의치 않으십니다. "나는 아버지께로 가노라." 예수님만이 아닙니다. 우리도 아버지께로 갑니다. 중요한 것은 이 세상입니다. 세상에 태어나면서부터 이 세상을 사는 동안 영혼은 육체의 지배를 받습니다. 육체와 함께 사는 것입니다. 그런데 문제가 있습니다. 영 주도적으로 사는 사람은 영이 이성을 지배하고, 이성이 몸을 지배합니다. 바르게 균형을 잡은 것입니다. 이렇게 살아가야 되는데, 이게 거꾸로 됩니다. 육체가 이성을 지배하고, 이성이 영을 몰아냅니다. 영의 기능을 마비시킵니다. 그러면 육체 주도적 인간이 됩니다. 영은 멀리 갔고, 그 기능이 없습니다.

　창세기 6장에 기가 막힌 말씀이 있습니다. 노아 홍수 직전에 주신 메시지입니다. "사람이 육체가 되니라." 하나님께서 보실 때 사람은 다 죽었습니다. 꿈틀꿈틀하는 동물은 있는데, 사람은 없습니다. 동물성은 있는데, 영성은 없는 것입니다. "사람이 육체가 되니라." 하나님께서 심판하십니다. 산 사람을 죽이신 것이 아닙니다. 죽은 사람을 쓸어버리신 것입니다. 그것이 노아 홍수입니다. 오늘도 마찬가지입니다. 멀쩡히 살아있는 것 같으나, 영이 살아있는 사람이 있고, 영이 죽은 사람이 있습니다. 영이 죽었다면 그는 인간이 아닙니다. 요새도 보면 얼마나 끔찍한 사건들이 있습니까. 상상할 수 없습니다. 그것이 바로 육체 주도적 인간이고, 그 이성은 육체의 욕망에 사로잡혀서 이성 본래의 기능이 사라졌습니다. 하나님과 만나는 기능은 없고, 육체의 욕망에 끌려 살고 있습니다. 아주 중요한 것입니다. 이렇게 영 주도적 인간이 있는가 하면, 육체 주도적 인간이 있습니다. 그런데 그런 육체 주도적 인간의 모습은 몸만 육체적인 것이 아니라, 이성, 생각까지도 그만 육체에 끌려가고 있고, 타락 속에 끌려가고 있다는 말입니다. 이런 육체 주도적 인간, 동물 주도적 인간, 우리가 잘 보고 있지 않습니까. 환하게 보고 있지 않습니까. 영이 병들면 이성도 병듭니다. 그런고로 예수님께서는 오늘 말씀하십니다. "생각하여 보라. 네가 지금 영 주도적으로 살고 있느냐? 육체에 끌려 살고 있느냐? 생각하여보라." 이 한마디가 너무나 중요합니다.

여러분, 지금 내 생각이 어디로 가고 있습니까? 어느 쪽으로 끌리고 있습니까? 아니, 무의식중에라도 선을 행합니까? 무의식중에라도 기도합니까? 무의식중에라도 하나님의 말씀이 생각납니까? 그렇지 않고 생각하면 그냥 억울하고 분하고, 그저 원통하고, 원망스럽고, 절망하고 하는 것입니까. 이게 벌써 죽은 것입니다. 영적으로 죽었고, 이성적으로 죽었고, 그리고 그다음에는 육체가 죽는 것입니다. 이걸 잊지 말아야 합니다. 중생한 인간, 거듭난 인간은 생각합니다. 살아있는 영성으로 하나님을 생각합니다. 하나님의 은총을 생각합니다. 하나님의 사랑을 생각합니다. 그리고 세상을 보니, 하나님은 사랑이라고 고백하게 됩니다. 이게 밝은 이성입니다. 예수님께서 말씀하시는 것이 바로 이것입니다. "생각하여 보라." 너희들의 생각은 지금 어디로 가고 있느냐, 하는 것입니다. 그러나 구원받은 사람의 생각은 새를 보아도 하나님을 보고, 꽃을 보아도 하나님을 보고, 세상을 보아도 하나님을 봅니다. 예수님께서는 십자가를 바라보시면서도 "아버지께서 내게 주신 잔을 마시지 않겠느냐" 하십니다. 하나님의 사랑을 느끼셨더라는 말씀입니다. 볼 수 있으셨더라는 말씀입니다.

여러분, '돌아온 탕자' 이야기 아시지요? 이 탕자가 집을 나가서 방황하며, 악한 이성에 끌려 제멋대로 살아왔습니다. 그러던 어느 순간 생각합니다. '내 아버지 집에는 넉넉한 양식이 있는데……' 아버지를 생각하게 된 것입니다. 아버지의 집을 생각하게 됩니다. 이 순간이 생각이 바뀌는 지점입니다. 내 생각이 지금 어디로 가느냐?— 여러분, 깊이 생각해야 합니다.

꿈을 꾸더라도 아름다운 꿈을 꾸었거든 감사할 일이지만, 꿈에라도 이상한 꿈을 꾸었거든 회개해야 합니다. 도대체 무슨 생각을 하고 잤기에 이 모양이 되었나, 하고요. 이것을 생각해야 합니다. 중요한 문제입니다. 그래서 우리는 하나님의 사람으로서의 생각, 피조물 의식을 가집니다. '하나님께서는 창조주시요 아버지시요, 나는 그 자녀라. 하나님께서는 아버지시고, 나는 그 자녀요 피조물이라.' '모든 염려는 다 쓸데없는 짓이다. 내가 그런다고 키가 더 자라는 것도 아니고, 내가 그런다고 더 건강해지는 것도 아니고, 내가 그런다고 또 오래 사는 것도 아니다.' 보십시오. 구원받은 사람의 이성은 오늘본문말씀대로, 모든 염려는 다 쓸데없는 것이라는 사실을 확실히 알게 됩니다. 그리고 하나님의 능력, 하나님의 지혜, 하나님의 무한한 사랑이 생각하면 생각할수록 경이롭고 감사합니다. 여러분은 어떻습니까? 생각하면 생각할수록 감사합니까? 아니면 생각하면 생각할수록 분하고 억울합니까?

여러분, 오늘 예수님의 말씀을 들으십시오. 생각하여보라— 하나님을 생각하라, 하나님의 사랑을 생각하라, 하나님의 그 보호하심을 생각하라…… 그리고 결론을 내립니다. 그의 나라와 그의 의를 구하라— 그의 나라와 그의 의를 구하는 그 이성, 그 수준, 그런 방향에 도달할 때 우리의 생각은 우리를 기쁘게 합니다. 우리의 생각은 하나님을 찬양하게 합니다. 우리의 생각은 끝없이 하나님의 영광에 감격하게 합니다. 생각 자체가 구원받아야 합니다. 구원받은 생각, 그것을 스스로 검증하시기 바랍니다. 영혼이 중생할 때 생각이 거듭납니다. 생각이 바뀔 때 세상이 바뀝니다. 그의 나라와 그의 의를 구하라— △

# 누가 내 이웃입니까

그 사람이 자기를 옳게 보이려고 예수께 여짜오되 그러면 내 이웃이 누구니이까 예수께서 대답하여 이르시되 어떤 사람이 예루살렘에서 여리고로 내려가다가 강도를 만나매 강도들이 그 옷을 벗기고 때려 거의 죽은 것을 버리고 갔더라 마침 한 제사장이 그 길로 내려가다가 그를 보고 피하여 지나가고 또 이와 같이 한 레위인도 그 곳에 이르러 그를 보고 피하여 지나가되 어떤 사마리아 사람은 여행하는 중 거기 이르러 그를 보고 불쌍히 여겨 가까이 가서 기름과 포도주를 그 상처에 붓고 싸매고 자기 짐승에 태워 주막으로 데리고 가서 돌보아 주니라 그 이튿날 그가 주막 주인에게 데나리온 둘을 내어 주며 이르되 이 사람을 돌보아 주라 비용이 더 들면 내가 돌아올 때에 갚으리라 하였으니 네 생각에는 이 세 사람 중에 누가 강도 만난 자의 이웃이 되겠느냐 이르되 자비를 베푼 자니이다 예수께서 이르시되 가서 너도 이와 같이 하라 하시니라

(누가복음 10 : 29 - 37)

## 누가 내 이웃입니까

　최근에 베스트셀러가 된 작가 이병률 선생님의 「내 옆에 있는 사람」이라는 책이 있습니다. 많은 사람에게 감동을 주고 있습니다. 이 책에서 그는 말합니다. '이 사실을 알기까지 오랜 세월이 걸렸습니다. 내가 좋은 사람이 되지 않으면 절대 좋은 사람을 만날 수 없다는 것을. 내가 스스로 행복한 적이 없다면, 다른 사람을 행복하게 할 수 없다는 것을. 내 옆에 있는 사람이 왜 그 사람이어야 한다고 묻는다면 내가 얼마만큼의 누구인지 알기 위해서라는 것을 이제야 깨달았습니다.' 한 세월 살면서 이만큼 깨달을 수 있다면 훌륭하게 산 사람이라고 생각합니다.

　오늘 이 세대에 가장 큰 문제가 뭐겠습니까? 언젠가 제가 집에 들어갔더니 제 아내가 이렇게 말합니다. "요새 TV를 보니까 그 치매라는 거 무섭더구먼요. 그래서 내가 지금 집중적으로 기도하기로 했다오." "뭔데?" "치매에 걸리지 않게 해주세요." 이것이 기도 제목이라는 것입니다. 잘살고 못살고, 오래 살고 오래 못 살고는 중요하지 않다고, 제발 치매에만 걸리지 않게 해주십사, 하고 기도하기로 결심했다는 것입니다. 해서 제가 열심히 하라고 그랬지요. 며칠 뒤에 또 이렇게 말합니다. "여보, 여보, 나 기도 제목 바꿨어." "뭐라고 바꿨는데?" "치매 걸리기 전에 죽게 해주세요." 그래서 제가 이랬습니다. "그게 훨씬 낫구먼."

　여러분, 살고 죽는 것은 중요하지 않습니다. 이제는 더 심각한 문제가 있다는 걸 알아야 합니다. 바로 치매입니다. 이걸 언제부터 걱정해야 하는지 아십니까? 65세부터입니다. 65세 이후에는 10퍼센트가 치매에 걸립니다. 그리고 점점 더 그 확률이 높아집니다. 그러니 지금 이 자리에 65세 넘으신 분들, 맑은 정신으로 앉아 계신다면 그게 큰 복인 줄 아시기 바랍니다. 심각합니다. 그래서 치매를 어떻게 하면 치료할 수 있을까, 하고 많은 학자가 여러 가지로 몸부림치고 애를 씁니다마는, 잘 안됩니다. 치매는 딱히 치료 방법이 없습니다. 왜냐하면, 뇌세포가 아예 변해서 물이 돼버리니까요. 안되는 것입니다. 치매는 치료 방법이 없는데, 중요한 것은 치매를 예방할 수는 있다는 점입니다. 그래서 많은 사람이 연구하고 있는 것입니다.

제가 살펴보니까 어떤 분이 10가지를 말합니다. '어떻게 하면 치매를 예방할 수 있을까?' 제가 이 시간에 그걸 다 말씀드릴 수는 없는데, 한마디만 하고 싶습니다. 그것은 '혼밥'을 하지 말라는 것입니다. 혼자 밥 먹지 마라, 이것입니다. 이 밥 먹는다는 것, 참 중요합니다. 식사 시간에 자꾸 혼자서 밥을 먹잖아요? 라면 하나 끓여서 혼자 먹잖아요? 그럼 입에서 이런 푸념이 절로 나옵니다. "이렇게 먹고 살아야 하나? 인생무상이구나." 이러면 벌써 위험한 것입니다. 왜 혼자 먹는 게 안 좋습니까? 고독이라는 것이 절대원인이기 때문입니다. 모든 책이 그렇게 말합니다. 치매의 첫 단계가 고독이라는 것입니다. 그저 고독하다는 것이 아니라, 고독을 느낀다는 것이 문제입니다. 얼마든지 혼자 있을 수 있지만, 혼자 있는 마음이 아니라면 괜찮습니다. 그럼 고독을 느끼지 않는 것입니다. 하지만 온 식구와 같이 있더라도 고독을 느끼며 한숨을 쉬는 사람은 고독한 사람입니다. 누구하고 같이 있느냐는 중요하지 않습니다. 어떤 마음가짐이냐가 중요하다, 이것입니다. 이 고독을 느낀다는 것이 치매의 절대

원인이라는 사실을 잊지 말아야 합니다.

　스위스의 유명한 심리학자 폴 투르니에가 쓴 「고독」이라는 책
이 있습니다. 이 책에서 그는 인간이 고독해지는 몇 가지 경우를 말
해줍니다. 사람은 본디 어딘가에 소속된 존재로 소속감을 느끼면서
살아가야 하는데, 그런 인간이 언제 고독을 느끼게 되느냐 하면, 첫
째, 사회를 생존경쟁하는 투쟁의 장으로 인식할 때 고독해진다는 것
입니다. 우리가 산다는 것은 생존경쟁이 아닙니다. 가령 우리가 입
학시험을 본다면, 그것은 당연히 생존경쟁입니다. 또, 직장에 들어
갈 때 입사시험을 보면 그것도 생존경쟁이지요. 그리고 시장에서 장
사하면 그것도 생존경쟁입니다. 다 생존경쟁처럼 느껴지는 일들입
니다. 하지만 아닙니다. 근본적으로는 생존경쟁이 아닙니다. 생존경
쟁은 싸움이 아니고, 투쟁이 아닙니다. 생존은 화목입니다. 화목하
고 사랑하면서 살아갈 수 있는 것이 인간의 본질입니다. 쉽게 말하
면, 내가 행복하려면 저 사람도 행복해야 합니다. 그래야 나도 행복
한 것입니다. 저 사람을 기쁘게 하고야 나도 기쁘다는 사실을 잊지
말아야 합니다. 그러나 생각이 잘못되면 저 사람이 불행해야 내가
행복합니다. 저 사람이 못 살아야 내가 행복합니다. 저 사람이 낙방
해야 내가 자랑스럽습니다. 이따위 심정을 가지고는 안 됩니다. 바
로 그것이 치매의 원인이기 때문입니다. 세상을 생존경쟁하는 장으
로 생각하면 안 됩니다.

　또 하나는 개인주의입니다. 여러분, 개인이 존재합니까? 특별
히 창세기 2장 18절에서 하나님 말씀하십니다. 하나님께서 아담을
만드신 다음 그 아담이 혼자 쓸쓸하게 다니는 모습을 보시니 마음이
안되셨습니다. 그래서 하나님께서 말씀하십니다. "사람이 혼자 사는

것이 좋지 아니하니 내가 그를 위하여 돕는 배필을 지으리라." 혼자 사는 것이 좋지 않다고 말씀하시는 것입니다. 이것이 인간 됨의 본질입니다. 사람은 혼자 살지 못합니다. 너무나 신비롭고, 너무나 평범하기 때문에 우리가 곧잘 잊어버리지만, 누구도 혼자서 아기를 낳지 못합니다. 밉거나 곱거나 한 남자를 만나야 되고, 한 여자를 만나야 됩니다. 남녀가 있음으로 생명은 창조됩니다. 이것이 하나님의 창조원리입니다. '혼자는 존재하지 않는다. 생명의 신비는 둘이 함께하면서부터 시작된다.' 우스운 이야기지만, 실수로라도 사랑을 해야 생명이 태어나는 것입니다. 이걸 잊지 말아야 합니다. 그렇다면 개인은 존재하지 않는 것입니다. 부모가 있어서 내가 있고, 형제가 있어서 내가 있습니다. 내가 어디 혼자입니까? 철저하게 마지막까지 나는 혼자가 아닌데도 개인이 존재한다고 착각을 하는 것입니다. 이것 때문에 고독해진다, 이것입니다.

또 하나는 탐욕입니다. 소유욕입니다. 이는 끝도 없는 것이고, 또 소유할 수도 없는 것입니다. 그런데 탐욕과 지배욕과 소유욕이 사람을 고독하게 만든다, 이것입니다. 또 하나는 질투입니다. 나를 다른 사람과 비교하면서 내 속에 갈등이 일어납니다. 부글부글 끓어오르는 갈등이 생기는 것입니다. 이 갈등을 해소하기 전에는, 이 질투에서 벗어나기 전에는 나는 고독한 존재일 수밖에 없다, 이것입니다.

오늘본문에는 참 귀한 말씀이 나옵니다. 한 율법사가 예수님께 와서 여쭈어봅니다. "제가 어떻게 하여야 영생을 얻을 수 있겠습니까?" 예수님께서 말씀하십니다. "네가 계명을 아느냐?" "예, 압니다." 그러면서 그 율법사는 자기 스스로 이렇게 말합니다. "하나님을 사랑하고, 이웃을 내 몸과 같이 사랑하라고 하셨습니다." "그럼 그렇게 하면 되겠구나. 너도 그렇게 하라. 하나님을 사랑하고, 네 이웃을 네 몸과 같이 사랑하라." 그러자 이 젊은 율법사가 그다음 질문을 합니다. "제 이웃이 누구입니까?" 내가 사랑할 만한 사람, 내가 이웃으로 대할 수 있는 사람이 누구냐, 하는 질문입니다. 그 순간 예수님께서 선한 사마리아 사람의 비유를 들어서 말씀하십니다. 이웃이 있고야 내가 있습니다. 참 이웃이 있고야 참 인격도 있는 것입니다. 그럼 내 이웃이 누구인가?— 이거 심각한 질문입니다. "제가 사랑할 만한 사람이 누구입니까? 제가 사랑해야 할 사람이 누구입니까?" 이렇게 여쭈어보는 것입니다. 이제 예수님께서 비유를 들어 말씀하십니다. 어떤 사람이 여리고를 향해서 가다가 불한당을 만나게 된 이야기입니다. 실은 많은 학자가 이렇게 말합니다. "이것은 비유가 아니고 실제 사건이다." 이것이 만일에 비유라면, 이것이 예수님께서 지어내신 이야기라면 일이 어떻게 되었겠습니까? "제사장과 레위 사람은 그냥 지나갔는데, 너희가 멸시하고 업신여기는 저 사마리아 사람이 이 불한당한테 당한 사람을 도와주었느니라." 이제 어떻게 되었겠습니까? 우리가 알다시피 제사장은 고고한 사람입니다. 그런데 그가 그냥 지나갔다는 것입니다. 성경은 '피해서 갔다'고 했습니다. 레위 사람도 피해서 갔다고 했습니다. 그런데, 사마리아 사람은 이 사람을 위해서 정성을 다했다, 하는 말씀 아닙니까. 이것이 만일에 지어낸 이야기라면 예수님께서는 이 사건 하나만 가지고도 요샛말로 명예훼손죄로 걸리십니다. 높은 제사장과 레위인을 무시하시고, 천하디천한 사마리아 사람을 높여놓으셨으니, 이러고도 살아남으실 수 있겠습니까? 그런고로 많은 학자가 말합니다. "이것은

지어낸 말이 아니고 사건이다." 요샛말로 하면, 신문에 난 이야기입
니다. 모두가 다 알고 있었던 사건입니다. 이런 일이 있었다는 사실
을 모두가 다 알고 있는 것입니다. 그렇기 때문에 예수님께서 이 말
씀을 하실 때 아무도 여기에 반론을 제기할 수 없었다는 것입니다.
아주 중요한 말씀입니다.

　오늘 이 사건을 보십시오. '여리고로 가는 길에 강도 만난 사람
이 있다.' 어떻습니까? 오늘 이 사건이 있다면 당장 첫째는 뭔고 하
니, 아마도 사회를 비난할 것입니다. 또 강도를 나무랄 것입니다. 그
런데 예수님께서는 이 사건 속에서 강도를 나무라지 않으셨습니다.
그러셨다는 말씀은 성경 어디에도 없습니다. '왜 강도가 있는 세상
이냐? 대낮에 왜 이런 강도가 있느냐? 이 사회가 이래서 잘못됐고,
강도가 잘못됐다.' 이렇게들 성토하겠지만, 예수님께는 그런 말씀
이 없으십니다. 이걸 잊지 말아야 합니다. 우리는 강도를 비난하다
가 나까지 나빠집니다. 강도를 비난하다가 내가 어느 사이에 그 강
도 이상의 악한 사람이 되어버린다는 말씀입니다. 비난을 조심해야
합니다. 예수님께서는 이 사건 앞에서 강도가 나타난 세상, 사회 제
도, 강도 자신에 대해서 아무 말씀도 없으십니다. 이걸 잊지 말아야
합니다.

　그리고 이 선한 사마리아 사람을 보면 한 가지 특징이 있습니
다. 이 선한 사마리아 사람은 이름이 없습니다. 이름이 없다는 이 사
실을 잊지 마십시오. 아무개라고 하는 이름이 없습니다. 다만 선한
사마리아 사람일 뿐입니다. 특별히 유대 사람들이 멸시하는 사람들
입니다. 또 생각해보면, 제사장과 레위 사람들이 왜 피해갔습니까?
강도 만난 사람을 보면서 왜 빗겨 갔습니까? 거기에는 당당한 이유

가 있습니다. 레위인들은 성전에서 봉사하는 사람들입니다. 24반열 가운데에서 차례를 기다리다가 마침내 자기 차례가 돌아와 지금 예루살렘 성전에 봉사하러 가고 있는 것입니다. 하지만 그들은 시체를 함부로 만졌다가는 자기 몸이 부정하게 되어서 모처럼의 기회를 놓치고 성전에서 봉사할 수 없게 됩니다. 자칫 도와주다가 혹시나 이 사람이 죽기라도 하면 시체를 만진 결과가 되니까 소중한 성직의 직분을 감당할 수 없게 되는 것입니다. 그래서 피해 간 것입니다.

그러니까 이 사람들은 자기 직분에, 성직에 충실했던 것입니다. 그러나 결국은 그럼으로써 하나님의 뜻을 외면하게 된 것입니다. 그런데 사마리아 사람은 이 사람을 돌보아주었습니다. 오늘본문에서 볼 수 있듯이, 그는 이 사람을 불쌍히 여겼습니다. 이 사람이 유대인이냐, 사마리아인이냐는 상관하지 않았습니다. 그에게 이 사람은 그저 불행하게도 강도를 만난 사람일 뿐입니다. 그래서 이 사람한테 긍휼을 베풀고 봉사했다는 것입니다. 우리라면 이런 생각도 할 수 있을 것입니다. 지금 그 근처 어디에 강도가 아직 머물러 있을 수도 있고, 그래서 함부로 그 강도 만난 사람을 도와주다가는 자칫 이번에는 자기가 그 강도한테 똑같은 봉변을 당할 수도 있을 테니까요. 그런데도 그는 그 강도 만난 사람을 도와주었다, 이것입니다.

뿐만이 아니라, 더 중요한 것은 그가 그 사람을 끝까지 책임졌다는 사실입니다. 치료에 필요한 모든 것을 제공합니다. 모든 비용을 감당합니다. 이 마음, 이 책임을 지는 마음이 그에게는 있었던 것입니다. 무엇보다 중요한 것은 그의 베풂에는 대가성이 없었다는 것입니다. 고맙다는 말을 듣든지 말든지, 그런 것은 알 바가 아닙니다. 아무 조건이 없습니다. 그리고 또 하나의 큰 특징은 성경에 그 선한 사마리아 사람의 이름이 없다는 것입니다. 그는 그저 도와주기만 하고는 훌쩍 떠나갔습니다. 그가 '선한 사마리아 사람'입니다.

　저명한 주석가인 윌리엄 바클레이는 이 비유에 대해서 이렇게 말합니다. 제가 언젠가 그의 책을 보면서 깊이 감동하여 이런 의문을 품었던 적이 있습니다. '이 선한 사마리아 사람은 도대체 무엇을 생각했을까?' 제사장은 이렇게 생각했습니다. '이 사람을 돕다가는 내가 어떻게 될까?' 하지만 이 선한 사마리아 사람은 이런 생각을 한 것입니다. '내가 돕지 않으면 이 사람의 삶이 어떻게 될까?' 제사장은 자기한테 올지도 모를 불이익을 생각했습니다. 그래서 도울 수가 없었던 것입니다. 하지만 선한 사마리아 사람은 간단합니다. '내가 이 시간 이 사람을 돕지 않으면 이 사람이 어떻게 될까?' 그런고로 도울 수 있었다는 것입니다. 상상해보십시오. 내가 이 시간, 이 사람을 돕지 않고 슬쩍 지나친다면 나는 아마 일생토록 악몽에서 헤어나지 못할 것입니다. 이 사람을 내가 지금 돕지 않는다면 나는 결코 자유인이 될 수 없습니다. 나는 사람답게 살 수도 없습니다. 아니, 사람답게 죽을 수도 없습니다. 꼭 도와야 할 시간에 도와야만 내 영혼이 깨끗하고 자유로울 수 있습니다. 이걸 잊지 말아야 합니다.

　늘 말씀드립니다마는, 제가 북한에 가서 병원을 지어주고, 대학을 지어주고, 고아원도 지어주면서 나름대로 많이 애를 쓸 때 북한의 지도자들이 가끔 제게 이런 질문을 해옵니다. "목사님, 저희가 아는 바로는 목사님의 부친께서 공산당에 총살을 당하실 때 목사님이 그 바로 옆에 계셨다면서요?" "예." "그럼 목사님께서 저희를 돕기 위해 애 많이 써주시는 것은 감사하지만, 도대체 어떻게 그러실 수가 있습니까?" 그래서 제가 이랬습니다. "아니에요. 별일 아닙니다.

너무 심각하게 생각하지 마세요." 그리고 이어서 말했습니다. "당신
들은 변증법적 유물론에 따라 세상을 싸움터로 생각하니까 모든 것
이 다 생존경쟁 아닙니까. 그래서 저가 죽어야 내가 살고, 저를 죽여
야 내가 산다고 생각하지요? 하지만 우리는 아닙니다. 우리는 당신
들이 살아야 내가 살고, 당신들이 굶어 죽으면 우리도 죽는 것이라
고 생각합니다. 내가 당신들을 돕는 것은 무슨 대단한 마음이 아니
라, 당신들을 살려야 내가 산다고 믿기 때문입니다. 다소라도 이렇
게 해야 내가 편한 잠을 잘 수가 있고, 내 영혼이 자유할 수가 있어
서 그렇습니다. 미안합니다마는, 나는 내가 살기 위해서 여기 왔습
니다."

  목회를 하면서 저는 일생 동안 중요한 교훈이 되는 한 소망교회
권사님에 대한 이야기를 여기저기 다니며 늘 하곤 합니다. 이 권사
님은 아이들이 다 유학을 가고, 남편은 세상을 떠났습니다. 하지만
돈은 넉넉했습니다. 그러면서 내가 이렇게만 살 수는 없고, 뭔가 의
미 있는 일을 해야겠다고 마음먹어서 호스피스 간병인이 됩니다. 호
스피스는 앞으로 3개월 안에 죽을 사람을 간병합니다. 호스피스 병
동에 있는 사람들은 이제 죽는 시간만을 기다리는 사람들입니다. 이
일을 하려면 공부해서 시험까지 보아야 합니다. 이 권사님, 그렇게
간병인 자격을 얻었습니다. 맨 처음에는 한양대병원에서 80대 노인
의 간병을 맡았습니다. 이분도 지금 죽을 날을 기다리고 있습니다.
권사님은 이분을 위해 봉사하기로 마음을 먹고, 열심히 음식도 입에
넣어드리고, 목욕도 시켜드리고, 화장실에도 모시고 가며 온갖 궂은
일을 다 했습니다. 그러면서 마음속으로는 이랬습니다. '이 할아버
지를 내가 구원해드려야겠다.' 그래 권사님은 그분을 위해서 기도를

합니다. 구원받게 해달라고 기도하면서 위하여 찬송도 불러드리고, 성경도 읽어드리고, 설교 테이프도 틀어드리면서 그 노인을 아주 잘 도와드렸습니다. 그러자 어느 날 이 할아버지가 하도 마음이 좋고 기뻐서 이랬답니다. "아줌마, 나하고 결혼합시다." 이제 며칠 뒤에 죽을 사람이 느닷없이 결혼하자고 하니 이 권사님, 얼마나 황당했겠습니까. 하지만 이 권사님이 또 재미있는 분입니다. 이랬답니다. "합시다." 왜요? 그분 대답이 이렇습니다. "제가 과부인데, 한 번 과부나 두 번 과부나 무슨 상관이 있겠습니까. 과부야 어디까지나 과부지, 그까짓 것 뭐 그리 대단하다고요?" 그러고는 진짜 결혼을 한 것입니다. 이 얼마나 대단합니까. 이런 마음 말입니다. 결혼했더니 변호사를 시켜서 혼인신고까지 다 해버렸습니다. 그러니까 이제는 법적으로 부부가 된 것입니다. 권사님은 그러나 말거나 열심히 사랑하는 마음으로 봉사했습니다. 마지막에 돌아가실 때 그 할아버지가 권사님 손을 딱 잡더니 이러더라는 것입니다. "하나님께서 나를 사랑하시어 당신 같은 천사를 보내주셔서 나를 구원해주시니 하나님께 감사드리오. 지금껏 세상을 살면서 당신 같은 예쁜 여자를 본 일이 없어." 그러고는 세상을 떠난 것입니다. 그러고 난 다음에 이 권사님 앞으로 9억이라는 돈이 왔습니다. 그러니까 이런 것입니다. 이 돈을 권사님한테 주고 싶은데, 이 권사님을 법적인 미망인으로 만들어야 줄 수 있다는 것입니다. 그래서 9억 현금이 왔는데, 중요한 것은 그게 아닙니다. 권사님 말이 이렇습니다. "저는 결혼도 해봤고, 연애도 해봤고, 자식도 키워봤습니다마는, 이 할아버지하고 사는 3개월이 없었더라면 저는 세상을 잘못 살 뻔했습니다. 너무나 행복했습니다. 너무나 아름다웠습니다." 간증입니다.

여러분, 이웃이 누구입니까? 이웃은 나한테 필요한 사람이 아닙니다. 이웃은 나를 필요로 하는 사람입니다. 나를 도와줄 사람이 아니라, 내가 도와주어야 할 사람이 바로 내 이웃입니다. 이 이웃 관계가 바로 될 때 내가 사람 되는 것이고, 내가 바로 되는 것입니다. 이걸 잊지 말아야 합니다.

여러분, 고독합니까? 고독은 죄입니다. 절대 고독할 수 없습니다. 고독해서는 안 됩니다. 왜요? 내가 도와야 될 사람이 많으니까요. 내가 할 일이 얼마든지 있으니까요. 절대 고독할 수 없습니다. 다시 한번 물어봅시다. "내 이웃이 누구입니까?" 묻는 사람은 고독한 사람입니다. 이웃은 내 주변에 얼마든지 있습니다. 이 이웃과 함께 하나님의 사랑을 실천하고, 하나님의 사람으로서의 모습을 점점 이루어가는 것입니다.   △

# 내가 주를 따르겠나이다

길 가실 때에 어떤 사람이 여짜오되 어디로 가시든
지 나는 따르리이다 예수께서 이르시되 여우도 굴이
있고 공중의 새도 집이 있으되 인자는 머리 둘 곳이
없도다 하시고 또 다른 사람에게 나를 따르라 하시니
그가 이르되 나로 먼저 가서 내 아버지를 장사하게
허락하옵소서 이르시되 죽은 자들로 자기의 죽은 자
들을 장사하게 하고 너는 가서 하나님의 나라를 전파
하라 하시고 또 다른 사람이 이르되 주여 내가 주를
따르겠나이다마는 나로 먼저 내 가족을 작별하게 허
락하소서 예수께서 이르시되 손에 쟁기를 잡고 뒤를
돌아보는 자는 하나님의 나라에 합당하지 아니하니
라 하시니라

(누가복음 9 : 57 - 62)

## 내가 주를 따르겠나이다

한 남자가 태평양 한가운데에 있는 아름다운 섬을 관광차 여행하게 되었습니다. 도중에 한 원주민을 만나 서로 사귀면서 여행을 하는데, 함께 해변을 거닐다가 이 남자가 문득 그 원주민에게 시합 하나를 제안했습니다. 여기서부터 저 멀리 보이는 나무까지 달려가 누가 먼저 도착하는지 겨루어보자고 한 것입니다. 원주민이 승낙했지요. 그래 둘은 출발점에서 나란히 준비하고 있다가 탕, 하고 신호를 받아 뛰기 시작합니다. 이 남자는 땀을 뻘뻘 흘리면서 죽을힘을 다해 뛰었습니다. 그 덕인지 이 남자가 원주민보다 먼저 결승점에 도착했습니다. 이 남자는 의기양양하게 "내가 이겼다!"하고 소리를 질렀습니다. 한데, 이제 겨우 중간까지밖에 오지 않은 원주민이 사뿐사뿐 춤을 추고 껑충껑충 뛰면서 환호성을 울리는 게 아닙니까. 이윽고 결승점에 도달한 원주민은 심지어 이렇게 말하는 거였습니다. "내가 이겼다!" 이 남자가 따집니다. "여보시오. 내가 먼저 왔는데, 무슨 소리요?" 그 순간 원주민의 말입니다. "당신은 죽을힘을 다해서 왔지만, 나는 춤을 추면서 오지 않았소? 승패를 가르는 것은 얼마나 행복하게 뛰느냐, 하는 거요. 그저 목적지에 도달한 것만 가지고는 승자라고 할 수 없소." 이 말을 들은 이 남자는 깊은 생각에 빠졌습니다. '도대체 승리라는 것이 무엇이냐?' 보통은 승리가 최종 목적지에 얼마나 빨리 도달하는가 하는 데 있지마는, 실은 아니라는 것입니다. 도달하기까지 어떤 방법으로, 어떤 마음으로, 그러니까 얼마나 행복한 마음으로 뛰었느냐, 하는 것이 중요하다는 것입니다.

유명한 학자인 새뮤얼 스마일즈의 「인격론」이라는 책이 있습니다. 이 책에서 그는 이렇게 말합니다. '인격의 근본은 용기다.' 그러면서 그는 용기가 가지는 몇 가지 성격을 말합니다. 첫째는 솔직할 수 있는 용기입니다. 솔직함을 잃어버리고 거짓말을 할 수밖에 없다면 그 사람은 성공한 것이 아니라는 것입니다. 가장 강한 사람은 어떤 경우에도 담대하게 솔직할 수 있는 사람입니다. 둘째는 유혹에 저항할 수 있는 용기입니다. 물질, 명예, 정치…… 그 어떤 유혹이 닥쳐와도 그걸 과감하게 물리칠 수 있는 용기가 있어야 한다, 이것입니다. 셋째는 사실을 사실대로 말할 수 있는 용기입니다. 사실대로 생각하고, 사실대로 말해야 하겠는데, 어떤 이유로 사실을 떠나게 되고, 그래서 진실을 잃어버리고, 마침내 패자가 되고, 용기 없는 사람이 된다는 것입니다. 넷째는 자신의 모습을 있는 그대로 나타내는 용기입니다. 얼굴이 잘났든 못났든, 공부를 많이 했든 못했든, 가난하든 부하든, 나는 나대로의 모습을 담대히 드러낼 수 있는 용기가 중요하다, 이것입니다. 마지막으로 다섯째는 정직하게 살 수 있는 용기입니다. 다시 말하면, 거짓말하지 않을 수 있는 용기입니다. 내가 아는 진실에 내 운명을 걸 수 있는 용기, 설사 어떤 손해가 온다고 하더라도 정직할 수 있는 용기가 있을 때 그는 인생을 바로 살 수 있다는 것입니다.

오늘본문은 누가복음 9장 51절부터 시작되는 말씀의 후반부입니다. "예수께서 승천하실 기약이 차가매 예루살렘을 향하여 올라가기로 굳게 결심하시고(51절)." 예루살렘에서는 지금 십자가가 예수님을 기다리고 있습니다. 또, 제사장 가야바와 안나스, 그리고 빌라도가 있습니다. 많은 무리의 음모와 죄악, 그리고 그들의 핍박이 예수님을 기다리고 있는 것입니다. 이번 유월절에 예루살렘으로 올라 오시는 예수님을 죽이겠다고 벼르고 있는 사람들입니다. 그들의 계 략을 예수님께서는 다 알고 계십니다. 그것을 성경은 이렇게 기록합 니다. "승천할 기약이 차가매……" 예수님께서는 말씀이 육신이 되 어 이 땅에 오신 분이십니다. 그리고 구원의 역사를 이루시려고 십 자가라는 고난의 언덕을 지나 하늘로 승천하게 되실 것입니다. 예수 님께서는 이 기약이 가까웠음을 아시고 예루살렘을 향해 올라가기 로 굳게 결심하셨다는 것입니다. 헬라어 원문으로 보면, 이 대목에 는 '예수님께서 얼굴을 예루살렘 쪽을 향하여 굳게 결심하셨다'라는 의미가 있습니다. 예루살렘 쪽을 바라보시면서 굳게 결심하시는 모 습입니다. 그렇게 예루살렘을 향하여 올라가셨다는 것입니다.

　　여기서 생각해보십시오. 이때부터 시작하여 예루살렘까지 가시 는 동안 예수님의 마음속에는 계속 십자가가 있었습니다. 골고다 언 덕이 있었습니다. 겟세마네 동산이 있었습니다. 그런 고난의 길을 향해서 가고 계시는데, 겉으로는 그렇지 않으셨습니다. 제자들도 저 마다 속으로 딴생각을 하고 있었습니다. '이번에 예수님께서 예루살 렘에 올라가시면 왕이 되실 것이다. 그러면 누가 예수님 우편에 앉 을 것이냐, 좌편에 앉을 것이냐?' 이렇게 다들 머릿속이 딴생각으로 가득 차 있었습니다. 그렇게 다른 꿈들을 꾸면서 그들은 예루살렘을 향하여 예수님을 따라서 올라가고 있었던 것입니다. 하지만 예수님 의 마음속에는 오직 십자가만 있을 뿐입니다. 그런데, 예수님을 따 라가는 그 많은 사람들은 그렇지 않았습니다. 어찌 보면, 그들은 예 수님을 괴롭히고 있었던 것입니다. 정말 한심한 사람들입니다. 오늘 본문이 바로 그런 장면입니다.

그래서 생각해봅니다. 예수님의 제자들은 예수님께 그저 배우기만 하는 것이 아닙니다. 그들은 예수님을 따라야 합니다. 예수님께서 가시는 길을 똑같이 따라가면서 그걸 즐겨야 합니다. 그리고 예수님께서 돌아가실 때 예수님을 따라서 함께 죽어야 합니다. 그게 제자입니다. 그래서 신앙의 관계에 대해서는 언제나 '3Totality'를 말하는 것입니다. 첫째는 Total Acceptance, 전적인 수용입니다. 예수님의 말씀을 백 퍼센트 그대로 받아들이는 것입니다. 그래서 예수님께서 가시는 길을 그대로 따라가는 것입니다. 어디로 가시느냐고 묻지 않습니다. 주께서 가신 길을 그대로 따라가는 그 '제자도'를 말하는 것입니다. 둘째는 Total Discipline, 전적인 훈련입니다. 셋째는 Total Commitment, 전적인 헌신입니다. 예수님과 함께 가고, 함께 죽어야 합니다. 그래야 예수님의 제자입니다. 예수님께서 돌아가실 때 도망가면 안 됩니다. 예수님의 길이 생명의 길, 영생의 길인 줄 알고, 예수님과 함께 죽어야 예수님의 제자입니다.

그런데, 오늘본문에서 어떤 사람이 예수님을 따라와 이렇게 말합니다. "내가 주를 따르겠나이다." 참 좋은 말 아닙니까. 하지만 예수님께서는 만류하십니다. "그만둬라. 너는 아니다." 여기에 깊은 암시가 있습니다. 예수님께서 말씀하십니다. "여우도 굴이 있고, 공중의 새도 집이 있되, 인자는 머리 둘 곳이 없다." 아주 먼 이야기 같지만, 무슨 말씀입니까? "너는 나의 기적과 나의 지혜를 보고 무슨 굉장한 인생이 보장된 줄로 알아서 나를 따르는 모양이지만, 아니다. 나는 머리 둘 곳도 없다. 당장 오늘 밤도 잘 데가 없는 사람이다. 그런데도 네가 나를 따를 수 있겠느냐?" 이것입니다. 아마도 예수님께서는 이 사람을 감상주의자요, 낭만적인 사람으로 보신 것 같습니다. 예수님께서는 그에게서 그가 예수님의 화려한 면만 보고, 예수님의 능력과 인기만 보고 예수님의 영화를 자기도 함께 누리고 싶어하는 그 속마음을 들여다보신 것입니다. 그래서 예수님께서는 그 사람을 거절하신 것입니다.

예전에 제가 소망교회에서 목회할 때 젊은 목사님들 가운데 저를 찾아와 소망교회에서 후원하여 자신을 선교사로 보내달라는 분들이 많았습니다. 하지만 저는 그 부탁을 대부분 거절했습니다. 선교사로 가고 싶다는 분들에게 제가 늘 던지는 질문이 있습니다. 그분들이 지난날을 어떻게 살아왔는지를 묻는 것입니다. 그때 그분들이 부모님이 넉넉하셔서 학교도 쉽게 다녔고, 결혼도 했고, 무사히 이렇게 목사가 되어서 자녀도 낳고 살고 있다고 하면 저는 반대합니다. 왜냐하면, 고생이란 해본 사람이 할 수 있는 것이지, 그저 마음만 먹었다고 할 수 있는 것이 아니기 때문입니다. 하나님의 부르심은 그런 것이 아닙니다. 그런 것 없습니다. 그를 선교사로 보내실 계획이셨다면 진작부터 그에게 고생을 시키셨을 것입니다. 그리고 그걸 극복하는 과정을 거치게 하신 다음에야 비로소 오늘의 선교사로 그를 세우실 것입니다. 오늘 스스로 마음만 먹었다고 되는 것이 아니기 때문입니다. 물론 제가 반대하면 그분들은 섭섭해하지요. 하지만 예수님이라도 그렇게 하셨을 것이라고 말해줍니다.

여러분, 그렇습니다. 고생 안 해본 사람이 고생할 수 있습니까? 마음만 가지고 되는 것입니까? 일시적인 감상적 결단으로 되는 것입니까? 아닙니다. 예수님께서 오늘 "너는 안 돼!" 하고 거절하십니다. 그다음 사람은 더 재미있습니다. 오늘본문을 자세히 보면, 이 사람이 "제가 따르겠나이다!" 해놓고는 먼저 가서 아버지를 장사하게 해달라고 말합니다. 아버지가 먼저요, 아버지에 대한 효도가 먼저입니다. 그래 아버지를 장사하고 오겠다고 한 것입니다. 그러자 예수님께서 말씀하십니다. "죽은 자로 죽은 자를 장사하게 하고……" 매우 알기 어려운 말씀을 하신 것입니다. 어쨌거나 거절입니다.

여기에 재미있는 일화가 있습니다. 옛날에 옥스퍼드 대학에서 아프리카 청년들을 지도자로 키우기 위해 아주 똑똑한 청년에게 전액 장학금을 보냈습니다. 여기 와서 공부한 다음, 나중에 아프리카로 돌아가서 지도자가 되라는 뜻으로 말입니다. 그래 모든 것을 다 준비해놓을 테니까 와서 공부하라고 장학금을 보낸 것이지요. 그런데, 이 청년이 이 장학증서를 받고 뭐라고 답장을 했는지 아십니까? '부모님을 장례하고 가겠습니다.' 이렇게 답장을 했습니다. 그러니까 옥스퍼드 대학에서 다시 물었습니다. '아버지 연세가 몇이신가요?' '지금 40이십니다.' 여러분, 이 사람이 갈 수 있겠습니까? 이걸 알아야 합니다. 부모에 대한 도리도 중요합니다마는, 신앙보다 앞세울 수는 없습니다. 이걸 알아야 합니다.

제가 존경하는 목사님이 한 분 계십니다. 제가 어렸을 때 다니던 교회의 여운원 목사님입니다. 우리 집에서 저를 품에 안으시고 찍은 사진도 있습니다. 제가 그분을 어렸을 때부터 존경했는데, 8·15해방이 된 다음에 보니 그 목사님이 교회에 안 계셨습니다. 멀리 다른 교회로 가셔서 시무하셨는데, 그 뒤로는 찾을 수가 없게 되고 만 것입니다. 그리고는 6·25전쟁 뒤에 제가 이 교회, 저 교회로 부흥회를 다닐 때 어느 지방에 갔다가 드디어 목사님을 뵙게 되었습니다. 문둥병 환자들이 사는 곳이었습니다. 바로 거기에서 그 목사님이 목회를 하고 계시지 뭡니까. 제가 하도 기가 막혀서 이렇게 여쭈어보았습니다. "목사님, 얼마든지 훌륭하게 목회하실 수도 있고, 다른 하실 수 있는 일들도 많을 텐데, 왜 하필이면 이 마을에 오셔서 문둥병자들과 함께 이 고생을 하고 계신 것입니까?" 그랬더니, 하룻밤을 같이 자면서 이런 얘기를 하십니다. 목사님이 조용히 눈물을 흘리시면서 말씀하신 것입니다. 8·15해방 직전에 신사참배 문제로 교회가 핍박을 받을 때 그만 신사참배를 하시고 말았다는 것입니다. 그때 신사참배를 하지 않고 끌려가더라도 순교를 해야 했는데, 그 순간에 세 아이와 집사람 생각 때문에 차마 못 하고 말았다는 것입니다. "내가 순교하면 이 가족들은 어떻게 되나?" 이렇게 가족을 생각하다 보니, 그만 신사참배를 해버리고 만 것입니다. 그래 무사하기는 했습니다마는, 해방되고 나니까 부끄러워서 고개를 들 수가 없는 것입니다. '내가 어쩌다 이 모양이 됐나?' 그래서 목회를 그만두고 숨어 지내다가 피난을 나와서 사죄하는 마음으로 문둥병자들을 섬기고 있노라, 말씀하시는 것을 제가 들었습니다. 여러분, 가족 중요합니다. 그러나 가족 때문에 신앙을 버릴 수도 있고, 가족 때문에 잘못되는 일도 많습니다. 이걸 잊지 말아야 합니다.

오늘본문에는 더욱 재미있는 말씀이 있습니다. 아주 드라마틱합니다. 다른 사람이 또 말합니다. "저도 따르겠습니다마는, 먼저 가서 가족들과 작별인사를 하고 오겠습니다." 요샛말로 하면, 송별회를 하고 오겠다는 것이지요. 하지만 예수님께서는 단호하십니다. "안 돼!" 이유가 무엇입니까? 이 사람은 그 순간 아내가 눈에 밟혔을 수도 있습니다. 자기가 예수님을 따라가겠다고 하면, 아내가 "누굴 죽이려고 그래요? 그럴 거면 왜 결혼했어요?" 하고 따질 것만 같았겠지요. 이런저런 생각 하면 따르지 못하는 것입니다. 어쨌든 작별인사라고 하는 게 얼마나 중요합니까. 하지만, 예수님께서는 거절하셨습니다. 인사할 거 다 하고, 예절 갖출 거 다 갖추다가는 아무일도 못 한다, 이것입니다. 신앙은 때로 그 모든 것을 초월해야 합니다. 효도도 하고, 인사도 하고, 아내에게도 좋은 남편이 되고, 아이들에게도 좋은 부모가 되고…… 여러분, 그렇게 할 거 다 하면서 뭐가 될 것 같습니까? 아닙니다.

제 개인적인 간증을 하나 하겠습니다. 제가 가족을 다 버리고유학길에 오를 때 마음이 무척 아팠습니다. 아이들과 집사람이 있는데, 그럴 수밖에요. 제가 없으면 생활이 어려울 것 아닙니까. 가족이 얼마나 고생하게 될지 훤합니다. 하지만 이런 거 다 생각하다 보면 아무 일도 못 합니다. 그래서 제가 늘 생각했습니다. "고생 좀 해라. 다음에 내가 보답해줄게." 아내한테도 이랬습니다. "고생 좀 하시오." 여러분, 이것이 꼭 필요합니다. 오늘본문은 우리에게 너무나도 구체적인 말씀입니다. 가서 작별인사를 하고 오겠다는데, 거절하셨습니다. 그리고 말씀하십니다. "쟁기를 들고 뒤를 돌아다보는 자는 하나님의 나라에 합당치 않다." 정말 예수님께서는 지금 십자가의 길을 가고 계시기에 이 같은 의미심장한 말씀을 하시는 것입니다. 쟁기를 들고 뒤를 돌아보는 자는 하나님 나라에 합당치 않습니다. 오직 앞만 보고, 오직 주님만 보고, 오직 십자가만 보고 주님 앞에 나와야 주의 제자가 될 수 있습니다. 이것도 생각하고, 저런 체면도 생각하고, 이런 인간관계도 고려하고…… 이러다가는 아무 일도할 수 없습니다. 예수님을 따르려면 이런 각오가 되어 있어야 합니다. 예수님께서는 지금 예루살렘을 향하여 올라가고 계십니다. 그런고로 이처럼 단호하게 말씀하시는 것입니다.

하나님의 사람은 정말 굳게 결심하고 모든 것을 내려놓아야 합니다. 모든 것을 부정해야 합니다. 귀중한 것은 모든 것을 저버리고 나서야 비로소 얻을 수 있습니다. 하나를 얻기 위해서는 열을 버려야 됩니다. 버리지 않고 얻을 수 있는 귀한 것은 없습니다. 십자가의 길이 그렇습니다. 주님만 바라보고 전적으로 헌신해야 합니다. 앞뒤 재볼 것도 없고, 먼 훗날을 생각할 것도 없습니다. '오직 주님만'입니다. 그래야 예수의 제자가 될 수 있고, 신앙의 길이 가능하다고 말씀하고 계십니다. "나를 따라오려거든 자기를 부인하고, 자기 십자가를 지고 나를 좇을 것이니라." 우리가 신앙생활을 좀 더 바르고, 좀 더 확실하게 해야 한다고 다짐하면서도 못하고 있습니다. 왜 그렇습니까? 다 이런 것들 때문입니다. 가정이 문제요, 체면이 문제요, 허황한 생각이 문제입니다. 이 세속적 욕망이 문제인 것입니다. 이것들이 있는 동안 우리의 신앙은 바로 될 수가 없습니다. 다시 한번 마음에 깊이 생각하십시다. "쟁기를 잡고 뒤를 돌아보는 자는 하나님 나라에 합당하지 아니하니라."  △

# 겸손하신 왕 예수

그들이 예루살렘에 가까이 가서 감람 산 벳바게에 이르렀을 때에 예수께서 두 제자를 보내시며 이르시되 너희는 맞은편 마을로 가라 그리하면 곧 매인 나귀와 나귀 새끼가 함께 있는 것을 보리니 풀어 내게로 끌고 오라 만일 누가 무슨 말을 하거든 주가 쓰시겠다 하라 그리하면 즉시 보내리라 하시니 이는 선지자를 통하여 하신 말씀을 이루려 하심이라 일렀으되 시온 딸에게 이르기를 네 왕이 네게 임하나니 그는 겸손하여 나귀, 곧 멍에 메는 짐승의 새끼를 탔도다 하라 하였느니라 제자들이 가서 예수께서 명하신 대로 하여 나귀와 나귀 새끼를 끌고 와서 자기들의 겉옷을 그 위에 얹으매 예수께서 그 위에 타시니 무리의 대다수는 그들의 겉옷을 길에 펴고 다른 이들은 나뭇가지를 베어 길에 펴고 앞에서 가고 뒤에서 따르는 무리가 소리 높여 이르되 호산나 다윗의 자손이여 찬송하리로다 주의 이름으로 오시는 이여 가장 높은 곳에서 호산나 하더라 예수께서 예루살렘에 들어가시니 온 성이 소동하여 이르되 이는 누구냐 하거늘 무리가 이르되 갈릴리 나사렛에서 나온 선지자 예수라 하니라

(마태복음 21 : 1 - 11)

## 겸손하신 왕 예수

　이런 이야기가 있습니다. 유명한 신학자 브루너 박사가 사소한 일로 친구와 다투게 되었습니다. 서로 언쟁을 하다가 그만 마음이 상한 상태로 헤어지게 되었습니다. 그 뒤로 연락도 없고, 찾아가지도 않고, 아무 소식도 없었습니다. 그래 늘 마음에 걸려서 그 친구에게 네 번이나 편지를 썼습니다마는, 회답은 없었습니다. 브루너 박사는 그렇게 친구한테 늘 마음이 쓰였습니다. 성경을 읽을 때나 기도할 때나, 어떤 일에나 이 친구가 마음에 걸려서 결국 그는 그 친구를 찾아가기로 결심합니다. 눈이 많이 오는 어느 날, 그는 친구의 집을 찾아갔습니다. 둘은 서로를 반갑게 대합니다. 브루너 박사는 그날의 일을 이렇게 일기장에 기록하고 있습니다. '이 친구의 마음을 녹이는 데 5분밖에 걸리지 않았다.'

　겸손은 말이 아닙니다. 겸손은 행동입니다. 겸손은 위력이 있습니다. 겸손만이 해결할 수 있는 큰 위력입니다. 이걸 우리는 잊어버리고 삽니다. 교만한 가운데서 문제를 해결하려고 합니다. 무엇을 따지고 비판하고 언쟁해서 상대를 굴복시키려고 합니다마는, 다 허사입니다. 참으로 위대한 힘은 폭군의 위력이 아닙니다. 폭탄이 터지는 것 같은 파괴력이 아닙니다. 정치적, 경제적 위력도 아닙니다. 사람의 마음을 여는 것, 사람의 마음을 얻는 것, 그것이 바로 겸손입니다. 사람을 구원하고, 원수를 친구로 만들고, 낙심한 자에게 용기를 주고, 절망한 자에게 생명력을 주고, 원수와 화친하며, 원수를 친구로 만들 수 있는 그 위력, 사람을 얻고, 사람을 구원할 수 있는 능력도 오직 겸손 속에 숨어 있습니다. 거기에 비밀이 있습니다. 죄인을 구원하여 하나님의 자녀 되게 하는 것, 그것은 기적이 아닙니다. 천지를 진동하는 힘이 아닙니다. 겸손이라는 그 비밀스러운 능력으로만 이루어질 수 있다는 것을 성경은 증거합니다. 우리도 매일같이 경험하고 있습니다. 다른 길이 없습니다. 겸손을 통해서만 사람을 구원할 수 있고, 사람을 얻을 수 있습니다. 겸손함을 통해서만 나도 살고 저도 삽니다. 이걸 잊지 말아야 합니다.

　오늘 예수님께서 나귀를 타고 예루살렘에 올라가신 이 이야기는 우리가 1년에 한 번씩 종려주일을 당할 때마다 이야기하게 됩니다. 아주 신비로운 이 사건 속에 놀랍고 무궁무진한 진리가 담겨 있습니다. 예수님께서는 왕으로 오셨습니다. 그 왕권의 위대함이 무엇인지, 그 구체적인 실재가 무엇인지, 그 생명력이 어떻게 나타나는지를 이 사건을 통해서 우리에게 증명해주고 있습니다. 예수님께서는 십자가를 지시기 바로 며칠 전에 나귀를 타시고 예루살렘 성전을 향해 올라가십니다. 이 사건은 그리스도의 왕권을 우리에게 시사합니다. 참 권세의 속성을 말해줍니다. 예수님께서는 겸손하시어 나귀를 타셨다는 것을 말해줍니다. 나귀 새끼를 타셨습니다. 큰 군마가 아닙니다. 큰 퍼레이드가 아닙니다. 조그마한 나귀 새끼를 타시고 예루살렘을 향하여 올라가십니다. 그러나 이것은 그리스도의 왕권을 계시하며 상징적으로 나타내는 중요한 사건입니다. 겸손하신 왕, 참으로 위대하신 왕, 만백성을 구원하시는 그리스도의 왕권을 계시하시는 중요한 사건입니다.

　겸손은 비굴함이 아닙니다. 이걸 알아야 합니다. 오늘 예수님께서 나귀를 타고 올라가십니다. 비굴하신 것이 아닙니다. 예수님께서는 우리를 위하여 십자가를 지시고, 만백성을 구원하십니다. 비굴함이 아닙니다. 사랑은 절대 비굴한 것이 아닙니다. 오히려 왕권의 권세와 능력이 그 속에 계시되어 있는 것입니다.

또한, 겸손은 진실한 용기입니다. 사실 교만한 자는 마음속으로 벌벌 떨고 있습니다. 자신감도 없고, 용기도 없습니다. 오히려 겸손한 자가 그 속에 뭐라 말할 수 없는 용기가 있습니다. 이것이 진리라는 것을 우리는 잊어서는 안 됩니다. 그리스도께서는 십자가를 바라보고 계십니다. 그러나 십자가를 향해서 용기 있게 나귀를 타시고, 호산나 만세 소리를 들으시며 입성하십니다. 이 용기는 절대 약해질 수 없고, 누구도 말릴 수 없는 것입니다. 겸손의 뿌리는 사랑입니다. 사랑이 겸손하게 만드는 것입니다. 사랑하는 자는 겸손해집니다. 우리가 흔히 하는 말대로 사랑하면 바보가 됩니다. 어리석어지기도 하고, 나약해지기도 하고, 비굴해지기도 합니다. 그러나 잃어버리는 것이 아닙니다. 겸손하게 만드는 것이 바로 사랑입니다.

제가 할아버지께 들은 재미있는 이야기가 있습니다. 늘 생각납니다. 옛날에 어느 양반 한 사람에게 4대 독자인 손자가 있었습니다. 얼마나 귀하겠습니까. 이 양반이 이 손자를 너무나 사랑해서 같이 놀아주다 보니 아이가 버릇이 없어졌습니다. 어느 날 손님이 와서 할아버지와 손님이 겸상을 하게 되었습니다. 그래 식사를 하고 있는데, 이 손자 녀석이 방으로 뛰어 들어와서 평소처럼 할아버지를 만만한 친구로 생각하고 그의 위에 올라탑니다. 그리고 할아버지의 상투를 붙잡고 흔들어댑니다. 이 손자가 상투 잡고 노는 걸 좋아하거든요. 장난감보다 더 좋아합니다. 왜냐하면, 반응이 있으니까요. 손자가 상투를 잡고 흔드니 할아버지가 손님 앞에서 얼마나 민망하겠

습니까. 그래서 타이릅니다. "이놈아, 그러면 못 쓰느니라." 그랬더
니 손자가 뭐라고 했는지 아십니까? "이놈이 어제와 다르네?"

이 할아버지가 힘이 모자라서 이렇게 되었겠습니까? 어쩌다 이
렇게 바보가 된 것입니까? 어떻게 이런 형편없는 인간이 되었느냐,
이것입니다. 바로 사랑입니다. 사랑하니까 내가 없어지는 것입니다.
체면도 없고, 욕심도 없습니다. 그래서 겸손해진 것입니다. 어린아
이와 같아지고 만 것입니다. 여러분은 지금 이 장면을 어떻게 보십
니까? 사랑이 사람을 겸손하게 만듭니다. 겸손은 억지로 하는 것이
아닙니다. 겸손한 척하는 것도 아닙니다. 사랑하면 자연스럽게 겸손
해지는 것입니다. 이걸 잊지 말아야 합니다.

이 사실을 사도 바울은 가장 강하고 확실하게 그의 기도문에서
말합니다. 빌립보서 2장 5절에서 7절까지입니다. "너희 안에 이 마
음을 품으라 곧 그리스도 예수의 마음이니 그는 근본 하나님의 본체
시나 하나님과 동등됨을 취할 것으로 여기지 아니하시고 오히려 자
기를 비워 종의 형체를 가지사 사람들과 같이 되셨고." 사도 바울은
그리스도의 십자가를 보면서 그것은 곧 겸손이라고 말합니다. '우리
를 사랑하셔서 그분이 종의 형체를 가지셨다. 그리하여 우리를 구원
하시는 것이다.' 이 속에 기독론과 구원론이 역력하게 나타납니다.

또한, 겸손은 진실에 근거합니다. 아무에게 설명할 필요도 없
고, 나만의 진실, 나와 하나님만이 아는 진실로 충만합니다. 그렇기
에 사람들의 오해를 개의치 않습니다. 상관하지 않습니다. 오늘 예
수님께서 나귀를 타고 올라가십니다. 그때 많은 사람이 호산나를 외
칩니다. 호산나는 히브리말로 '우리를 구원하소서'라는 뜻입니다. 사
람들이 "호산나! 호산나!" 부르며, 예수님을 왕으로 모시고 퍼레이

드를 하고 있습니다. 여러분도 잘 아시지 않습니까. 이들이 정말 예수님을 잘 알고 이러는 것입니까? 예수님께서 십자가를 지시기 위하여 예루살렘에 올라가시는 것을 알고도 벌인 퍼레이드입니까? 아마도 예수님께서는 속으로 이러셨을지도 모릅니다. "쓸데없는 짓 하지 마라. 속없는 짓 하지 마라. 내가 지금 십자가의 길을 가는데, 내가 왕이 될 줄 알고 만세를 부르는 것이냐?" 안 그렇습니까. 더구나 제자들은 얼마나 그 사이에서 으스대고 싶습니까. 이제 뭔가가 이루어지는가 보다, 하는 세속적인 욕망으로 꽉 차 있습니다. 이런 가운데 예수님께서는 이 만세 소리를 듣고 계십니다. 어떻게 보면 쓸데없는 짓이고, 쓸데없는 만세 소리입니다. 예수님께서 십자가를 지실 것도 모르면서 지금 호산나를 외치고 있는 것입니다. 하지만 예수님께서는 들으셨습니다. 수용하셨습니다. 모르고 하는 호산나도 아시는 예수님께서 받아주셨습니다. 이 얼마나 큰 자비입니까. "야, 이것들아! 정신 차려라!" 이렇게 하실 수도 있었는데도요. 그러나 예수님께서는 조용히 나귀를 타시고 예루살렘으로 올라가십니다. 그 허황한 만세 소리를 들으시면서 그대로 받아들이고 계십니다.

여기에 우리 가슴을 더욱 아프게 하는 것이 있습니다. 이 퍼레이드가 예루살렘 성전까지 올라갈 때 고관들이 눈을 시퍼렇게 뜨고 나와서 "이 자들이 지금 뭐 하는 거야?" 하고 호령합니다. 그때 무리가 대답하는 말이 오늘본문 마지막 절에 나옵니다. "무리가 이르되 갈릴리 나사렛에서 나온 선지자 예수라 하니라(11절)." 저는 이 부분을 읽을 때마다 마음이 아픕니다. 어찌 이렇게 대답할 수 있습니까. 최소한 베드로 한 사람이라도 나와서 이래야 하는 것 아닙니까. "이분은 그리스도시요 살아계신 하나님의 아들이십니다." "이분은 갈릴리 나사렛에서 오신 선지자이십니다." 좀 더 풀이하면 이런 말입니다. "촌사람들이 예루살렘에 왔다가 퍼레이드 한 번 하는 건데, 한 번만 그냥 눈감아주세요." 이 무슨 소리입니까? 이런 말을 들으시면서도 예수님께서는 개의치 않으셨습니다. 그 자리에서 화를 내지도 않으셨고, 그 자리에서 설명하지도 않으셨습니다. 이런 오해가 있든 저런 오해가 있든, 예수님께서는 상관하지 않으셨습니다. "나는 내 길을 가노라. 나는 십자가의 길을 가노라. 만백성을 구원하기 위하여 이 길을 가노라." 예수님께서는 조용히 십자가로, 골고다 언덕으로 가고 계십니다.

겸손은 오해를 두려워하지 않습니다. 겸손은 긴 설명을 하지 않습니다. 이런 오해가 있든 저런 오해가 있든, 겸손은 진실합니다. 내가 가야 할 길을 가는 것입니다. 참사랑은 진실합니다. 많은 오해를 무릅씁니다. 상관하지 않습니다. 그리고 예루살렘에 올라가셨고, 십자가를 지셨습니다. 이 얼마나 놀라운 사건입니까. 오직 하나님께 맡기고, 하나님께 의탁하고, 하나님의 뜻만을 이루기 위하여 가십니다. 그러나 예수님의 마음속에는 확신이 있습니다. '지금은 너희들이 뜻 없이 아무것도 모르고 호산나를 부르고 있지만, 언젠가는 참으로 할렐루야를 부를 때가 올 것이다. 부활 찬송과 함께 하나님께 영광 돌리는 그날이 올 것이다.' 이런 마음의 확신이 있습니다. 확실함이 있습니다. 그래 이 많은 오해를 무릅쓰시고 조용하게 나귀를 타고 입성하십니다. 그리고 그 모진 십자가를 지시게 되는 것입니다.

예수님의 십자가를 생각할 때마다 꼭 잊지 말아야 할 것이 있습니다. 십자가는 예수님께서 무능하셔서도 아니고, 무지하셔서도 아닙니다. 실수로 지신 십자가가 아닙니다. 물론 당신의 죄가 아닌 가운데에서 지셨지마는, 얼마든지 피하실 길이 있었습니다. 한데도 자원하셔서, 자발적으로, 선택적으로 십자가를 지십니다. 그것이 바로 겸손이요, 그것이 바로 사랑이요, 그것이 우리를 향한 하나님의 뜻입니다. 이 길 말고는 다른 길이 없습니다.

이런 유명한 전설이 있습니다. 어느 날 하늘나라에서 예수님의 제자들이 순교하는 모습을 내려다보면서 가브리엘 천사가 예수님께 한마디 했답니다. "아니, 예수님. 이렇게 십자가를 지고 오셨는데도 사람들 사는 꼴이 저게 뭡니까? 예수님의 제자들까지도 많이 순교하고 있는데, 언제까지 이렇게 보고만 있어야 합니까? 이제 천사를 보내어 전부 다 진멸해버릴까요? 다른 길이 없겠습니까?" 이에 예수님께서 말씀하십니다. "이 길 외에 다른 구원의 길은 없다."

겸손 외에는 길이 없습니다. 십자가 외에는 길이 없습니다. 부활 신앙 외에는 생명의 길이 없습니다. 이걸 잊지 말아야 합니다. 예수님께서는 십자가를 지시되 무지하셔서 지신 것이 아닙니다. 무능하셔서 지신 것도 아닙니다. 십자가는 선택적 사랑입니다. 그것이 하나님의 능력이요, 하나님의 지혜요, 하나님의 사랑의 계시입니다. 이 세 마디를 잊지 말아야 합니다. 십자가 안에 능력과 지혜와 창조적 사랑이 계시되어 있습니다.

이 모든 사건을 집약할 때 오늘본문에 나타난 대로 예수님께서는 '겸손하신 왕'이십니다. 왕은 왕입니다. 그 왕권이 겸손을 통해서 행사될 수 있었습니다. 참된 왕권은 겸손 속에 신비롭게 감추어져 있고, 계시되어 있는 것입니다. 이 사실을 우리에게 보여주신 것이 예수님께서 나귀를 타시고 입성하신 그 호산나 만세 소리 속에 감추어져 있는 것입니다. 예수님께서 왕이십니다. 그러나 겸손한 왕이십니다. 그 겸손을 통해서만 구원의 역사가 이루어짐을 우리에게 말씀하고 계십니다.  △

# 이것을 네가 믿느냐

예수께서 와서 보시니 나사로가 무덤에 있은 지 이미 나흘이라 베다니는 예루살렘에서 가깝기가 한 오리쯤 되매 많은 유대인이 마르다와 마리아에게 그 오라비의 일로 위문하러 왔더니 마르다는 예수께서 오신다는 말을 듣고 곧 나가 맞이하되 마리아는 집에 앉았더라 마르다가 예수께 여짜오되 주께서 여기 계셨더라면 내 오라버니가 죽지 아니하였겠나이다 그러나 나는 이제라도 주께서 무엇이든지 하나님께 구하시는 것을 하나님이 주실 줄을 아나이다 예수께서 이르시되 네 오라비가 다시 살아나리라 마르다가 이르되 마지막 날 부활 때에는 다시 살아날 줄을 내가 아나이다 예수께서 이르시되 나는 부활이요 생명이니 나를 믿는 자는 죽어도 살겠고 무릇 살아서 나를 믿는 자는 영원히 죽지 아니하리니 이것을 네가 믿느냐 이르되 주여 그러하외다 주는 그리스도시요 세상에 오시는 하나님의 아들이신 줄 내가 믿나이다
(요한복음 11 : 17 - 27)

# 이것을 네가 믿느냐

2세기경 서머나교회의 목회자였던 폴리캅의 순교 이야기는 너무나도 유명하고, 또 부활의 증인 된 참모습을 보여줍니다. 사도 요한의 수제자였던 폴리캅은 교부였고, 또한 2세기 전반에 걸쳐서 기독교의 지도자였습니다. 로마가 기독교를 박해할 때 그는 86세였습니다. 로마는 그 고령의 폴리캅을 체포했습니다. 그때 그는 이렇게 말했습니다. "주의 뜻대로 이루어지이다." 그리고 평화로운 얼굴로 순순히 로마 군인을 따라갔습니다. 당시 서머나 총독이었던 스타티우스는 공교롭게도 폴리캅과 어린 시절부터 잘 알고 지낸 절친이었습니다. 그는 폴리캅을 살리기 위해서 애썼습니다. 자기 친구가 예수를 전한다는 이유로 이렇듯 화형을 당해서 죽게 된다는 사실이 너무나 안타까웠습니다. 그는 재판정에 선 폴리캅을 향해 이렇게 말했습니다. "단 한 번만 예수를 부인하게. 그리하면 살려주겠네." 친구로서 이렇게 간곡히 부탁합니다. 그때 폴리캅은 말합니다. "나는 평생토록 그분의 종이었고, 우리 주님께서는 단 한 번도 나를 모른다고 하신 일이 없는데, 내가 어찌 구원자이신 주님을 모른다고 배반할 수 있겠는가?" 그리고 스스로 화형대의 불 속으로 당당히 걸어 들어갔습니다. 그리고 기도했습니다. "하나님 아버지, 당신께서 오늘 이 시간 저를 순교자의 반열에 세워주심을 감사하나이다. 그리스도의 잔치에 참여할 수 있게 하여주심을 감사하나이다. 내 영혼과 몸이 영생의 부활 생명에 증인이 되게 하심을 감사하나이다." 그리고 로마 군인들에게 말했습니다. "어서 네가 해야 할 일을 하라." 그리고 화형을 당하여 순교했습니다. 그의 이 장렬한 순교의 이야기는 모든 순교자들의 이야기 가운데에서도 많은 사람에게 존경받는 사건입니다.

　　오늘 본문에서 예수님께서는 사랑하시는 제자, 아주 특별히 사랑하시는 제자 나사로가 죽었다는 소식을 들으십니다. 그리고 나사로의 집을 찾아가십니다. 그의 누이동생 마르다가 슬피 울면서 그 예수님을 맞이합니다. "주님께서 일찍 오셨더라면 죽지 않았을 것입니다." 그때 예수님께서 말씀하십니다. "네 오라비가 다시 살리라." 그것은 시체가 다시 살아난다는 말씀입니다. 그때 마르다가 말합니다. "마지막 날에 모든 생명이 부활할 것을 믿습니다." 유대 사람들의 전통적인 부활 신앙을 고백한 것입니다. 그때 예수님께서는 복음 중에서도 복음의 핵심을 말씀하십니다. "나는 부활이요 생명이니 나를 믿는 자는 죽어도 살겠고 무릇 살아서 나를 믿는 자는 영원히 죽지 아니하리니 이것을 네가 믿느냐?" 네가 이것을 믿느냐?―

　　여러분, 생명에 대해서 다시 한번 확실한 신앙적 고백을 정리해야 합니다. 어떤 산부인과 의사가 생명에 관해서 책에 써놓은 말입니다. 참 재미있는 표현입니다. 첫째는 '식물학적 생명'입니다. 표현이 고상해서 얼른 못 알아들을 수도 있습니다. 이는 정자와 난자를 말하는 것입니다. 정자는 분명 엄연한 생명입니다. 난자도 생명입니다. 그러나 이것은 식물학적 생명입니다. 그대로 생명을 유지하다가 죽어가고, 생겼다가 죽어가고…… 우리는 미처 의식하지 못합니다마는, 그런 생명이 있습니다. 둘째는 '모태 생명'입니다. 한 생명이 어머니의 태 속에서 수정되어 조용히 자라고 있습니다. 엄연한 생명이요, 소중한 생명체입니다. 어머니의 태 속에서 자라나는 이것을

'모태 생명'이라고 말합니다. 그다음 단계가 너무나 재미있습니다. 이 의사의 표현대로는 그다음에 '현세 생명'이 있습니다. 어머니의 태에서 나왔을 때 그 어머니와 연결되어 있던 탯줄을 끊습니다. 탯줄을 끊는다는 것은 사실 모태 생명으로부터의 사형선고를 말하는 것입니다. 어머니의 태로부터 피를 받고, 생명력을 받아서 살아왔는데, 이제 그것을 끊어버리는 순간입니다. 그러면 모태 생명에서부터 현세 생명으로 변하는 시간입니다.

이렇게 세상에 태어나 우리는 한평생을 살아갑니다. 길든 짧든, 온갖 모양으로 살아갑니다. 그러다가 병들기도 하고, 수술을 받기도 하고, 어떤 사람은 거의 죽은 줄 알았는데 며칠 만에 다시 회생하기도 합니다. 저의 제자 한 사람은 중앙의료원에서 사망 선고를 받았는데, 다시 살아났습니다. 분명히 죽어서 시체를 영안실에 보관하려고 했는데, 남은 공간이 없었습니다. 그래서 그다음 날 시체 한 구가 빠져나가면 그 자리로 넣으려고 잠시 바닥에 두었는데, 다시 살아난 것입니다. 신기하지요? 이것이 회생이라는 것입니다. 하지만, 죽은 사람이 가사 상태에 있다가 다시 살아났다는 이것은 회생이지 부활이 아닙니다. 이걸 잊지 말아야 합니다.

이런 현세의 생활이 있는 것입니다. 그다음에 우리는 이랬든 저랬든 죽습니다. 그리고 그다음 생명이 있습니다. 그 문을 열어놓으시고, 그 첫 열매가 되시고, 이 사건을 우리에게 증거해주신 것이 바로 부활 사건입니다. 이것을 부활 생명이라고 말하고 있습니다. 다시 한번 정리해서 말씀드리면, 식물적 생명이 있습니다. 그런가 하면, 우리에게는 동물적 생명이 있습니다. 지금 우리가 다 동물적 생명 속에 살고 있습니다. 그런데 이것이 끝일까요? 아닙니다. 그다음 단계의 생이 있습니다. 바로 그리스도적 생명입니다. 이걸 예수님께서는 우리에게 보여주셨습니다. 예수님께서는 "내가 그 첫 열매가되어서 내가 이 길을 열고 들어간다"라고 하십니다. 그런고로 "나는부활이요 생명"이라는 것입니다. 너희들이 생각하는 이 세상, 이것만이 전부가 아니고, 길을 열고 영원한 세계, 다음 단계로 나아간다는 것입니다. 얼마나 신비로운 말씀입니까.

생명에 대한 신비는 무궁무진합니다. 요새는 과학적으로 블랙홀이 관찰되었다고 해서 사람들이 떠들썩합니다마는, 그것은 벌써아인슈타인 박사가 오래전에 말했던 것입니다. 그러나 블랙홀을 눈으로 보자니까 어렵지, 마음으로 보자면 벌써 있는 것이거든요. 부활도 그렇습니다. 보이지 않는 세계, 보이지 않는 이 무궁무진한 우주의 세계, 그리고 우리 생명의 세계…… 꼭 잊지 말아야 합니다.보이는 세계는 보이지 않는 세계로 말미암아 있는 것입니다. 보이는 세계는 조그만 것이고, 미미한 것입니다. 하지만 보이지 않는 세계, 생명의 세계는 무궁무진합니다. 그 보이지 않는 세계의 생명, 그근원은 인격입니다. 물질이 아닙니다. 그 생명의 근원 가운데에서도 가장 첫 번째는 하나님입니다. 그 하나님에 의해서 모든 우주 만물과 보이지 않는 신비로운 세계가 질서 있게 유지되고 있는 것입니다.

그러면 예수님의 부활이란 무엇입니까? 우리가 사는 이 육체적, 현세적인 생활 너머에 분명히 다음 세계가 있다는 것입니다. 그걸 확증해주시기 위하여 예수님께서 문을 열고 들어가십니다. 이것이 예수님의 부활입니다. 예수님께서는 그 문을 먼저 열고 들어가시면서 우리에게 말씀하십니다. "나는 부활이요 생명이다. 나로 말미

암아 너희들도 나 있는 곳에 올 것이다." 요한복음에서 분명히 말씀
하십니다. "너희는 마음에 근심하지 말라. 하나님을 믿으니 또 나를
믿으라. 내가 아버지 집에 가서 처소를 예비하면 다시 와서 너희를
나 있는 곳으로 영접하라. 아무것도 염려하지 마라. 나는 부활이요
생명이다." 예수님께서 먼저 이 길을 가시고, 우리를 그 길로 인도하
십니다. 이것을 믿는 부활의 증인들은 죽기를 주저하지 않았습니다.
조금 전에 말씀드린 서머나 교회의 감독 폴리캅도 물론이고, 베드로
도 안드레도 요한도 다 순교합니다. 왜 그렇습니까? 같은 길이지만,
순교라는 문을 통해서 하나님 앞에 갈 때 그것이 가장 영광된 것임
을 알고 있기 때문입니다. 그래서, 여러분 아시는 대로, 잘 믿는 사
람은 편안히 죽는 사람이 아닙니다. 순교하는 사람입니다. 여러분은
이런 기도 해보셨습니까? 저는 처음 목사가 되었을 때, 목사 안수받
는 그날 긴 시간 기도했습니다. "오늘부터 제가 목사가 되었습니다."
그리고 마지막 기도는 이것입니다. "하나님, 제가 병상에서 죽지 않
게 해주세요. 어떤 길을 통해서 주님께 갈지는 모르지만, 순교의 죽
음을 가게 해주세요. 그렇게 마치고 싶습니다." 오랫동안 병중에 있
으면서 시들어가는 것이 아니라, 좀 더 확실하게 부활의 아침을 바
라보며, 영광되게 문을 열고 들어가는 죽음, 그런 죽음이 우리에게
있어야 하겠다는 말씀입니다.

　꼭 잊지 말아야 합니다. 부활은 변화입니다. 성경을 자세히 연
구해보면, 변화라는 말과 부활이라는 말을 동의어로 사용합니다. 그
런데, 변화라는 말이 부활이라는 말보다 더 많습니다. 그 변화는 무
엇입니까? 빌립보서 3장 21절은 말씀합니다. "우리의 낮은 몸을 자
기 영광의 몸의 형체와 같이 변하게 하시리라." 그리스도와 같이 변

하게 하시리라, 그리스도의 영화로운 생명과 같이 변화될 것이다, 변화하게 하실 것이다— 그것이 부활입니다. 부활은 변화입니다. 그러나 꼭 잊지 말아야 합니다. 이것은 진화가 아닙니다. 꼭 기억해야 합니다. 부활은 생명의 진화가 아닙니다. 옛사람이 죽고 새사람으로 살고, 나로 죽고 그리스도로 살고…… 그런고로 재창조의 역사입니다. 마치 내가 아무것도 모르고 어머니 뱃속에서 자라다가 이 세상에 태어난 것 같은 것입니다. 우리는 이 세상을 떠나게 됩니다. 그리고 우리는 주님 앞에서 새 생명으로 재창조됩니다. 이것이 부활의 역사입니다.

예수님께서 하신 말씀을 마음에 깊이 담아두시기 바랍니다. 마태복음 16장에서 베드로는 이렇게 고백합니다. "주는 그리스도시요 살아 계신 하나님의 아들이시니이다(16절)." 그러자 예수님께서 말씀하십니다. "내가 천국 열쇠를 네게 주리니……(19절)" 이에 베드로가 십자가를 지지 마시라고 예수님을 만류하지 않습니까. 그때 예수님께서 말씀하십니다. "누구든지 나를 따라오려거든 자기를 부인하고 자기 십자가를 지고 나를 따를 것이니라(24절)." 그리고 곧이어서 말씀하십니다. "사람이 만일 온 천하를 얻고도 제 목숨을 잃으면 무엇이 유익하리요……(26절)" 다시 한번 물어봅시다. 온 천하를 얻어서 권세와 명예와 영광을 다 누렸다고 칩시다. 그런데, 미안합니다. 천당에 가지 못하면, 영생을 얻지 못하면 무엇이 유익하겠습니까? 예수님 말씀입니다. "온 천하를 얻고도 네 목숨을 잃으면 무엇이 유익하리요?" 아주 신비로운 말씀입니다. 세상 모든 것을 다 얻었다 한들 우리가 예수를 모르고 부활 생명, 부활의 영광에 동참하지 못한다면, 그것은 아무것도 아닙니다. 그렇다고 주님께서 말씀하십니다.

참 생명은 은총적인 것입니다. 은혜와 감사와 자유와 행복, 그리스도와 함께 사는 생활이 참으로 소중합니다마는, 부활 생명에 견줄 수는 없습니다. 마지막 결정은 부활 생명에 있는 것입니다. 그리고 더 중요한 것은 부활 생명에 초점을 맞춘 부활 신앙입니다. 부활 신앙을 가진 사람은 낙심하지 않습니다. 불행하지 않습니다. 아니, 원수를 사랑합니다. 모든 사람을 사랑할 수 있고, 모든 사람을 용서할 수 있습니다. 어떤 일에도 낙심하지 않습니다. 요새 흔히들 말하는 네거티브가 없습니다. 밝은 하늘나라를 바라보며 나아갑니다. 나이 먹어갑니까? 주님 앞에 가까이 가고 있는 것입니다. 몸이 불편합니까? 이제 이 불편함도 곧 끝날 때가 올 것입니다. 이것이 부활 신앙입니다. 엄청난 순교의 죽음을 받아들이면서 하나님 앞에 감사했던 그 부활 신앙의 증인들의 모습을 따라서 우리도 항상 부활 신앙에 사는 하나님의 사람들이 되어야 할 것입니다.   △

# 예수의 이름으로 걸으라

　제 구 시 기도 시간에 베드로와 요한이 성전에 올
라갈새 나면서 못 걷게 된 이를 사람들이 메고 오니
이는 성전에 들어가는 사람들에게 구걸하기 위하여
날마다 미문이라는 성전 문에 두는 자라 그가 베드로
와 요한이 성전에 들어가려 함을 보고 구걸하거늘 베
드로가 요한과 더불어 주목하여 이르되 우리를 보라
하니 그가 그들에게서 무엇을 얻을까 하여 바라보거
늘 베드로가 이르되 은과 금은 내게 없거니와 내게
있는 이것을 네게 주노니 나사렛 예수 그리스도의 이
름으로 일어나 걸으라 하고 오른손을 잡아 일으키니
발과 발목이 곧 힘을 얻고 뛰어 서서 걸으며 그들과
함께 성전으로 들어가면서 걷기도 하고 뛰기도 하며
하나님을 찬송하니 모든 백성이 그 걷는 것과 하나님
을 찬송함을 보고 그가 본래 성전 미문에 앉아 구걸
하던 사람인 줄 알고 그에게 일어난 일로 인하여 심
히 놀랍게 여기며 놀라니라
　　　　　　　　　　　　　(사도행전 3 : 1 - 10)

## 예수의 이름으로 걸으라

요즘 유럽에서 주목받는 지식인 가운데 롤프 도벨리라는 분이 쓴 「스마트한 선택들」이라는 책이 있습니다. 이 책의 요지는 선택의 오류를 범하지 않는 것이 중요하다는 것입니다. 한번 선택한 것이 일생을 두고 후회할 수도 있으므로 선택하는 것에 내 운명이 걸렸다고 하는 이야기입니다. 사실 우리가 늘 경험하는 것이지만, 한번 선택을 잘못하면 그로 말미암아 나의 운명이 아주 크게 빗나가는 것을 볼 수 있습니다. 그는 말합니다. '후회에 대한 두려움에서 벗어나야 한다.' 새로운 것을 선택해야겠는데, 자꾸 과거로 돌아가 옛날에 잘못한 것에 사로잡혀 있으면 새롭게 선택할 용기도, 지혜도 없다는 것입니다.

그런가 하면, 완벽함에 대한 환상에서 벗어나야 한다고도 말합니다. 잘못된 선택이었다면 빨리 버려야지요. 깨끗이 잊어야지요. 그리고 다시 시작해야겠는데, 잘못된 선택을 완벽한 것으로 만들어 보려고 몸부림을 친다는 것입니다. 잘못해놓고는 잘한 것처럼 해보려고 합니다. 이미 잘못됐는데도 불구하고 그걸 인정하지 않습니다. 오히려 잘 된 것이라고 말하고 싶고, 그렇게 합리화하고 싶은 것입니다. 그래서 그로 말미암아 새로운 기회를 얻지 못한다는 것입니다. 그렇다면 새로운 선택이란 무엇입니까? 용기입니다. 이것은 두려움에서 벗어나야 하는 상당한 모험입니다. 과거와의 관계를 끊고, 아주 새로운 마음으로 다시 선택하는 것입니다. 그런 용기가 없이는 새로운, 발전된 생을 살아갈 수 없다고 하는 원리를 말하고 있습니다. 생각하면 너무나 평범하고 쉬운 이야기 같지만, 실제적인 말씀입니다.

　오늘본문에 나오는 베드로는 본래 갈릴리의 어부입니다. 갈릴리에서 물고기 잡던 사람인데, 예수님의 부르심을 받고 예수님의 제자가 됩니다. 예수와 함께 가고, 예수의 말씀을 듣고 따라가면서도, 아시는 대로, 베드로의 마음은 예수님과 같이 가지 못했습니다. 예수님께서는 십자가의 길을 가시는데, 베드로는 허황한 영광의 길을 갔습니다. 이스라엘의 영광, 세속적인 욕망, 출세, 명예, 요샛말로 부귀, 평화, 자유와 같은 것들을 추구했다, 이것입니다. 인간적인 욕망을 가지고 그 욕망을 이루는 데 예수님이 도움이 되리라고 생각한 것입니다. 한 마디로 예수를 따른 것이 아니라, 예수를 통해서 자기 소원을 이루려 했던 것입니다. 이렇게 3년을 따랐습니다. 이제 예수님께서 십자가를 지실 때 베드로는 실망했습니다. '그 능력, 그 인기, 그 권세로 왜 십자가를 지시나? 이것은 있을 수 없는 일이다.' 이렇게 생각하고 크게 실망합니다. 아마도 예수를 따르기 시작한 것조차도 후회했을지 모릅니다. '이것은 잘못된 선택이었다. 내가 뭔가 많이 잘못했구나.' 그런데, 예수님께서 부활하셨습니다. 부활하신 다음에 더 놀랐습니다. 그 큰 영광을 보는 순간 자기가 너무나 초라해졌습니다. 그래서 다시 갈릴리로 물고기를 잡으러 갔습니다. "나는 물고기 잡으러 가노라." 성경에 보면 그렇게 말하니까요. 또, 줄레줄레 친구들이 다 따라갑니다. 갈릴리로 가서 다시 옛날처럼 물고기를 잡았는데, 잡을 리가 있나요? 한 마리도 안 잡힙니다. 밤새껏 수고해서 피곤하고 지쳤을 때 예수님께서 찾아오시어 베드로에게 물으십니다. "네가 나를 사랑하느냐?" 베드로가 대답합니다. "주님, 제가 주님을 사랑하는 줄 주께서 아십니다." "그럼 내 양을 먹이라." 나를 사랑한다면 내 양을 먹이라, 내가 하던 일을 네가 하라는 부탁의 말씀을 하십니다. 그리고 그는 다시 예수님을 따라가게 됩니다. 또한, 그가 오순절 다락방에서 성령을 받게 됩니다. 그 순간 그 마음속에서 기독론이 확 바뀝니다. 예수님께서 오시어 많은 병자를 고치시고, 많은 이적을 하셨지만, '그 예수가 본질이 아니다. 내가 믿는 예수는 십자가의 예수, 만백성의 죄를 사해주시는 대속의 예수, 나를 죄에서 구원하시는 그 예수다' 하는 고백을 하게 됩니다. 그리고 그뿐만 아니라, 앞으로 재림하실 예수, 더 나아가 오늘 우리 안에 계시는 예수, 지금 내 안에 계시고, 내 현실 속에 나와 함께하시는 예수, 그 예수님에 대한 고백을 하게 됩니다.

유명한 빌리 그레이엄 목사님의 메시지가 있지 않습니까. "The Living Christ is here and now(살아계신 그리스도께서는 오늘 여기에 나와 함께 계십니다)." 빌리 그레이엄 목사님은 이것을 아주 강조합니다. 이제 베드로는 살아계신 그리스도를 믿고, 부활하신 예수님께서 오늘 우리와 함께 계시다는 확신을 얻습니다. 그런 확신 속에 있는 베드로가 오늘본문에서 성전으로 올라갔습니다. 저는 이게 마음에 듭니다. 이분들이 할 일이 무엇입니까? 예배입니다. 계속적인 예배입니다. 그래야 그 신앙을 유지할 수 있습니다. 하나님을 찬양하고, 하나님께 예배함으로써만 그리스도의 현존을 현실 속에서 실현할 수 있는 것입니다. 예배가 없으면 우리 신앙은 무너집니다. 이걸 알아야 합니다.

저는 50년 동안 목회를 하면서 많이 보았습니다. 보면, 예배 자세가 좋은 분들이 있습니다. 우선 앉는 자세부터 다릅니다. 열심히 듣고, 열심히 말씀을 받아들입니다. 그런 신앙생활은 자기도 모르게 점점 그리스도화되고 달라지는 걸 볼 수 있습니다. 그런가 하면, 그 많은 날 교회에 나와도 항상 조는 사람이 있습니다. 숫제 졸기로 결심한 것입니다. 처음부터 헤맵니다. 정신을 못 차립니다. 그렇게 되면 가정생활, 사회생활까지 망가집니다. 그런 것 많이 보았습니다. 그리스도인의 핵심은 예배입니다. 하나님을 만나 뵙는 것이고, 하나님의 말씀을 계속 들어야 합니다.

　오늘 성령 충만한 베드로와 요한이 성전에 올라갑니다. 제9시 기도 시간입니다. 제9시란 오후 3시입니다. 그 시간에 일부러 성전에 올라가 하나님께 예배하는 것입니다. 그러다가 앉은뱅이를 만납니다. 이 앉은뱅이는 나면서부터 걸어본 적이 없어서 사람들이 그를 메다가 사람들이 제일 많이 출입하는 성전 미문에 데려다놓습니다. 그러면 그가 지나가는 사람들에게 손을 내밀고 구걸하는데, 요샛말로 하면, 프로급 거지입니다. 얻어먹을 자격이 있는 사람입니다. 이것이 직업이고 생활입니다. 이 앉은뱅이는 저 성전 안에서 무슨 일이 있는지에는 관심이 없습니다. 누가 지나가는지, 그가 베드로인지, 요한인지, 제사장인지 알 바 아닙니다. 한 푼 구걸하는 것 말고는 관심이 없는 사람입니다. 저 성전 안에서 드리는 예배나 하나님의 말씀에 대해서는 전혀 관심이 없습니다. 그런 그가 베드로와 요한이 들어섰을 때도 구걸하느라고 손을 내밀었던 것입니다. 어떻습니까? 베드로와 요한이 이때 말합니다. "은과 금은 내게 없거니와……" 은과 금은 돈입니다. 곧, 내가 네게 줄 돈은 없다는 것입니다. 그때 앉은뱅이가 무슨 생각을 했겠습니까? "돈 없으면 그냥 지나가. 누가 뭐랬나? 나 관심 없어. 당신이 누군지 관심 없어. 그냥

가." 이런 순간입니다. 그때 베드로와 요한이 "우리를 보라" 합니다. '아, 돈도 못 주면서 우리를 보라 하는 건 또 뭐야? 왜 봐야 해?' 아마 속으로 이랬을 것입니다. 좀 강퍅한 사람이면 "그냥 지나가라니까. 보긴 뭘 봐?" 했을 것 아닙니까마는, 우리를 보라고 할 때 이 앉은뱅이가 돈을 못 받는다는 것을 알면서도 베드로와 요한을 쳐다봅니다. 그때 베드로가 말합니다. "은과 금은 내게 없거니와 내게 있는 것으로 네게 주노니 나사렛 예수 그리스도의 이름으로 일어나 걸으라." 그가 벌떡 일어납니다. 놀라운 기적이 나타난 것입니다.

　저는 이 성경말씀을 볼 때마다 이런 생각을 해봅니다. '이 순간 베드로가 놀랐을까, 앉은뱅이가 놀랐을까?' 저는 아무래도 베드로가 더 놀랐을 것 같습니다. 이런 일이 있을 수가 없거든요. 이 사람은 나면서부터 앉은뱅이입니다. 그런 그가 많은 사람 앞에서 벌떡 일어나 찬송을 부르고, 춤을 춥니다. 굉장하지 않습니까. 얼마나 놀랐겠습니까. 베드로가 놀랐지요. 사실은 예루살렘 온 성이 놀랐습니다. 그다음을 죽 읽어보면, 이 사건으로 말미암아 예루살렘 교회가 설립됩니다. 굉장히 중요한 사건입니다.

　그런데, 여기서 생각해야 합니다. 베드로는 누구입니까? 사실 며칠 전에 예수님을 세 번이나 모른다고 부인하고 도망갔던 사람입니다. 아니, 부활하신 예수를 만나보고도 갈릴리로 갔던 사람입니다. 생각하면 부끄러운 사람입니다. 사람들 앞에 나타날 수 없는 사람입니다. 창피한 사람입니다. 얼굴을 들고 다닐 수가 없는 사람입니다. 예수의 수제자가 이 무슨 꼴입니까. 그러나 오늘 이 시간은 다릅니다. 주의 영이 함께하시기 때문에, 살아계신 그리스도께서 함께하시므로 담대하게 예루살렘 성전에 올라갈 뿐만 아니라, 앉은뱅이를 향하여 "일어나라!" 하고 외치는 신앙적 용기가 그 속에 있었더라는 것입니다. 바로 그리스도의 영이 함께하는 사람의 용기입니다. 사실 베드로가 이런 순간에 사람들 앞에 나타나기가 쉽지 않습니다. 참 부끄러운 사람이거든요. 그러나 새 사람으로 나타납니다.

아우구스티누스의 유명한 말이 있습니다. 그는 많은 날 동안 방황하고 타락한 생활을 했습니다. 그의 어머니가 그로 말미암아 속앓이를 많이 했습니다. 그러다가 그가 회심하고 예수를 믿게 됩니다. 성 아우구스티누스라는 말을 들을 정도로 경건한 사람이 됩니다. 그런 그가 한번은 옛날 고향을 찾게 되었습니다. 길을 가는데, 옛적에 자기가 다니던 술집 거리에서 여인들이 아우구스티누스를 알아보고 말을 겁니다. 옛날 그 아우구스티누스가 아니냐고 합니다. 오랜만이라고, 반갑다고 합니다. 그때 아우구스티누스가 길을 가면서 속으로 이렇게 중얼거렸다는 것입니다. "사람 잘못 봤어. 나는 옛날 그 아우구스티누스가 아니야. 옛적의 아우구스티누스는 이미 죽었어." 지금 베드로도 그렇습니다. 옛 베드로는 죽고, 새사람 된 베드로가 여기 있습니다. 그 베드로가 앉은뱅이를 볼 때 그 마음속에 그리스도의 마음이 일어났습니다. '예수님께서는 이런 사람을 보고 그냥 지나가신 일이 없으셨는데……' 하면서 베드로가 성령으로 충만하여 앉은뱅이를 주시하게 되는 것입니다. 그래서 이 같은 귀한 역사가 여기서 이루어지게 됩니다. "예수의 이름으로 일어나 걸어라!" 그가 벌떡 일어나게 됩니다.

아주 오래전입니다. 대충 생각해보면 1948년쯤 됩니다. 6·25가 일어나기 2년 전쯤인데, 그때 일부러 황해도 신천에 있는 서북교회라는 곳을 방문했습니다. 왜냐하면, 저희 할아버지께서 예수를 믿으시고 신앙생활을 하실 때 김익두 목사님으로부터 영향을 많이 받으셨거든요. 할아버지께서 김익두 목사님 이야기를 너무나 많이 하셔서 저는 그분이 누구신지 꼭 한번 만나고 싶었습니다. 그래서 일부러 신천서북교회까지 간 것입니다. 그 주일에 김익두 목사님이 강단에서 설교를 하시는데, 제 생각에는 얼굴이 환하고 빛이 있는 것도 같았습니다. 그때 제가 김익두 목사님을 보고 감격했던 것이 있습니다. 제가 가끔 평양에서 진남포로 갈 때 기차를 타는 경우가 있거든요. 그 기차 안에는 모자 칸이 있고, 일반 칸이 있고, 공무원 칸이 있습니다. 공무원은 공산당원을 말하는 것입니다. 그렇게 공무원 칸이 따로 있는데, 제가 깜짝 놀란 것은 김익두 목사님이 그 살벌하던 때에 공무원 칸에 들어가셔서 공산당들한테 "주 예수를 믿으라!" 하고 전도하셨다는 것입니다. 그 모습을 제가 직접 보았습니다. 그러시다가는 순교하실 수도 있는데, 그분은 '오늘 죽어도 좋다. 복음은 전하는 거다!' 하는 마음으로 전도를 하시는 것이었습니다. 정말 우러러보지 않을 수 없었습니다.

그 김익두 목사님이 계시던 교회에 가서 제가 김 목사님이 직접 하시는 말씀을 들은 것입니다. 제가 일생토록 잊을 수 없는 소중한 추억입니다. 김 목사님은 늘 새벽기도에 나와서 기도하신 다음 언덕을 내려가시는데, 골목길에 냉면집이 하나 있었습니다. 옛날 풍속을 아시는 분들은 아시겠습니다마는, 냉면은 메밀로 만드는 것입니다. 그러자면 메밀을 넣고 맷돌질을 해야 합니다. 밀 맷돌과 달라서 메밀 맷돌은 잘 돌아갑니다. 그런데, 그 냉면집 앞에서 맷돌질을 하는 앉은뱅이가 있었습니다. 그 사람은 이것만 하고 밥 먹고 사는 것입니다. 그저 하루종일 맷돌질만 하는 것입니다. 바로 그 앉은뱅이가 새벽에 맷돌질을 하고 있는 것입니다. 김 목사님이 새벽기도를 마치고 내려가시다가 그분을 딱 보았습니다. 그런데, 성령께서 말씀 하시는 것입니다. "베드로와 요한이 앉은뱅이를 보고 일어나라 했 는데, 넌 왜 보고 그냥 지나가느냐?" "아, 그렇죠. 그냥 지나가면 안 되죠." 그래서 맷돌질하는 앉은뱅이 앞에 서서 "나를 봐" 하니까 "뭐 요?" 합니다. 김 목사님이 "예수의 이름으로 일어나라!" 하시니까 "뭐어요?" 하더랍니다. 그때 창피하셨답니다. 그래서 주변을 휘휘 둘러보셨답니다. 누가 보나, 안 보나 하고 말입니다. '이거 안 되겠 구나' 싶어서 다시 성전으로 들어가 엎드려서 사흘을 기도하셨답니 다. 그렇게 기도하고 내려오시다가 "일어나라!" 하시니까 그 앉은뱅 이가 벌떡 일어났습니다. 그런 기적이 나타나서 그다음부터 김익두 목사님은 기적의 사람, 능력의 사람으로, 한국교회의 지도자로서 많 은 일을 하시다가 신천서북교회에서 순교하셨습니다.

오늘 베드로와 요한도 보통 사람입니다. 늘 그냥 지나갔습니다. 그게 일상적인 일입니다. 그러나 오늘은 아니었습니다. 베드로와 요 한이 이날은 성령의 감동으로 말미암아 앉은뱅이를 주목하게 됩니 다. 그리고 그를 향해서 "일어나 걸으라!" 할 때 그리스도의 역사가 하나님께서 우리와 함께하시는 큰 표적이 되고, 초대교회의 기초가 되었던 것입니다. 그리스도의 생명력이 작용한 것입니다. 이걸 잊지 말아야 합니다.

베드로와 요한은 특별한 사람이 아닙니다. 실수가 많았던 사람 입니다. 그들도 잘못된 선택으로 말미암아 후회하며 살게 되었지만, 그리스도께 사로잡힐 때 자기를 완전히 부인하게 됩니다. 그리스도 인으로 새롭게 변화됩니다. 그리고 그리스도의 영에 붙들려 앉은뱅이를 향해서 "우리를 보라!" 하고 말합니다. 당시의 많은 사람은, 아이나 어른이나, 다 은과 금을 바라고 있습니다. 하지만 인간의 문제는 은과 금으로 해결할 문제가 아니라, 하나님의 말씀으로 해결할 문제입니다. 어려운 말로 하면, 공산주의자나 사회주의자가 유물사관의 시각에서 볼 때는 모든 문제의 해결은 물질입니다. 은과 금입니다. 물질만이 근본이요, 물질만이 해결책입니다. 그러나 사도 베드로의 마음, 그리스도인의 관점은 그것이 아닙니다. 은과 금이 아니라, 예수의 생명력입니다. "내게 있는 것으로 네게 주노니 나사렛 예수의 이름으로 일어나 걸으라!" 내게 있는 것, 우리가 경험한 것, 내가 매일같이 감격하고 있는 것, 바로 그리스도의 말씀이요 생명력입니다. 그것이 발동할 때 그 어떤 사람의 마음도, 그 어떤 문제도 거기에 해답이 있는 것입니다. "내게 있는 것으로 네게 주노니 일어나 걸으라!" 그들에게 있었던 이 그리스도의 생명력으로 우리도 일어나야 하겠고, 또 그리스도와 함께 권세 있는 하나님의 사람으로 살아가야 할 것입니다.  △

# 어린이를 용납하라

그 때에 사람들이 예수께서 안수하고 기도해 주심
을 바라고 어린 아이들을 데리고 오매 제자들이 꾸짖
거늘 예수께서 이르시되 어린 아이들을 용납하고 내
게 오는 것을 금하지 말라 천국이 이런 사람의 것이
니라 하시고 그들에게 안수하시고 거기를 떠나시니
라

(마태복음 19 : 13 - 15)

## 어린이를 용납하라

성도 여러분, '사랑과 정열의 시인 하이네'라고 하는 분을 아실 것입니다. 아마 청소년 때 하이네의 시 한 편쯤은 누구나 듣고 외워 봤으리라고 생각합니다. 언젠가 하이네의 친구들이 하이네의 집을 방문한 일이 있었습니다. 친구들은 깜짝 놀랐습니다. 하이네의 서재에 아이들 십여 명이 모여서 정신없이 와글와글 떠들며 놀고 있는 거였습니다. 친구 하나가 하이네에게 물었습니다. "자네에겐 아이가 없는 것으로 아는데, 이거 어찌 된 일인가?" 하이네는 정중하게 대답했습니다. "동네에서 빌려온 아이들이야. 아이들 떠드는 소리를 듣고 웃는 얼굴을 봐야 미래가 보이거든. 그래야 시를 쓸 수가 있어. 그래서 내가 가끔 어린아이들을 위해서 이렇게 파티를 하는 거야." 이 얼마나 중요한 얘기입니까.

아프리카에 가나라는 나라가 있지 않습니까. 우리나라는 5월에 어린이날이 있는데, 가나는 11월에 어린이날이 있답니다. 한데, 가나에서는 어린이날이 되면 아이들을 어떻게 대하느냐가 아니고, 학교에서 어른들이 앉고, 아이들이 서서 그 어른들을 가르친다는 것입니다. 그러니까 어린이날을 '아이들이 어른들을 가르치는 날'로 정의하고 있다는 것입니다. 여러 가지로 생각할 바가 있지요?

예수 그리스도의 제자들이 열두 명밖에 안 됩니다마는, 그 열두 명 안에 든 것만도 큰 영광인데, 그렇지 않았습니다. 그 열두 제자들 사이에서도 시기와 질투가 끝날 날이 없었습니다. 마침내 예수님께서 십자가를 지시기 위하여 예루살렘으로 올라가시기로 굳게 결심하십니다. 그리고 올라가시는 길인데, 그 예수님을 따라오던 야고보와 요한의 어머니가 예수님께 와서 요샛말로 로비라는 것을 합니다. 조용하게 뭔가 정중한 청을 하려는데, 떳떳하지 못한 내용이라서 아마 우물쭈물했던 것 같습니다. 이런 부탁입니다. "예수님의 나라가 임할 때, 예수님께서 유대 나라 왕이 되실 때 우리 아들들, 야곱과 요한을 하나는 우편에, 하나는 좌편에 앉게 해주세요." 제가 늘 생각합니다마는, 여기에 괄호를 치고 이렇게 딱 한 마디만 넣었으면 좋겠습니다. '베드로는 빼놓고'라고요. 베드로가 예수님의 수제자 아닙니까. 그러니까 그 수제자 베드로를 빼고 자기 아들들 가운데 하나는 우편에, 다른 하나는 좌편에 앉게 해주십사 하는 것입니다. 이거, 예수님을 따라다닌다면서도 시기와 질투에서 벗어나지 못하고 있는 모습입니다. 얼마나 한심합니까. 그들은 예수님의 제자가 되었으면서도 여전히 세속적인 욕심을 버리지 못하고 있었더라, 이것입니다. 명예에 대한 집착에서 벗어나지 못한 것입니다. 시기와 질투로 가득 차서 마침내 제자 됨의 본질마저 잊어버리는 모습을 우리는 봅니다.

이때 예수님께서 아주 중요한, 교본과도 같은 말씀으로 그들을 가르치십니다. 마태복음 18장에서는 더욱 그렇습니다. 제자들이 예수님께 여쭈어봅니다. "천국에서는 누가 크니이까(1절)." 예수님께서 대답하십니다. "돌이켜 어린 아이들과 같이 되지 아니하면 결단코 천국에 들어가지 못하리라(3절)." 어린아이, 쉽게 말합시다. 어린아이에게서 배우라, 이것입니다. "어린아이를 가르치려 들지 말고, 어린아이에게서 배우라. 어린아이같이 되라. 배우고, 어린아이같이 되라. 그리고 어린이를 용납하라." 그래야 이 세상에서도 천국을 경험할 수 있습니다. 어린아이의 마음이 되기 전에는 행복은 없습니다. 어린아이의 마음이 되기 전에는 진정한 웃음도 없습니다.

예수님께서는 천국에 들어가는 절대조건 세 가지를 말씀하십니다. 첫째, 예수를 믿어야 합니다. 오직 믿음, 예수를 믿음으로 하나님 나라에 들어갈 것입니다. 둘째, 성령을 받아야 합니다. 요한복음 3장에서 예수님께서 이런 말씀을 하십니다. "성령으로 말미암지 않고는 하늘나라를 보지도 못하고, 하늘나라에 들어가지도 못한다." 성령을 말씀하십니다. 셋째, 어린아이와 같이 되어야 합니다. 비유적으로 말씀하십니다. "어린 아이들과 같이 되지 아니하면 결단코 천국에 들어가지 못하리라." 분명히 말씀하십니다. 이것은 종말론적 의미도 있지마는, 현실적이고 심리학적인 의미도 함께 있는 것입니다. '어린아이와 같이 되지 않으면 결코 천국을 경험할 수 없다. 천국의 행복을 누릴 수도 없다. 천국에 들어가지도 못한다.' 이렇게 절대조건으로 말씀하고 계십니다.

어린아이들을 보면 이들은 사랑의 소통을 알고 있습니다. 누가 나를 사랑하는지 잘 알고 있습니다. 어린아이들은 말은 못 하는 것 같아도 느낌으로, 눈빛으로, 냄새로 충분히 사랑을 이해하고 있습니다. 사랑을 받아들이고 있습니다. 그것이 어린아이입니다. 사랑의 언어, 사랑의 눈빛, 얼마나 소중합니까. 우리가 생각할 때는 어린아이가 가장 물질적인 것 같습니다. 먹는 것만 좋아하는 것 같습니다. 하지만, 아닙니다. 어린아이야말로 굉장히 정신적입니다. 저는 늘 생각합니다. 어렸을 때 농촌에서 보면, 김을 매고 돌아오는 어머니들이 다 아이를 업고 있습니다. 마땅히 아이를 맡겨둘 데가 없으니까 그렇습니다. 그래서 아이를 업고 다니면서 일을 하는 것입니다. 그렇게 일을 하고 돌아오는 어머니들을 보면 거의 발가벗다시피

한 아이가 그 어머니의 등에 업혀서 고개를 젖히고 자는 것입니다. 얼마나 불편하겠습니까. 편히 누워서 자는 게 좋지 않겠습니까. 그러나 안 그렇습니다. 아이는 어머니의 등에 업혀 있다는 것만으로도 행복한 것입니다. 어머니의 무릎에 앉아 있다는 것만 가지고도 행복한 것입니다. 이걸 잊지 말아야 합니다. 사랑의 줄, 사랑의 연대가 있을 때, 사랑을 느낄 때 아이들은 어디서든지 편하고, 무엇을 먹어도 행복합니다. 아이들은 굉장히 정신적이고, 영적인 존재입니다.

또한, 그들은 행복을 압니다. 행복을 얻는 능력이 있습니다. 그들의 웃음이 행복을 그대로 발산합니다. 그들은 사랑의 마음으로 봅니다. 사랑의 마음으로 듣습니다. 여러분, 잘 생각해보십시오. 어린아이들 눈에는 자기 할머니가 세상에서 제일 예쁩니다. 어른들은 이런 사람이 예쁘고, 젊은이가 예쁘고, 누가 예쁘고 하지만, 어린아이의 마음은 전혀 그렇지 않습니다. 자기 할머니가 제일입니다. 자기 할아버지가 제일입니다. 왜요? 사랑의 눈으로 보니까요. 사랑의 마음으로 보기 때문에 어린아이들의 세계에서는 할머니가 제일 예쁜 것입니다. 그 사랑을 알고, 그래서 웃는 것이고, 행복한 것입니다. 그리고 어린아이들은 절대 신뢰합니다. 어머니의 말, 아버지의 말 한마디 한마디를 다 기억합니다. 절대 잊어버리지 않습니다. 무서운 기억력입니다. 딱 한 번 들으면 다 기억합니다. 그러니 어떤 일이 있어도 그 신뢰에 실망을 주어서는 안 됩니다. 이걸 잊지 말아야 합니다.

언젠가 이스라엘의 한 랍비를 초청해서 세미나를 연 일이 있었습니다. 마지막에 누가 이런 질문을 했습니다. "이스라엘 사람들은 가정교육을 잘해서 노벨상 수상자가 40퍼센트나 나오고, 천재들이 많다는데, 그 가정교육의 비결이 무엇입니까?" 그때 제가 통역을 맡았거든요. 랍비가 그 질문을 듣고는 빙그레 웃으면서 이렇게 딱 한 마디를 했습니다. "거짓말을 하지 마십시오." 아이들에게 거짓말을 하지 말라는 것입니다. 아이들은 어머니한테 한번 속으면 하늘이 무너지는 듯한 고통을 느낀다는 것입니다. 그리고 그 고통의 기억에서 일생토록 벗어나지 못한다는 것입니다. 그러니까 우리 어머니의 말씀은 다 옳다, 어머니가 옳다고 하는 것은 옳고, 아니라고 하는 것은 아니라고 느끼고 인식되어야 한다는 것입니다. 그들의 믿음을 실망시켜서는 안 된다는 걸 잊지 말아야 한다는 것입니다. 그래서 유대 사람들에게는 이런 재미있는 이야기가 있습니다. '하나님이 있다, 없다. 천국이 있다, 없다.' 이런 논쟁이 붙었는데, 한 어린아이가 이렇게 말합니다. "하나님은 계셔." 그러니까 다른 아이가 묻습니다. "너, 봤니? 어떻게 알아?" 대답은 간단합니다. "우리 어머니가 있다고 했어." 이 얼마나 귀중합니까. 우리 어머니가 말했기 때문에 있는 것이다— 이 믿음, 이런 엄청난 믿음을 안겨줘야 하는데, "우리 어머니 말을 어떻게 믿어?" 하니, 세상이 곤두박질치는 것이지요. 세계관이 바뀌는 것입니다. 이 얼마나 무서운 얘기입니까.

어린아이는 절대 신뢰합니다. 그 신뢰를 실망시켜서는 안 됩니다. 어머니의 약속, 아버지의 약속, 아버지의 말 한마디, 그것은 완전한 것이어야 하고, 아이들에게 믿음을 확인해주는 것이어야 합니다. 그런가 하면, 어린아이들은 현재에 만족합니다. 내일에 대한 걱정, 전혀 하지 않습니다. 순간순간 만족하고 행복을 즐깁니다. 그런가 하면, 가장 중요한 것은 아이들은 꿈에 산다는 것입니다. 상상력에 삽니다. 동화의 세계에 삽니다.

저는 젊었을 때 한번은 이런 특별한 경험을 한 적이 있습니다. 안성진 목사님이라고, 한평생 동화를 많이 쓰셨고, 또 아이들을 위해서 큰일을 한평생 하신 분입니다. 그분이 언젠가 어린아이들을 위한 부흥회를 하시는데, 제가 가서 봤습니다. 이분은 참 특별한 능력이 있습니다. 아이들 3백 명이 와글와글한데도 안 목사님이 딱 서시기만 하면 금세 조용해집니다. 좌우지간 전체의 시선을 확 잡으시고 설교를 하시는데, 너무너무 감격스러워서 제가 따라다니면서 배우고 싶었습니다. 언젠가 한 번은 목사님이 설교하시는데, 이런 말씀이었습니다. 한 어린아이가 교회 가는 길에 그만 유혹에 빠져서 교회에 가지 않고 다른 데로 놀러 갔습니다. 그래 신나게 놀다가 나무 그늘에 앉아 잠깐 졸았는데, 꿈을 꿉니다. 그 꿈에서 자신이 물고기가 되었습니다. 그래 물속을 막 헤엄치고 다니는데, 그만 어떤 낚시꾼의 낚싯바늘에 걸리고 말았습니다. 그렇게 잡혀서 바구니에 들어갔다가 마지막에 그 낚시꾼이 이 물고기를 요리해 먹으려고 도마에 얹어놓고 칼로 막 자르려는 순간입니다. 이 대목에서 그 3백 명의 아이들이 "악!" 하고 우는 것입니다. 그때 제가 많이 생각했습니다. 안 목사님 참 재주도 좋지만, 무엇보다 아이들의 상상력을 보십시오. 하늘을 납니다. 동화의 세계에 삽니다. 꿈에 삽니다. 미래에 삽니다. 그들을 실망시켜서는 안 되지요. 그래서 예수님 말씀하십니다. "돌이켜 어린아이와 같이 되라." 어린아이와 같이 되어야 천국에 들어갈 수 있다고 하십니다.

유명한 존 F. 케네디 대통령의 비서로 11년을 근무한 에블린 링컨이라는 여인이 있습니다. 그러니까 11년 세월을 존 F. 케네디와 함께한 사람입니다. 그러고 나서 「내가 본 인간 케네디」라는 책을 썼습니다. 제가 오래전에 그 책을 읽은 바 있습니다마는, 그 책 가운 데 나오는 이 한마디가 마음에 남습니다. '나는 언제나 존 F. 케네디 와 딱 마주 앉으면 내 앞에 있는 사람이 대통령이라는 사실을 까맣 게 잊어버린다. 모든 것을 다 잊어버리고 두 어린아이가 만난 것처 럼 이야기할 수 있다. 그래서 나는 존 F. 케네디를 좋아했다.' 딱 만 날 때 어느 사이에 내가 그만 어린아이가 되고 마는 것입니다. 그 앞 에서는 비밀도 없습니다. 마냥 하고 싶은 말 다 하고, 이야기를 다 즐겁게 들을 수 있습니다. 이런 관계, 이런 사람, 이것이 어린아이 같은 사람입니다. 이걸 잊지 말아야 합니다.

제가 소망교회에서 목회하는 동안 경험한 일입니다. 언젠가 한 집사님 내외분이 이야기해준 것입니다. 형편이 별로 넉넉지 않은 분 들입니다. 이분들에게 초등학교 다니는 딸 둘이 있는데, 한번은 그 아이들과 주일에 양로원 방문을 하게 되었습니다. 거기서 어르신들 을 한번 대접하고 오자고 해서 간 것입니다. 그래 김밥을 넉넉하게 싸 들고 양로원을 방문하여 어르신들께 음식도 대접해드리고, 함께 놀아도 드리고, 노래도 불러드리고 하고 돌아왔습니다. 그런데, 돌 아오면서 아이들이 하는 말이 이랬습니다. "아빠 엄마, 오늘 보니까 할아버지 할머니 방이 너무 깜깜하고 어둡고 더러운데, 좋은 방법이 없을까?" 그러니까 아버지 어머니가 말했습니다. "그럼 할아버지 할 머니 방을 도배해드릴까?" 그래서 벽지를 사고, 풀을 쑤어서 그다 음 주일에 또 갔습니다. 그래 아이들과 함께 방을 깨끗하게 도배하 고, 저녁도 먹고 돌아왔습니다. 그런데, 밤에 좀 이상해서 아버지 어 머니가 아이들의 방문을 열어봤더니, 아이들이 침대 앞에 무릎을 꿇 고 앉아서 훌쩍훌쩍 울고 있는 것입니다. 어머니가 물었습니다. "왜 울고 있어? 어디가 아프니? 할아버지 할머니가 불쌍해서 울어?" 그 때 이 아이들이 하는 말을 들어보십시오. "아니에요. 우리가 너무너 무 행복해서 울어요." 이 이야기를 그 어머니가 저한테 해주었습니 다. "우리가 너무너무 행복해서 울어요." 이것이 어린아이의 깨끗한 마음입니다. 그런고로 예수님께서 말씀하시는 것입니다. "어린아이 에게서 배우라. 어린아이와 같이 되라."

저는 유명한 교수이면서 소설가인 한 분을 알고 있습니다. 아주 가까운 분입니다. 그분이 책을 주어서 제가 여러 권 가지고 있고, 또 특별히 그분이 상을 받고 할 때 제가 참석해서 축사도 하고 그랬습 니다. 유명한 분입니다. 이름은 대지 않겠습니다. 그런데, 이상한 것 은 그분이 쓴 소설과 책의 내용이 다 어둡다는 점입니다. 그분의 책 을 읽으면 마음이 어두워집니다. 왜 그럴까 궁금했습니다. 마지막 에 결론을 얻었습니다. 이분이 어린아이를 좋아하지 않습니다. 노골 적으로 그럽니다. "저는 어린아이가 싫어요. 아이들이 떠드는 게 싫 어요. 시끄러운 게 싫어요." 그래서 그분은 결혼은 했으면서도 아이 는 안 낳았습니다. 그렇게 한평생을 살다가 마지막에 비참하게 갔습 니다. 어린아이가 싫다고 하더니, 그 책 전부가 어둡고 빛이 없습니 다. 소망이 없습니다. 이걸 알아야 합니다. 예수님께서 말씀하십니 다. "어린아이와 같이 되지 아니하면 결단코 천국에 들어가지 못하 리라." 어린아이와 같이 될 때 하나님 나라를 볼 것입니다. 그래야 하나님의 진리를 알 것입니다. 그래야 천국의 기쁨을 이 땅에서도 누릴 수 있을 것입니다. 예수님 말씀입니다.

우리 마음의 어두운 그림자는 어디서 오는 것입니까? 다 어린아 이의 귀한 마음을 버렸고, 떠났기 때문입니다. 교만했습니다. 시기 질투가 있습니다. 비교 의식에 빠졌습니다. 쓸데없이 절망하고 있습니다. 이 모든 것이 어린아이와 같이 되지 못했기 때문입니다. 천국 백성의 성품을 소유하지 못했기 때문입니다. 그래서 예수님 말씀하십니다. "어린아이로부터 배우라." 여러분, 잠자는 어린아이를 들여다보면서 행복이 무엇인지를 확인하십시오. 평화가 무엇인지 알 수 있습니다. 어린아이의 웃는 얼굴에서 행복을 읽을 수 있습니다. 그들의 절대적인 신뢰, 그 믿음을 보면서 내 믿음을 점검해야 할 것입니다. "어린이를 용납하라. 어린아이와 같이 되라." 말씀하십니다. △

# 네 부모를 즐겁게 하라

너를 낳은 아비에게 청종하고 네 늙은 어미를 경히
여기지 말지니라 진리를 사되 팔지는 말며 지혜와 훈
계와 명철도 그리할지니라 의인의 아비는 크게 즐거
울 것이요 지혜로운 자식을 낳은 자는 그로 말미암아
즐거울 것이니라 네 부모를 즐겁게 하며 너를 낳은
어미를 기쁘게 하라 내 아들아 네 마음을 내게 주며
네 눈으로 내 길을 즐거워할지어다
(잠언 23 : 22 - 26)

## 네 부모를 즐겁게 하라

제가 어렸을 때 할아버지께 여러 번 들은 재미있는 이야기가 있습니다. 옛날, 비교적 큰 어느 마을에 한 부자가 살았는데, 그에게는 고맙게도 효자 아들이 있었습니다. 그 아들은 온 동네에 효자로 소문이 났고, 본인도 스스로 효자라는 긍지를 안고 자랑스럽게 살아가고 있었습니다. 그런데, 어느 날 이런 소문이 들려옵니다. "저 산속에 아주 가난하게 사는 집이 있는데, 그 집에 진짜 효자가 있다." 이 소리를 듣고 부잣집 효자는 생각합니다. '아, 이럴 수가 있나. 내가 최고의 효자인 줄 알았는데, 나보다 더 훌륭한 효자가 있다니? 내가 꼭 한번 가서 봐야겠다.' 그래 부잣집 효자는 물어물어 그 산속까지 가난한 집 효자를 찾아갔습니다. 하지만 그 가난한 집 효자는 마침 나무를 하러 가고 없고, 노모만 집에 있었습니다. 그 가난한 집 효자는 홀어머니를 모시고 사는 노총각이었던 것입니다. 그래 그 부잣집 효자는 그 가난한 집 효자의 어머니와 더불어 얘기를 나눕니다. "이 집 아드님이 워낙 유명한 효자라고 소문이 나서 제가 직접 만나보고 싶어서 왔습니다." 그러자 이 홀어머니가 하는 말입니다. "글쎄요, 내 아들이 효자는 효자지만, 뭐 그렇게 대단한 효자는 아닌데요?" 그러고 있는데, 나무하러 갔던 아들이 돌아왔습니다. 나뭇짐을 내려놓고 땀을 뻘뻘 흘리며 들어오는 아들을 보고 어머니가 이릅니다. "이리 앉아라." 그러더니 세숫대야에 물을 떠다가 그 다 큰 아들을 어머니가 손수 세수시켜주는 것이었습니다. 아들은 아들대로 또 어린아이처럼 제 얼굴을 떡하니 내놓고 있습니다. 그다음에는 또 어머니가 발을 내놓으라고 하니까 이 아들이 또 제 발을 거리낌 없이 떡하고 어머니 앞에 내놓습니다. 어머니는 그 발을 또 열심히 닦아줍니다. 이 아들은 어머니가 하는 대로 가만히 있기만 합니다. 부잣집 효자가 그 꼴을 보다가 더는 참지 못하고 큰소리로 한마디 했습니다. "세상에 이런 불효자식이 있나! 다 큰 녀석이 어머니께 얼굴을 내밀고 씻겨달라고 하지를 않나, 발을 내놓고 닦아달라고 하지를 않나. 세상에 이런 못된 놈을 효자라고 하다니!" 그러면서 말도 안 된다며 화를 벌컥 내고는 그곳을 뛰쳐나왔습니다. 그리고 산을 내려가는데, 그 가난한 집 노총각 효자가 허겁지겁 이 부잣집 효자를 쫓아오면서 말합니다. "아이구 형님, 많이 언짢으셨습니까?" "아니, 자네가 효자라는 소리를 내가 듣고 왔는데, 세상에 이런 불효막심한 일이 어디 있나?" 이때 그 가난한 집 효자가 한 말을 잘 들어보십시오. "형님, 저는 제가 효자라고 생각해본 일이 없습니다. 어쩌다가 그런 소문이 났습니다마는, 저는 효자가 아닙니다. 어머니가 혼자 계시면서 그저 저 하나만 의지하고 사시는데, 제가 밖에서 돌아오면 그냥 얼굴을 닦아주고 발을 닦아주고 하는 것을 어머니가 기뻐하시기 때문에 다만 그렇게 하는 것뿐입니다." 이 말을 듣고 그 부잣집 효자가 깊이 뉘우쳤답니다. "과연 자네가 효자일세." 여러분, 효자가 누구입니까? 부모님이 원하시는 대로 부모님을 기쁘시게 해드리는 자가 아니겠습니까. 우리 이치에 맞고 안 맞고는 중요하지 않습니다. 부모님의 마음을 기쁘게 해드리는 자가 진짜 효자입니다. 제가 오래전에 할아버지께 들은 이야기입니다.

유명한 메리 파이퍼 교수가 「Another Country」라는 특별한 의미의 책을 썼습니다. 부제가 '부모와 화해하고 잘 지내는 방법'입니다.

현대판 효에 대한 이야기입니다. 그는 이 책에서 말합니다. 첫째, 속마음을 헤아리라는 것입니다. '아버지 어머니의 잔소리는 대화를 원하는 마음의 또 다른 표현일 뿐이다. 말하고 싶어서 잔소리하는 것이다.' 다시 한번 생각해봅시다. '말하고 싶어서, 말을 붙이고 싶어서 잔소리를 하는 것이다. 이걸 이해하라.' 둘째, 늙음이 곧 약함을 의미하는 건 아니라는 것입니다. 그는 말합니다. '늙어서 몸은 약해졌지만, 지혜가 있는 것이다. 나이 많은 분에게 우리가 상상할 수 없는 큰 지혜가 있다는 것을 인정하라.' 셋째, 부모가 원하는 것을 부모의 입장에서 생각하라는 것입니다. 그는 말합니다. '내 입장에서 판단하지 말고, 부모님의 입장에서 생각하면 충분히 이해가 될 것이다.' 그리고 마지막 넷째가 중요합니다. 그는 말합니다. '완전한 부모도 없고, 완전한 자식도 없다.' 우리는 어렸을 때 부모님은 완전하신 줄 알았습니다. 나는 어리고 부모님은 크고, 나는 약하고 어머니 아버지는 강하니까 완전한 줄로 알고 살아온 것입니다. 그런데, 나이 들고 보니까 완전하지 않습니다. 부모님도 완전하지 않을 뿐만 아니라, 나도 완전하지 않습니다. 이걸 인정해야 한다는 것입니다. 그러면 부모님과의 관계가 좋아질 수 있다는 것입니다. 이렇게 가르쳐주고 있습니다.

오늘본문은 말씀합니다. '효는 부모님을 즐겁게 해드리는 것이다.' 그럼 우리는 어떻게 해야겠습니까? 성경은 조목조목 우리에게 가르쳐줍니다. 첫째는 아주 기본적인 말씀입니다. '의인은 아버지를 즐겁게 한다.' 의로운 자라야 합니다. 죄인이 되고 불의한 자가 되면 불효입니다. 의를 따라가는 것 자체가 효라는 사실을 잊지 말아야 합니다. 또, 성경은 지혜로운 자가 되어야 한다고 말씀합니다. 그렇지 않습니까. 어리석은 자가 되면 본인도 괴롭지만, 온 동네에서 그를 비방하고 부모님께 욕을 돌리는 일이 됩니다. '그런고로 지혜로운 자가 되라. 어떤 일에든지 지혜로운 자가 되는 것이 효다.' 이런 원칙적인 말씀입니다. 또, 오늘본문에서 셋째로 주신 말씀은 이것입니다. "네 마음을 내게 주며……(26절)" 네 마음을 내게 달라, 부모님께 마음을 드려라, 하는 것입니다.

예수님의 비유 가운데 이런 이야기가 있습니다. 아버지가 아들들에게 포도원에 가서 일하라고 하니까 한 아들은 "안 가겠습니다" 해놓고 갔습니다. 그런데, 다른 아들은 "가겠습니다" 해놓고 안 갔습니다. 저는 이 두 아들을 생각할 때마다 아들 하나가 또 있었으면 좋겠다는 생각이 듭니다. 군말 없이 "가겠습니다!" 하고 가는 아들 말입니다. 안 가겠다고 하고 간 것도 불효입니다. 이걸 잊지 말아야 합니다. 결과적으로는 효라고 생각할지 모르지만, 아닙니다. 가겠다고 하고 가야지요. 우리가 아이들에게 심부름을 시킬 때도 보면, 아이들이 "가겠습니다!" 하고는 안 가지 않습니까. "야, 가라. 가라." 이렇게 세 번 네 번 말하면 마지막에야 겨우 "가요, 가!" 하고 가지 않습니까. 그러면 우리도 화가 나서 그럴 거면 차라리 그만두라는 심정으로 "가지 마!" 합니다. 여러분, 어떻습니까? 가느냐 안 가느냐는 중요하지 않습니다. 어떤 마음이냐가 중요한 것입니다. 부모님 마음을 이해하고 받아들이는 마음이 효의 근본이라는 말씀입니다.

저는 이제 나이가 들면서 부모님께 효도할 수 있는 길이 이거밖에 없어서 말씀을 드립니다. 간증입니다. 저는 어머니가 늘 기도하시는 모습을 보면서 자랐습니다. 그 농사꾼들이 얼마나 바쁘고 힘듭니까마는, 새벽에 일찍 일어나서 꼭 교회에 가 기도하십니다. 집에도 어머니의 기도실이 있지만, 교회에 가서 새벽기도 하시는 모습을 보면서 저도 그 어머니 손목을 잡고 새벽기도를 따라다녔습니다. 어머니가 참 좋아하셨습니다. 그다음에는 당신처럼 일찍 일어날 필요는 없다고 하셔서 어머니가 새벽기도에 갔다 오시는 시간에 저는 새벽기도에 나갔습니다. 그러면 가고 오는 길에 서로 만납니다. 그 길에서 만날 때면 그건 보통 연애가 아닙니다. 눈빛으로 서로 사랑을 교환합니다. 어머니는 새벽기도 갔다 오시고, 나는 새벽기도를 하고…… 어떤 날은 눈이 많이 와서 수북이 쌓였습니다. 어머니가 딱 한 마디 하고 지나가십니다. "어디 어디 골목에 눈이 많이 쌓였더라. 거기 지나갈 때 조심해라." 이렇게 딱 한 마디 하고 가십니다.

　어머니를 기쁘게 해드리는 것, 어머니가 한평생 하신 새벽기도를 따라가 나도 기도하는 것, 바로 이것이 효도라고 저는 생각합니다. 또, 어머니가 성경을 그렇게 많이 읽으셨습니다. 그래서 성경통독회를 하면 해마다 1등이십니다. 그렇게 상을 타가지고 오시는데, 그 상품이 뭐냐 하면, 숟가락이나 밥그릇입니다. 거기에다 밥을 담아 오시면서 "내가 상 타온 거다!" 하면서 주십니다. 그래서 어머니를 기쁘게 해드리려고 제가 성경을 읽었습니다. 정말입니다. 제가 그때 성경에 대해서 뭘 안다고 읽겠습니까. 그저 어머니를 기쁘게 해드리려고 제가 어렸을 때부터 성경을 읽었던 것입니다. 한 장을 읽었다 하면 어머니가 아주 기뻐하십니다. 석 장을 읽었다 하면 더 기뻐하십니다. 하루에 일곱 장을 읽는다고 하니까 어머니가 뛸 듯이 기뻐하십니다. 성경의 뜻을 제대로 알고 읽은 것이 아닙니다. 어머니의 마음을 기쁘게 해드리려고 성경을 읽다 보니 이렇게 목사까지 된 것입니다. 이것이 효도입니다. 어머니의 마음, 그 중심을 헤아리

136

며, 기도하고, 성경 보고…… 그렇게 했습니다. 여러분, 기도하고 성경을 보면 효자입니다. 이걸 잊지 말아야 합니다.

더 나아가 부모님께서 평생 지향하신 직업, 그 기업을 소중히 여겨야 합니다. 이거 아주 중요합니다. 아브라함 링컨은 초등학교도 제대로 못 다닌 사람입니다. 하지만, 독학으로 변호사가 되었고, 국회의원이 되었고, 마침내 대통령까지 됩니다. 그가 대통령이 되고 나서, 그를 환영하는 국민도 있었지만, 다른 쪽에서는 비난도 많이 했습니다. 그가 국회를 방문했을 때 유명한 일화가 있습니다. 상원의원 가운데 한 사람이 링컨에게 말합니다. "우리는 초등학교도 나오지 못한 대통령을 모시게 되어서 온 국민이 부끄럽습니다." 그리고는 구두를 벗어서 떡하니 들고는 이렇게 비난과 모욕의 말을 합니다. "이것이 당신 아버지가 만든 구두요. 당신 아버지가 구두장이니까." 그때 링컨이 조용히 답합니다. "의원님, 대단히 감사합니다. 그동안 제가 바빠서 아버지 생각을 좀 못했는데, 마침 생각나게 해주셔서 감사합니다. 제 아버지가 구두 수선공이시고, 평생 구두를 기우면서 사셨지만, 저는 그걸 부끄러워하지 않습니다. 우리 아버지는 정직하시고 경건하신 분입니다. 제가 등 너머로 아버지께서 구두수선을 하시는 모습을 보고 배웠는데, 상원의원님 구두가 해지거든 저한테 가져오십시오. 제가 수선해드리겠습니다." 그 순간 모든 상원의원이 아주 엄숙해졌습니다. 그는 그렇게 존경받는 대통령이 됩니다. "저는 제 아버지의 직업을 소중하게 여깁니다. 저는 아버지를 자랑합니다." 이것이 효입니다.

아주 오래전, 1955년경의 일입니다. 그때 제가 신학대학에 입학했는데, 채플 시간이 되면 목사님들이 오셔서 한 시간 동안 설교를 하고 가시는데, 너무나 감동적이고 은혜로웠습니다. 하루는 사무엘 마펫이라는 젊은 선교사님이 왔습니다. 그분은 한국말을 못 해서 영어로 설교를 했습니다. 그때 첫마디가 뭐였는지 아십니까? 그분이 강대상에 서자마자 이랬습니다. "제 아버지가 평양 신학대학 교수신데, 저는 친구들이 없어서 아버지가 학생들을 가르치시는 신학대학 마당에서 놀았고, 학교 복도에서도 뛰놀았습니다. 그랬더니, 제 아버지가 저더러 이러셨습니다. Go home! Get away! 집으로 돌아가라! 여기 있지 말고, 집으로 돌아가라! 그래서 제가 지금 한국으로 왔습니다." 프린스턴 신학교 교수입니다. 당당한 분입니다. 총장 물망까지 오른 분입니다. 그 명예를 다 버리고 아버지의 뒤를 따라 한국에 와서 40년 동안 신학대학 교수로, 선교사로 일했습니다. 아버지의 기업을 이은 것입니다. 한마디로 말씀드리면, 제가 미국에 가서 5년 동안 바로 이 마펫 목사님의 장학금으로 공부했습니다.

아버지의 뒤를 따라― 우리는 말로는 효도한다고 하면서도 정작 아버지의 기업을 소홀히 여깁니다. 아니올시다. 참된 효자는 아버지의 기업을 소중히 여깁니다. 그것이 바로 효도이기 때문입니다. 아버지가 피땀 흘려 세우신 회사, 또 그렇게 애써서 하시던 일, 그것을 소중히 여기고, 내가 계승하는 것, 바로 그것이 효라는 말씀입니다. 기업을 잇는 것은 부모의 기업을 존중하는 결과가 되기 때문입니다. 여러분, 부모님이 기뻐하시는 것을 기뻐하고, 부모님이 소중히 여기시고 일생을 바쳐서 일하시던 것을 내가 함께 하고, 부모님이 일생 가지셨던 귀한 기업을 내가 이어가는 것, 그것이 진정한 효도입니다. 여러분, 우리는 종종 다른 면에서 무슨 효를 생각합니다마는, 아니올시다. 부모님의 이름을 높여드리고, 부모님을 자랑하고, 그리고 부모님의 거룩한 뜻, 한평생 하시던 기업을 내가 이어가는 것이 효도인 것입니다.

오늘본문은 말씀합니다. "네 마음을 내게 주며……" 네 마음을— 우리가 중심으로부터 부모님을 존경하고, 그 부모의 자녀 된 것을 자랑하고, 나의 행위를 통하여 부모님을 영광스럽게 해드리는 것, 좀 더 나아가서는 부모님이 한평생 기도하시던 것, 그 기도의 응답으로 살아가는 것이 바로 효도입니다. 내가 살아가는 모습을 보시면서 부모님은 하나님 앞에 기도하십니다. '제 평생의 기도가 제 아들에게서 응답 된 것을 감사합니다. 제 딸에게서 응답 된 것을 감사합니다.' 여러분, 이런 기도를 할 수 있도록, 그렇게 살아가야 할 것입니다.

그래서 성경은 우리에게 분명히 가르쳐줍니다. "자녀들아 주 안에서 너희 부모에게 순종하라 이것이 옳으니라 네 아버지와 어머니를 공경하라 이것은 약속이 있는 첫 계명이니 이로써 네가 잘 되고 땅에서 장수하리라." 이리할 때 장수하리라고, 잘 되리라고 성경은 분명히 말씀합니다. 효자가 효자를 낳습니다. 내가 부모님께 효도할 때 내 자식도 내게 효도합니다. 효의 덕이 가정에서 가정으로 이어가는 것입니다. 여러분, 잊지 마십시오. 이것이 약속 있는 첫 계명입니다. 모든 계명은 다 그 나름의 의미가 있습니다마는, 약속 있는 첫 계명, 이것은 그대로 응답 되는, 내 생에서 그대로 응답 되는 계명입니다. 효도하십시오. 장수할 것입니다. 효도하십시오. 하나님께서 자손 대대로 가문의 영광을 지켜주실 것입니다.   △

# 전인적 건강비결

이러므로 내가 하늘과 땅에 있는 각 족속에게 이름을 주신 아버지 앞에 무릎을 꿇고 비노니 그의 영광의 풍성함을 따라 그의 성령으로 말미암아 너희 속사람을 능력으로 강건하게 하시오며 믿음으로 말미암아 그리스도께서 너희 마음에 계시게 하시옵고 너희가 사랑 가운데서 뿌리가 박히고 터가 굳어져서 능히 모든 성도와 함께 지식에 넘치는 그리스도의 사랑을 알고 그 너비와 길이와 높이와 깊이가 어떠함을 깨달아 하나님의 모든 충만하신 것으로 너희에게 충만하게 하시기를 구하노라

(에베소서 3 : 14 - 19)

## 전인적 건강비결

　　요즈음 우리가 '100세 시대'라는 말을 흔히 듣습니다. 100세까지 살 것 같다, 100세를 넘기는 사람들이 많다, 하는 이야기가 되겠습니다마는, 글쎄요. 여러분은 어떻게 생각하십니까? 100세를 산다고 다 좋은 것입니까? 건강하게 살아야지 100세도 의미가 있는 것 아니겠습니까. 그래서 요새는 수명이라는 말 말고, 또 하나 쓰는 말이 있습니다. 바로 '건강수명'입니다. 건강하게 사는 삶, 그게 몇 살까지냐, 하는 것입니다. 몸도 마음도 정신도 건강하고, 그리고 얼마를 살든지 살아야 그게 사는 거지, 미안하지만 비실비실하게 오래 살아서 많은 사람에게 폐를 끼치고, 본인 자신도 '내가 왜 이렇게 살아야 하나?' 하며 산다면 그게 어디 사는 것이겠습니까. 그걸 수명이라고 말할 수는 없으리라 생각합니다. 한편으로 보면, 세계적으로 자살하는 사람이 그렇게 늘어갑니다. 엄청난 사람이 계속 자살하고 있습니다. 도대체 생명이라는 게 무엇입니까? 또, 건강이라는 게 무엇을 의미하는 것입니까?

　　이 세상은 어떤 의미에서는 온통 싸움이라고 볼 수 있습니다. 싸움에는 세 가지가 있습니다. 하나는 무력전입니다. 무력으로 싸우는 것입니다. 또 하나는 경제전입니다. 경제 전쟁입니다. 요새 우리가 날마다 경험하고 있지 않습니까. 제제라는 것 말입니다. 경제적인 제제, 이것은 경제전쟁입니다. 총을 쏘아야만 싸움이 아닙니다. 경제로 전쟁을 합니다. 이보다 더 무서운 것이 심리전입니다. 이념전이라고도 하고, 세계관의 전쟁이라고도 합니다. 가치관의 전쟁이라고 할 수도 있습니다. 그런 전쟁 속에 우리가 살고 있는 것입니다. 그러면 건강이란 뭐겠습니까? 승자가 되는 것입니다. 이 모든 사건 속에서 승자로 살아갈 때 그가 건강한 것입니다. 패자가 되면 고통을 당하게 되고, 또 마지막에 가서 희생자가 될 수밖에 없는 것입니다.

우리가 인간의 건강이라는 것을 생각해볼 때 이 건강에는 환경적 건강, 또는 사회학적 건강이 있습니다. 그러니까 다른 사람하고 비교해서 내가 좀 넉넉하다거나, 내가 남보다 좀 더 낫다거나, 좀 더 안다거나, 좀 더 가졌다거나, 좀 더 내게 힘이 있다거나 한다면 이걸 건강한 것으로 받아들입니다. 그런데, 나는 아무것도 갖지 못했다거나, 다 빼앗겼다거나 해서 울부짖고 있다면 그는 건강한 사람이라고 생각할 수 없을 것입니다. 그러니까 스스로 사회적인 건강을 자기가 알고 즐길 줄 아는 높은 수준의 건강이 있는 것입니다.

또 한 가지 건강은 육체의 건강입니다. 뭐니 뭐니 해도 우리 육체가 건강해야 합니다. 먹는 것, 입는 것, 자는 것이 다 중요합니다마는, 문제는 맑은 정신입니다. 우리가 많이 경험합니다. 육체가 움직인다고 살아있는 게 아니지요. 정신이 깨끗해야 합니다. 그런데, 정신은 깨끗한 것 같은데, 또 만나기만 하면 죽고 싶다고 합니다. 그것은 벌써 죽은 것입니다. 정신적으로 밝은 마음으로 세상을 밝게 보며 한순간, 한순간 사는 것을 행복하게 여기는 것이 건강한 것이지요. 식사할 때도 이게 얼마나 행복한 것이냐 하고, 요샛말로 엔조이 하며 사는 것이 건강한 것입니다. 육체적인 건강, 자기가 원하는 대로 활동할 수 있는 육체적 여건을 말하는 것입니다.

이보다 더 중요한 것은 심리적 건강입니다. 마음속 깊은 곳에 지울 수 없는 갈등이 있습니다. 어두운 그림자가 있습니다. 그래서 그 마음은 항상 무엇엔가 쫓기고 삽니다. 이런 심리적 고통을 안고 산다면 어떤 의미에서는 사는 게 아닙니다. 그래서 차라리 죽는 것만도 못하다는 생각까지 하게 되는 것 아니겠습니까. 우리가 심리적으로 느끼는 많은 고통이 있지만, 그것을 깊이 분석해보면 결국은 딱 두 가지입니다. 하나는 죽음에 대한 공포요, 또 하나는 죄에 대한 공포입니다. 이것을 부인할 수 없습니다. 점점 다가옵니다. 죽음이 다가오고 있습니다. 이것에 대한 확실한 해답이 있고, 죽음으로 오히려 기뻐할 수 있고, 죽음 다음의 세계를 더 환영할 수 있는 사람은 건강한 삶을 살아갑니다. 스데반처럼 순교하는 순간에도 죽음 앞에 있는 그 얼굴이 천사의 얼굴과 같았다고 하지 않습니까. 늘 생각해봅니다. 그 천사의 얼굴이 무엇일까? 이제 순교를 넘어서서 주님 앞에 나아갈 그 영광을 생각하며, 환희에 찬 그 얼굴, 이게 건강한 것 아니겠습니까. 죽음의 공포, 그 그늘에서 헤어나지 못한다면 그는 건강한 사람이 아닙니다.

또 하나는 죄입니다. 죄책감, 헤어날 수 없는 죄에 대한 가책 의식. 이미 지은 죄를 어찌하겠습니까. 그것이 얼마나 무서운지를 알고 있습니다. 이 죄로 인한 형벌의식에 쫓기고 있는 한 그는 정신적으로 건강한 사람이 아닙니다. 죄의 문제, 죽음의 문제를 다 해결하고, 환한 미래를 바라보며 사는 이 사람이 건강한 사람입니다. 이걸 잊지 말아야 합니다.

근본적으로 인간의 본질을 살펴보면, 하나님께서 인간을 창조하실 때 두 가지 차원이 있습니다. 하나가 흙으로 사람을 만들었다는 것입니다. 흙으로 빚어서 사람을 만들었다— 이렇게 되어 있습니다. 그래서 하나님께서 말씀하십니다. "너는 흙에서 왔으니 흙으로 돌아갈지니라." 흙은 분명합니다. 흙을 소재로 만들어진 이 몸은 분명히 흙으로 돌아갑니다. 색깔도 우리 동양인은 누리끼리하게 꼭 흙을 닮았습니다. 분명히 흙입니다. 그런데, 여기에 생명을 불어넣어서 하나님의 영이 함께함으로 이 흙이 사람의 모습을 하고 있는 것입니다.

그러나 창조의 원리는 또 하나가 있습니다. 하나님께서 하나님의 형상으로 남자와 여자를 창조하셨다— 그래서 사람은 만들어진 부분이 있고, 창조된 부분이 있습니다. 히브리어도 다른 단어가 쓰였습니다. 영어로도, 만들어진 부분은 make라고 되어 있고, 창조라는 것은 create라고 쓰고 있습니다. 전혀 다른 두 단어가 있는 것입니다. 그러니까 사람은 복합체입니다. 만들어진 부분이 있고, 창조된 부분이 있습니다. 이 둘이 합쳐져서 사람입니다. 창조된 부분은 영혼이요, 만들어진 부분은 육체입니다. 이 육체는 이렇게 우리가 입고 살다가 언젠가는 다 벗어버릴 것입니다. 그걸 우리는 죽음이라고 말합니다. 이렇게 흙과 영이 함께합니다. 영이 흙과 함께하는 그것이 바로 인간입니다. 그런데, 문제는 그 영이 그 육체를 지배할 때는 건강한 사람이지만, 육체의 소욕에 매여서 영혼이 제구실을 못하면 그 사람은 육체인 것입니다. 육체에 속한 사람입니다. 그래서 영에 속한 사람, 육에 속한 사람, 영 주도적인 사람, 육체 주도적인 사람이라고 말할 수 있는 것입니다.

가만히 보십시오. 요즘 사람들은 뭘 먹다가 망신당하고, 누굴 만났다가 창피당하고 합니다. 그런데, 가만히 보면 다 뭐겠습니까? 육체의 소욕을 이기지 못해서, 순간적인 육체의 소욕에 끌려서 그런

망신을 당하고 있잖아요? 그 순간 인간의 본질에서 떠났던 탓입니다. 육이 영을 지배하고 만 것입니다. 인간은 영이 육체를 지배하고, 영이 주도해야 합니다. 하나님의 영이 주도하는 인간, 그가 건강한 인간이라는 말씀입니다.

창세기 6장에는 노아 홍수 사건 직전에 간단하지만 중요한 말씀이 있습니다. "사람이 육체가 되니라." 사람이 육체가 되었다는 이 말씀의 뜻은 사람은 영과 몸이 있어서 영이 살아있어야 인간인데, 영은 떠나고 육체만 남게 되었다고 하는 것입니다. 그래서 육체적 인간, 몸만 남은 인간, 동물적 본성만 남은 이 벌레 같은 인간을 하나님께서 쓸어버리십니다. 그러니까 그것은 산 사람을 죽인 홍수가 아닙니다. 이미 죽은 자를 쓸어버린 것, 그것이 노아 홍수입니다. 오늘도 마찬가지입니다. 육체에 속한 자, 영성이 떠난 자, 영성이 병든 자, 그는 살아있으나 죽은 것입니다. 멀쩡하게 보이지만, 그는 인간이 아니라, 동물적인 인간 이하입니다. 건강한 영혼은 하나님과 소통합니다. 하나님 앞에 기도하고, 하나님 앞에 응답받고, 하나님의 사랑을 확인하고, 하나님의 은총에 감사하며 삽니다. 그런 건강한 영혼이 있을 때 그 영혼의 지배를 받는 건강한 이성이 있습니다. 아주 중요한 것입니다, 건강한 이성. 그가 생각하는 모든 것은 또 역시 건전한 것입니다. 건강한 이성이 있을 때 그 건강한 이성의 지배를 받는 육체가 또 건강할 수 있는 것입니다.

여기에 음식이 있습니다. 이 음식이 먹어야 할 음식인가, 먹지 말아야 할 음식인가? 이성이 말합니다. "먹지 마라." 그러면 그다음에 따라오는 것이 있습니다. 먹지 말아야 할 일에 대해서는 내 입맛도 없어야 합니다. 그게 건강한 사람입니다. 이 먹지 말아야 할 음식에 대해서는 내가 먹고 싶지 않아야 합니다. 그런데, 이상하게도 병든 사람은 먹어서 안 될 것만 좋아하거든요. 그쪽으로만 입맛이 작용합니다. 내 몸에 건강한 것은 먹고 싶지 않고, 먹어서 나쁜 것을 뻔히 알면서도 그쪽으로만 계속 끌리는 것입니다. 이것이 병든 사람의 모습입니다. 보십시오. 건강한 이성을 가지면 건강한 입맛이 있고, 건강한 생명력이 있습니다. 그의 모든 활동 자체가 건강하다, 이것입니다. 얼마나 중요합니까. 그래서 '건강한 육체에 건강한 인격'이라고 하지만, 아닙니다. 건강한 인격에 건강한 육체가 있습니다. 건강한 영혼, 건강한 이성, 그리고 그 이성의 지배를 받는 건강한 육체, 이것이 온전한 건강이라는 말씀입니다.

이에 대해서 오늘본문은 우리에게 귀중한 진리를 가르쳐줍니다. '속사람'이라고 말씀합니다. 사도 바울이 기도합니다. "속사람을 강건하게 하옵소서." 이것이 사도 바울의 기도입니다. 사도 바울은 지금 감옥에 있습니다. 육체적으로는 말할 수 없는 고난을 당하고 있습니다. 아픈 것도 있고, 쓰린 것도 있을 것입니다. 그러나 그는 하나님 앞에 기도합니다. "하나님이여, 속사람을 강건하게 하옵소서." 이 얼마나 엄숙한 말씀입니까. 속사람이 강건하면 낙심하지 않습니다. 속사람이 강건하면 좌절하지 않습니다. 속사람이 강건하면 원수를 사랑할 수 있습니다. 이 고난 속에도 오히려 하나님을 찬양할 수 있습니다. "속사람을 강건하게 하옵소서." 엄청난 기도입니다.

건강을 생각해보십시오. 건강하면 윤택해집니다. 여유가 생깁니다. 더더욱 중요한 것은 건강한 사람은 입맛이 좋습니다. 무엇을 먹더라도 맛있게 먹을 수가 있습니다. 여러분, 요새 TV에 나오는

'맛있는 녀석들'이라는 프로그램 보셨습니까? 저도 재미있게 봅니다. 그때마다 '저거 저렇게 먹고 아프면 어떡하나?' 하는 생각이 듭니다. 그런데, 얼마나 와구와구 잘 먹는지요? 잘 씹지도 않고 그냥 한 번 꿀떡하면 넘어갑니다. 건강한 것이지요. 건강치 못한 사람은 씹어도 씹어도 안 넘어갑니다. 이게 문제입니다. 건강한 사람은 입맛이 좋습니다. 소화능력이 좋습니다. 그래서 우리 어린아이들 키울 때 보면 아이들은 도대체 씹지를 않습니다. 그냥 입에다 넣고 한 번 씹고는 꿀떡 넘깁니다. 왜요? 소화능력이 좋으니까요. 그리고 침이 많으니까요. 침이 많으니까 넉넉히 소화할 수 있는 것입니다. 그런데, 우리 나이 많은 어른들은 침이 없어서 씹어도 씹어도 안 넘어가니까 물까지 마시잖아요? 이게 바로 건강치 못한 것입니다. 건강하면 모든 일이 넉넉합니다. 이래도 좋고, 저래도 좋습니다. 그저 넉넉합니다. 이 건강한 육체, 건강한 정신. 그러면 입맛도 좋고, 그의 활동력도 좋고, 모든 일을 다 즐길 수 있는 것입니다. 이게 건강한 사람의 모습입니다.

그다음 오늘 사도 바울은 말합니다. 그럼 건강하려면 어찌해야 되겠는지, 그 마지막 비결을 우리에게 가르쳐주고 있습니다. 잘 들으셔야 됩니다. "속사람을 강건하게 하옵소서." 여기에서 속사람의 강건에 대해서 오늘성경은 "성령으로 말미암아"라고 말씀합니다. 속사람의 강건은 성령의 능력으로, 하나님의 영으로 되는 것이지, 세상 물질로 되는 것이 아닙니다. 보약 먹는다고 건강한 것이 아닙니다. 운동한다고 되는 것도 아닙니다. 운동한다고 버둥버둥하다가 보면 운동 때문에 먼저 가더라고요. 운동도 다가 아닙니다. 제가 한 가지 아는 게 있습니다. 운동 많이 하는 운동선수가 맨 먼저 죽는다는 것을요. 그냥 그런 줄 아십시오. 한경직 목사님, 방지일 목사님이 다 100세 넘도록 사셨는데, 제가 그분들과 가까이 지내면서 종종 여쭈어보았거든요. "운동, 하십니까?" "나, 운동? 국민체조 해." 그러시더라고요. 그렇게 생전 운동이라는 걸 몰랐는데, 104세까지 사셨습니다. 그렇다면 그런 줄 아십시오. 날마다 운동을 하면 건강하다고 몸부림을 치고, 난리들을 치는데, 미안합니다. 그러다가 무릎, 허리 다 나가서 남 먼저 가더라고요. 중요한 것은 속사람입니다. 속사람이 강건해야 합니다. 성령의 역사로 말미암아 속사람이 강건해질 때 겉사람도 강건해진다는 것을 잊지 말아야 합니다. 또, 사도 바울은 "믿음으로 말미암아 그리스도께서 너희 마음에 계시게 하시옵고"라고 말합니다. 믿음이 있어야 평안합니다. 믿음이 있어야 건강합니다. 의심하는 사람에게는 건강이 없습니다. 음식을 먹을 때나, 길을 갈 때나, 자나 깨나 항상 믿음, 믿음이 중요합니다.

언젠가 제가 비행기를 타고 미국을 가는데, 공항에서 아는 분을 만났습니다. 그분의 부인 되는 권사님이 지금 미국의 딸네 집에 가는데, 생전 처음 가는 것이랍니다. 그래서 저를 만나더니 이럽니다. "목사님, 옆에 자리를 같이 잡아서 제 마누라를 좀 부탁합니다." 그래서 그 부인 권사님 옆에 앉아서 가는데, 이 권사님이 안절부절을 못합니다. 12시간을 가는데, 눈을 동그랗게 뜨고서는 물도 안 마시고 자지도 않습니다. 그래서 제가 물었지요. "아니, 권사님. 왜 그러세요?" "무서워서요." "왜요?" "죽을까봐서요." "그러면 예수 잘못 믿었구먼요." 그래서 불쌍한 마음에 한참 설교를 했더니, 그다음부터 편안히 자고, 눕기도 하는 걸 봤습니다. 여러분, 죽을 준비가 안되어 있는 사람은 건강할 수가 없습니다. 이걸 알아야 합니다. 믿음으로 사는 사람, 그리스도를 믿고, 십자가의 은혜를 믿고, 구속함을 믿고, 영생을 믿음으로 그리스도께서 내 안에 계실 때 내가 건강한 것입니다.

또, 오늘본문은 말씀합니다. "그리스도의 사랑을 알고 그 너비와 길이와 높이와 깊이가 어떠함을 깨달아……" 그랬습니다. 무슨 말씀입니까? 사람은 밥을 먹고 사는 게 아닙니다. 사랑을 먹고 삽니다. 그리스도의 사랑을 먹고 사는 존재가 사람입니다. 그리스도의 사랑, 그 십자가의 사랑을 확증하고 보면 이것도 사랑이요, 저것도 사랑입니다. 때로는 건강한 것도 사랑이요, 병든 것도 사랑입니다. 성공도 사랑이요, 실패도 사랑이요, 어려운 일을 당할 때 합동하여 선을 이루는 것을 보면 그것도 사랑입니다. 순간순간 모든 사건 속에서 하나님의 사랑을 확증하며 사는 것입니다. 그게 건강한 것입니다. 이런 사람의 눈으로 볼 때는 사랑 아닌 것이 없습니다. 사도 바울이 볼 때는 로마 감옥에 있는 것도 사랑입니다. 순교도 사랑입니다. 오늘의 고난, 그리스도의 이름으로 고난을 당하는 것, 그 자체가 사랑이었음을 고백하고 있는 것입니다.

그래서 그는 세 가지를 말합니다. 성령으로 강건하고, 믿음으로 강건하고, 그리스도의 사랑을 날마다 확증할 때 강건하다고요. 사람의 육체는 음식으로 강건한 것이 아닙니다. 정신으로 강건한 것입니다. 영적으로 강건한 것입니다. 먹어서 건강한 것이 아니라, 삶의 의미를 앎으로 건강한 것입니다. 우리가 너무나 잘 아는 말씀이 있지요? 요한복음 3장 16절입니다. "하나님이 세상을 이처럼 사랑하사 독생자를 주셨으니……" 하나님께서 나를 이처럼 사랑하신다— 거기에 건강이 있습니다. 그걸 날마다 확인해야 합니다. 기도할 때마다 확증해야 합니다. 사건사건마다 하나님의 사랑을 확증해나갈 때 거기에 건강이 있습니다. 온전한 자유인으로, 영적으로 자유해질 때 그 속에 건강이 있는 것입니다. 성령으로 나의 이성이 중생하게 될 때, 그 맑은 이성이 내 몸을 지배하게 될 때 내 몸도, 정신도, 생활도 다 건강하게 되는 것입니다. 사도 바울의 이 기도를 다시 한번 생각합시다. 로마 감옥에서, 그 어려운 여건에서 드리는 그의 기도입니다. "하나님이여, 속사람을 강건하게 하옵소서." 이것이 그의 기도요, 이 기도의 응답으로 그는 감옥에서 승리할 수 있었던 것입니다.
△

# 목자 없는 양 같이

사도들이 예수께 모여 자기들이 행한 것과 가르친 것을 낱낱이 고하니 이르시되 너희는 따로 한적한 곳에 가서 잠깐 쉬어라 하시니 이는 오고 가는 사람이 많아 음식 먹을 겨를도 없음이라 이에 배를 타고 따로 한적한 곳에 갈새 그들이 가는 것을 보고 많은 사람이 그들인 줄 안지라 모든 고을로부터 도보로 그곳에 달려와 그들보다 먼저 갔더라 예수께서 나오사 큰 무리를 보시고 그 목자 없는 양 같음으로 인하여 불쌍히 여기사 이에 여러 가지로 가르치시더라
(마가복음 6 : 30 - 34)

## 목자 없는 양 같이

　어느 비가 많이 오는 날 양 한 마리가 큰 나무 밑에서 비를 피하고 있었습니다. 그러나 이미 온몸은 비에 젖었습니다. 양은 털이 많아서 비에 젖은 몸이 보통 무거운 것이 아닙니다. 또, 양은 점점 추워지는 것을 느꼈습니다. 양은 조용히 하나님 앞에 원망하는 기도를 드렸습니다. "하나님, 왜 제게는 펄펄 나는 저 새처럼 날개를 주지 않으셔서 제가 이렇게 날지도 못하는 짐승이 되게 하셨습니까? 또, 날렵하게 달릴 수 있는 빠른 발도 왜 저에게는 없는 것입니까? 제게 사슴처럼 큰 뿔이라도 있었다면 짐승들이 달려들 때 그에 대항할 수 있겠는데, 왜 저에게는 그런 뿔도 없는 것입니까?" 이렇게 양은 하나님 앞에 원망하는 기도를 했더랍니다. 이에 하나님께서 대답해주셨습니다. "그래, 네 사정을 들으니 네 말이 옳은 것 같다. 그러면 내가 이제 네 소원대로 사자 같은 이빨을 만들어주랴? 그리고 뱀 같은 무서운 독을 네 입에다 넣어주랴? 그리고 사슴 같은 저 뿔을 네 머리에다 하나 꽂아주랴?" 이렇게 하나님께서 말씀하셨더랍니다. 양은 조용히 생각한 다음에 대답했습니다. "아닙니다. 강한 이빨이 있으면 물어 찢고 싶을 겁니다. 제가 물어서 찢고 나면 피가 흐를 텐데, 그런 꼴은 보고 싶지 않습니다. 머리에 뿔을 달아주시면 뭐든 자꾸 들이받을 것이고, 그럼 제 뿔에 받힌 짐승이 피투성이가 되어 죽어갈 텐데, 저는 그런 모습 보고 싶지 않습니다. 그만두십시오. 이대로 좋습니다. 저는 양으로 살다가 양으로 죽겠습니다."
　여러분, 양은 착합니다. 아주 그러나 무방비 상태입니다. 약하기 그지없습니다. 게다가 양은 어리석습니다. 혼자서 제집도 찾아오지 못합니다. 한마디로 양은 바보 같은 지능을 가졌습니다. 이게 양입니다. 이런 양이지마는, 양이 행복할 수 있는 네 가지 절대조건이 있습니다. 우선, 넓은 초원이 있어야 합니다. 넉넉히 풀을 뜯어 먹을 수 있는 푸른 초원이 앞에 있어야 하는 것입니다. 둘째, 목마를 때 물을 마실 수 있는 깨끗한 시내가 있어야 합니다. 그리고 셋째, 밤이 되면 무서운 짐승으로부터 보호받을 수 있는 아늑한 울타리가 있어야 합니다. 그러나 이보다 더 중요한 것이 있습니다. 그야말로 절대조건입니다. 바로 선한 목자가 있어야 하는 것입니다. 어쩌면 양에게는 다른 건 하나도 없어도 선한 목자만 있으면 됩니다. 그러면 양은 행복합니다. 그래서 양은 목자가 인도하는 대로만 가게 되는 것입니다.

저는 언젠가 중동에 갔을 때 그곳의 목장을 방문한 적이 있습니다. 하루는 많은 양을 기르는 목장에서 지내보기도 하였습니다. 그때 보니까 양은 정말 착합니다. 목을 매단 것도 아니요, 발을 묶은 것도 아니요, 재갈을 물린 것도 아닙니다. 한데도 눈앞에 있는 수백 마리의 양 무리가 목자 한 사람이 인도하는 대로 고분고분 따라가는 것입니다. 목자가 양 한 마리를 앞에 거느리고 그 양을 톡톡 치면서 "가자!" 하고 앞서서 가면 양 수백 마리가 한 줄로 그 뒤를 죽 따라가는 것입니다. 어디로 가느냐고 묻지도 않습니다. 그냥 묵묵히 따라갑니다. 그래서 그 동선을 가만히 보면 꼭 언덕 위에 오선지를 그려놓은 것 같습니다. 줄이 죽죽 그어져 있습니다. 왜냐하면, 양이 꼭 한 줄로 지나가니까 그 지나간 길이 패여 줄이 되는 것입니다. 그걸 볼 때 비로소 목자에 대한 양의 마음을 알게 됩니다. 다윗이 고백한 것처럼 사망의 음침한 골짜기로 다닐지라도 해를 두려워하지 않는 것은 선한 목자가 나를 바른길로 인도하리라고 믿기 때문입니다. 그리고 묵묵히 따라갑니다. 그것이 양입니다. 얼마나 귀한 이야기입니까. 이 양과 목자의 관계는 참으로 소중합니다.

그런데, 오늘 예수님께서 복음을 전하고 계실 때 많은 사람이 모여들었습니다. 많은 병자도 고치시고, 말씀도 많이 전하셔서 식사하실 겨를조차 없으셨다는 것 아닙니까. 심지어 배를 타고 이쪽으로 가시니까 사람들이 육로로 걸어서 또 예수님을 따라오는 것입니다. 이리 따라오고, 저리 따라오고, 많은 무리가 몰려오는 것을 보시며 예수님께서 이런 말씀을 하십니다. "목자 없는 양같이……" 목자 없는 양 같이 그들을 불쌍히 여기셨다는 것입니다. 여러분, 목자 없는 양 같이, 이게 바로 우리의 현실입니다. 전적으로 믿고, 전적으로 의뢰하고 따라갈 수 있는 목자가 없는 것입니다. 정신적으로, 경제적으로, 정치적으로, 어느 쪽으로든지 선한 목자가 보이지를 않습니다. 그리고 목자를 만나지 못한 분들이 헤매고 있습니다. 방황하고 있습니다. 그 모습을 보며 오늘 우리가 살아가고 있습니다. 목자 없는 양 같이― 또한, 당시 사람들을 보신 예수님의 마음, 불쌍히 여기시는 마음입니다. 그렇습니다. 절대 신뢰자가 필요합니다.

심리학자 폴 투르니에의 「고독」이라는 책이 있습니다. 아주 유명한 저서입니다. 여러분, 그분의 충고를 한 번 들어 보실까요? '고독을 치유할 수 있는 방법은 오직 하나, 신뢰에 있는 것이다.' 돈이 있다고 해서 고독하지 않을 수 있습니까? 건강하다고 해서 고독하지 않을 수 있습니까? 아닙니다. 고독에서 벗어날 수 있는 길은 오직 절대 신뢰자를 만나는 것뿐입니다. 아주 중요한 말입니다. 여러분, 절대 신뢰하고, 절대 믿고, 온전히 다 맡겨버리고 따라갈 수 있는 절대 신뢰자— 그런 분을 만나야만 고독에서 벗어날 수 있습니다. 그렇습니다. 믿음이 필요합니다. 믿을 수 있는 누군가가 필요합니다. 뿐만이 아니라, 내가 나를 못 믿어도 내가 믿을 수 있는 누군가를 만나고 싶은 것이 우리 마음입니다. 어떻습니까? 다른 사람을 못 믿는다고요? 아닙니다. 내가 나를 못 믿어도 내가 믿는 사람만은 믿고 싶은 것입니다. 나는 할 수 없지만, 그분은 하실 수 있습니다. 나는 몰라도 좋은 것을 저분은 알고 계시기 때문입니다. 이런 신뢰, 이런 절대 신뢰가 꼭 필요한 것입니다. 우리는 그런 분을 만나지 못했기 때문에 아직 고독에서 벗어나지 못하는 것입니다. 그리고 그 모든 부작용, 거기에 따라오는 합병증에 시달리고 있는 것입니다.

여러분, 폴 투르니에의 심리학적 연구를 다시 한번 생각해봅시다. 어려서는 아이들이 부모를 신뢰합니다. 어린아이들 입장에서는 부모님이 만능이요 전지전능입니다. 부모는 모르는 게 없습니다. 부모는 못 하는 게 없습니다. '우리 어머니는 뭐든지 하실 수 있다. 우리 부모님은 완전하시다.' 우리는 이렇게 절대 신뢰로 출발합니다. 그런데, 어떻습니까? 조금 크면서 보니까 그렇지 않거든요. 우리 어머니가 무능하십니다. 다 아시는 줄 알았는데, 보니까 아시는 게 없습니다. 다 하실 수 있는 줄 알았는데, 보니까 간간이 훌쩍훌쩍 울고 계십니다. 그걸 보니까 시원치 않으십니다. 어머니에 대한 불신— 이걸 알아야 합니다. 나는 어차피 약합니다. 나는 어린아이입니다. 그러나 어머니만은 그래서는 안 된다는 것이지요. 나는 몰라도 됩니다. 그냥 따라가면 되니까요. 하지만 어머니는 아셔야지요. 어머니가 우시면 안 되지요. 어머니의 웃으시는 얼굴에서 희망을 찾는데,

그 어머니가 고독해하시고, 낙심하시고, 슬퍼하시는 걸 볼 때 그동안의 믿음이 깨어지고, 하늘이 무너지는 충격을 받는 것입니다. 그때 '그럼 나는 누구를 믿고 사나?' 하고 낙심하게 되는 것입니다. 나는 나 자신을 믿지 못합니다. 스스로 그걸 잘 알고 있습니다. 그러나 그러면서도 나는 누군가를 믿고 싶습니다. 그분만은 그러지 않으시기를 바라는 것입니다. 그것이 믿음입니다. 또한, 더 나아가 믿음에는 이렇듯 깊이 존경하는 마음이 있습니다. 여기에 평안함이 있기 때문입니다.

제가 지금까지 목회 생활을 하는 동안 목사고시 위원장을 한 10년 했습니다. 목사고시를 볼 때마다 한 사람, 한 사람 면접을 하는데, 그때 제가 그분들에게 꼭 물어보는 것이 있습니다. "오늘까지 살아오면서 전적으로 존경해서 꼭 본받고 싶은 어른이 있었습니까? 그런 분의 이름을 셋만 대보십시오." 그러자 어떤 분은 스스로 아는 대로 어느 목사님, 어느 교수님, 어느 목사님의 이름 셋을 댑니다. 그런데, 어떤 분들은 제 앞에서 고개를 딱 들고 이렇게 되묻기도 합니다. "세상에 존경할 사람이 어디 있습니까.""저는 존경하는 사람이 없습니다." 제가 깜짝 놀랐습니다. 가슴이 온통 섬뜩합니다. 그런 사람을 제가 수첩에다가 이름을 적어두었습니다. 그리고 몇십 년을 두고 지켜보았습니다. 그런데, 보니까 제대로 목회하는 분이 없습니다. 여러분, 잊지 마십시오. 존경하는 사람이 없다는 것, 얼마나 불행한 일입니까. '내가 믿을 사람이 없다.' 건강한 생각이 아닙니다. 이걸 잊지 말아야 합니다. 전적으로 믿고 신뢰하는 것─ 나는 나를 못 믿어도 그분은 믿습니다. 나는 몰라도 좋습니다. 그분만 따라가면 되겠습니다. 이런 절대 신뢰, 이 믿음 안에서 고독을 면할 수 있고, 고독으로부터 치유를 받을 수 있다, 이것입니다.

양은 선한 목자를 믿고 안심합니다. 양은 자기들이 부족한 것을 알고 있습니다. 무식한 것도 알고 있습니다. 아무 능력이 없다는 것 또한 잘 알고 있습니다. 그렇기에 목자를 믿고 따라가는 것입니다. 사망의 음침한 골짜기로 인도하더라도 목자가 선한 길로 자신을 인도할 줄로 믿고 안심하고 따라갑니다. 그것이 양입니다. 양은 목자의 능력을 믿습니다. 목자의 지혜를 믿습니다. 목자의 사랑을 믿습니다. 목자의 지도력을 믿습니다. 그리고 안심합니다. 어떤 일이라도 마다하지 않고, 염려 없이 목자만 따라갑니다. 그리고 평안합니다.

그런데, 그 목자가 오늘 보이지를 않습니다. 우리가 전적으로 신뢰할 수 있는 목자 말입니다. 존경하는 목자 말입니다. 그분의 판단을 믿고 안심할 수 있는 지도자가 보이지 않아서 괴로운 것입니다. 목자 없는 양 같이— 예수님께서 당시 사람들을 보고 말씀하신 것처럼 오늘 우리도 그렇습니다. 목자 없는 양 같이— 지도자의 문제입니다. 이걸 알아야 합니다. 선한 지도자, 바른 판단력이 있는 지도자, 이것이 축복입니다.

여러분, 이스라엘의 역사를 보십시오. 하나님께서 이스라엘 백성들을 긍휼히 여기실 때 선한 목자를 보내주셨습니다. 예비해주셨습니다. 선택해주셨습니다. 그런데, 백성들이 죄악에 빠질 때 선한 목자를 제해버리시고 악한 지도자들을 보내셨습니다. 그래서 그들을 많은 시련 속에서 고생하게 만드셨습니다. 선한 목자, 하나님께서 내리시는 축복입니다. 선한 양을 위해서 주시는 최고의 축복이 선한 지도자입니다.

오늘도 우리가 세계의 역사를 봅니다. 각 나라의 형편을 봅니다. 잘 나가던 나라가 하루아침에 망해버리고 맙니다. 잘 살던 사람들이 고통 속에 빠집니다. 그 모든 것이 지도자의 문제입니다. 선한 지도자를 만나지 못한 탓입니다. 선한 지도자는 하나님께서 내리시는 축복입니다. 이걸 잊어서는 안 됩니다. 정치, 경제, 문화, 사회, 그 모든 분야에서 이것은 지도자의 문제입니다. 백성의 문제가 아닙니다.

요한복음 10장 11절을 보십시오. 예수님께서는 이런 상황에서 이렇게 말씀하십니다. "나는 선한 목자라 선한 목자는 양들을 위하여 목숨을 버리거니와." 예수님께서는 스스로 자기 자신이 선한 목자임을 자처하시며, 목자로서 자기 양을 만나시는 것을 오늘 말씀하십니다. 그래서 목자는 양을 압니다. 양은 목자를 믿어야 합니다. 양은 목자를 따릅니다. 그리고 목자가 자기를 어디로 인도하든지 평안하게 그를 따라가며 인내함으로 기다립니다. 예수님 말씀하십니다. "나는 선한 목자다." 그런고로 주님을 선한 목자로 따르는 우리는 모든 교만을 버리게 됩니다. 모든 절망도 버리게 됩니다. 선한 목자만 만났으면 그것으로 된 것입니다. 이제는 그 선한 목자를 따르기만 하면 되는 것입니다. 선한 목자를 만났으면 그를 믿고 따르면 되는 것입니다. 그 안에서 평안이 주어집니다.

동시에 우리는 선한 목자를 주십사 하고 선한 목자를 위하여 하나님 앞에 기도해야겠습니다. "선한 목자를 주십시오." 기도할 뿐만 아니라, 이 현실 속에서 오늘도 우리 가운데 주시는 선한 목자를 보면서 감사한 마음으로, 존경하는 마음으로, 절대 신뢰하는 마음으로 따라갈 것입니다. 양은 묻지 않습니다. "저를 어디로 인도하시는 것입니까? 어디로 가시는 것입니까? 가면 어떻게 될 것입니까?" 이렇게 양은 목자에게 묻지 않습니다. "선한 목자, 당신이 인도하시는 길이라면 저는 언제나 평안한 마음으로 따를 것입니다." 선한 목자가 있는 곳에 선한 양이 있습니다. 바로 그 관계 속에 참 평안과 지혜와 하나님께서 주시는 평강이 함께하는 것입니다.   △

# 은혜로 은혜 되게 하는 은혜

 여러 계시를 받은 것이 지극히 크므로 너무 자만하지 않게 하시려고 내 육체에 가시 곧 사탄의 사자를 주셨으니 이는 나를 쳐서 너무 자만하지 않게 하려 하심이라 이것이 내게서 떠나가게 하기 위하여 내가 세 번 주께 간구하였더니 나에게 이르시기를 내 은혜가 네게 족하도다 이는 내 능력이 약한 데서 온전하여짐이라 하신지라 그러므로 도리어 크게 기뻐함으로 나의 여러 약한 것들에 대하여 자랑하리니 이는 그리스도의 능력이 내게 머물게 하려 함이라 그러므로 내가 그리스도를 위하여 약한 것들과 능욕과 궁핍과 박해와 곤고를 기뻐하노니 이는 내가 약한 그 때에 강함이라

(고린도후서 12 : 7 - 10)

## 은혜로 은혜 되게 하는 은혜

성도 여러분, 늘 제가 물어보는 말입니다마는, 한 번 더 물어보겠습니다. 여러분, 젖 먹던 생각이 납니까? 아무도 자기가 젖 먹던 생각이 나는 사람은 없습니다. 가끔 그게 생각난다는 사람이 있습니다. 그 사람은 다섯 살까지 젖을 먹은 사람입니다. 언젠가 한번은 여기서 설교하면서 이 얘기를 했더니, 저 문 앞에서 저를 만나 악수하는 분이 말합니다. 자기는 초등학교 다닐 때도 젖을 먹었다고요. 학교 갔다 와서 어머니 젖을 먹었다, 이것입니다. 글쎄요. 어쨌든 사람은 젖 먹을 때 생각을 못 합니다. 그 이유는, 발달심리학적으로 보면, 사람은 네 살 전의 일을 기억하지 못하게 되어 있기 때문입니다. 네 살, 그 전의 일은 기억 못 하는 것입니다. 그런데, 사실 네 살까지는 제왕 같은 사랑을 받는 것입니다. 그때 사랑받지 않는 사람은 없습니다. 모든 사람으로부터 최고의 사랑을 받는 것이 네 살까지입니다. 그렇게 사랑을 받았는데, 기억은 없는 것입니다. 만일에 그 네 살까지 받은 그 엄청난 사랑과 그 감격을 계속 가질 수 있다면 그는 일생을 눈물 없이 살 수 있을 것입니다. 사랑이란 사랑 받아서 사랑이 아닙니다. 사랑을 알고, 사랑을 느끼고, 사랑에 감격하고, 그리고 사랑에 응답할 때 비로소 사랑입니다. 세상에 사랑받지 못한 사람은 없습니다. 단, 사랑을 모르고 있다는 것뿐입니다. 여기에 문제가 있는 것입니다.

1970년에 한상길이라고 하는 분이 부른 노래가 있는데, 그 노랫말이 너무나 재미있어서 제가 종종 한 번씩 생각해봅니다. '우리가

울었던 지난날은 이제 와 생각하니 사랑이었소. 우리가 미워한 지난
날들도 이제 와 생각하니 사랑이었소. 우리를 울렸던 비바람은 이제
서 생각하니 그것은 사랑이었소. 우리가 울었던 눈보라도 이제 와
생각하니 그건 사랑이었소.' 여러분, 모든 고통을 이제 와 생각하니
그건 사랑이었습니다. 그때 그것을 알았으면 좋았으련만, 그때는 몰
랐습니다. 이제 와 철이 들고 나니, 그 모든 일이 사랑이요, 사랑 아
닌 것이 없더라는 것입니다. 우리의 신앙도 깊어지고 나면 고백하게
될 것입니다. 모든 것이 하나님의 사랑이라고 말입니다. 문제는 사
랑을 사랑으로 알지 못한다는 데 있습니다. 큰 사랑을 깨닫지 못해
서 고아처럼 슬퍼하는 것이고, 버림받은 자의 고통을 지니고 사는
것입니다. 사실은 그게 아닌데도 깨닫지 못하는 것이 문제입니다.
은혜를 은혜로 알며 깨닫는 것이 중요한데 말입니다.

　스캇 펙이라고 하는 분이 자신의 「And Beyond」라고 하는 책에
서 이렇게 말합니다. '인생은 선택이다. 책임감과 복종 사이에, 감
사와 허무 사이에 항상 선택하며 사는 것이다.' 이런 철학적인 명제
를 줍니다. 보십시오. 그렇다면 우리는 불행을 축복의 또 다른 모습
이라고 생각할 수 있습니다. 행운을 당연한 것으로 받아들이지 않고
겸손할 수 있습니다. 또한, 역경을 하나님께서 주신 은총적 기회라
고 생각할 수 있는 것입니다. 그런 생각이 있다면 그 사람은 항상 감
사할 수 있을 것입니다.

　여러분, 은혜를 은혜로 깨닫는 그 시간이 언제입니까? 그걸 우
리가 솔직히 고백해야 합니다. 그러기 위해서는 또 다른 은총적 계
기가 필요합니다. 여기에 신비가 있습니다. 또 다른 은총적 계기가
있고서야 은혜를 은혜로 알게 되고, 은총을 은총으로 깨닫게 되더라

는 말입니다. 은혜를 은혜 되게 하는 그 생산적이고 창조적인 하나님의 또 다른 축복, 또 다른 은혜를 우리는 생각하게 됩니다. 은혜를 은혜로 알 때 비로소 기쁨이 있습니다. 은혜를 은혜로 느낄 때 감격이 있습니다. 은혜를 알고, 그 은혜에 응답하게 될 때 베풀게 되고, 그 베푸는 마음속에서 또 다른 충만, 또 다른 은혜를 경험하게 된다는 말입니다.

사도 바울은 참으로 위대한 간증을 하고 있습니다. 그는 다메섹 도상에서 주의 부르심을 받고, 그리스도와 교회를 핍박하던 자의 자리에서 나와 이제 사도가 됩니다. 예수를 핍박하던 사람이 예수를 전하는 사람으로 일생을 살아가게 됩니다. 은혜를 많이 받은 사람입니다. 특별히 성경을 보면 사도행전 14장에 루스드라의 앉은뱅이 이야기가 나옵니다. 루스드라라는 곳은 이방 땅으로서 회당이 없습니다. 모름지기 가정에서 예배를 드리는데, 몇 사람 모였을 테지요. 여기 나면서부터 앉은뱅이가 있었습니다. 지금 뚫어져라 사도 바울을 쳐다보고 있습니다. 바울이 설교하면서 내려다봅니다. 그리고 구원 얻을 만한 믿음이 있는 것을 보고 딱 한 마디 합니다. 한 번도 걸어본 적이 없는 사람을 향해서 엉뚱한 말을 하는 것입니다. "일어나라!" 벌떡 일어납니다. 얼마나 놀랐던지, 온 루스드라 사람들이 모여서 하늘에서 신이 내려왔다고 제사 드리겠다며 제물들을 가지고 모여들었습니다. 여러분, 생각해보십시오. 얼마나 놀라운 사건입니까. 아니, 바울의 위상이 얼마나 굉장합니까. 아, 굉장하지 않습니까. 그런가 하면, 사도 바울을 통해 엄청난 기적들이 일어납니다. 사도 바울의 손수건을 가져다가 환자에게 덮으면 그 환자가 일어났습니다. 얼마나 굉장했겠습니까. 상상만 해도 가슴이 터질 것 같은 놀라운 사건입니다.

　사도 바울이 이렇게 이름을 떨치며, 그리스도의 권세를 나타내고 있을 때, 문제가 하나 있었습니다. 우리가 알다시피 육체의 가시가 있었다는 말입니다. 하나님께서 사도 바울에게 육체의 가시, 사탄의 사자를 주셨습니다. 도대체 이게 뭘까요? 많이 사람이 생각합니다마는, 저는 늘 궁금했습니다. 그래서 제가 미국에서 공부할 때 논문을 쓰고 시간이 좀 남았는데, 그 한 일주일 동안 이것을 나름대로 연구해보았습니다. '육체의 가시, 사탄의 사자, 이것이 뭘까?' 물론 확실히는 모릅니다. 제가 연구한 결론은 이렇습니다. 간질병입니다. 옛날에 간질병이 많았거든요. 유명한 알렉산더 대왕도 간질병 환자였습니다. 그래서 종종 쓰러졌는데, 끝내 이걸 고치지 못했습니다. 저는 간질병에 대해서는 일가견이 있습니다. 왜냐하면, 제가 중학교 다닐 때 담임 선생님이 제게 말씀하셨습니다. "곽선희." "예." "너, 교회 다니지?" "예." "교회 다니는 사람들, 사랑한다고 그러지?" "글쎄요?" 그랬더니, 이렇게 말씀하셨습니다. "한 친구가 간질병인데, 아무도 그 아이하고 같이 앉으려고 하지 않는다. 그러니, 네가 그 아이하고 짝해라." 그래서 제가 그 간질병 친구하고 2년 동안 짝을 했습니다. 그래 그 친구가 종종 쓰러지는 것을 보았습니다. 우리 집에 와서 같이 음식도 먹고, 함께 놀기도 했습니다. 그러다가도 종종 쓰러집니다. 갑자기 삐삐삐삐 소리를 내다가 그냥 벌렁 넘어집니다. 그리고 한 15분쯤 뒤에 깨어납니다. 그래서 제가 그랬습니다. "아, 그거 좀 조용히 쓰러지지, 왜 이렇게 시끄럽게 쓰러지냐?" 그러니까 그 친구의 말이 누군가가 뒤에서 빨간 보자기를 자기 머리에 씌운다는 것입니다. 그래서 그걸 벗기 위해 소리를 지른다는 것입니다. 간질병 환자들이 그런 경험을 많이 한다는 것입니다.

여러분, 간질병 환자인 사도 바울을 가만히 생각해보십시오. 얼마나 어려웠겠습니까. 갈라디아서 4장에서 사도 바울은 자신의 질병에 대하여 이렇게 말합니다. "내가 너희 가운데 있을 때 너희 믿음을 시험할 만한 것이 내 육체에 있으되 너희가 나를 업신여기지 아니하고 그리스도와 같이 영접했느니라." 아, 너무나 고마워하고 있습니다. 쉽게 생각합시다. 설교하다 말고 쓰러졌습니다. 얼마나 놀랐겠습니까. 아니, 얼마나 무시당할 만합니까. 그러나 갈라디아 교인들은 놀라지 않았고, 사도 바울을 그리스도와 같이 영접해주었기에 바울은 이에 대하여 너무나 고마워하고 있습니다. 마지막에는 이런 말까지 합니다. "너희는 할 수만 있으면 눈이라도 빼어 내게 주었으리라." 이렇게 감격해하고 있습니다.

이 '육체의 가시', '사탄의 사자'를 놓고 하나님 앞에 세 번 기도했다지 않습니까. 그 세 번이 몇 번인지는 아무도 모릅니다. 어떤 사람들은 하나가 '40일 기도'일 것이라고 생각도 합니다. 아무튼, 세 번 간절히 기도했는데, 하나님께서 응답하십니다. "내 은혜가 네게 족하다(My grace is sufficient for you)." 네가 받은 은혜가 족하다, 충분하다는 말씀입니다. 만족은 아닙니다. 하지만 충분하다, 이것입니다. 사도 바울은 이 응답을 받아들입니다. 왜요? 이것이 내게 필요한 줄을 알기 때문입니다. 이 간질병이 내게 필요하다는 것을 깨닫습니다. 필요해서 내게 주신 시련이라고 깨닫습니다. 왜요? 교만하지 않기 위해서입니다. 오늘본문은 '자만하지 않기 위하여'라고 말씀합니다. 내가 하나님께 받은 은혜가 너무나 크기 때문에 그 많은 은혜, 신비한 체험과 경험들이 나를 자만하지 않게 하시기 위해서 하나님께서 내게 육체의 가시를 주셨다, 이렇게 생각합니다.

여러분, 한 번 더 생각해봅시다. 사도 바울이 스스로 인정했다는 것은 무엇을 말하는 것입니까? '나는 스스로 겸손할 수 없는 사람이다'라는 것을 인정했다는 것입니다. 여러분, 돈이 있으면 돈 자랑, 머리가 좋으면 머리 자랑, 재능이 있으면 재능 자랑, 인물이 잘나면 인물 자랑…… 이 자랑 때문에 문제입니다. 이 모든 걸 쏟아버리고 겸손해야 하는데 말입니다. 하나님께서는 교만한 자를 물리치시고, 겸손한 자에게 은혜를 주십니다. 그런데, 나 스스로 겸손할 수 있습니까? 이제 스스로 물어보아야 합니다. 우리는 이것을 인정해야 합니다. "하나님, 저는 스스로 겸손할 수 없는 사람입니다. 하나님께서 브레이크를 걸어주셔야 합니다. 하나님께서 육체의 가시로 저를 누르셔야 제가 겸손할 수 있습니다. 저는 그런 사람입니다." 이것을 인정해야 합니다. 그러면 우리가 당하는 모든 시련, 모든 사건이 전부 은혜가 됩니다. '나로 겸손하게 하는 은혜'입니다. 그래서 주님 말씀하십니다. "네게 있는 내 은혜가 족하다." 그리하여 이 시련 속에서 겸손하게 되고, 이런 시련 속에서 주만 의지하게 되고, 이런 시험 속에서 주만 자랑하게 되더라는 말입니다.

우리는 하나님 앞에 기도합니다. 그때 기도 응답은 세 가지로 이루어진다고 합니다. 첫째, 내가 구하는 대로 "그래라" 하는 응답입니다. 돈 달라면 돈을 주시고, 지혜를 달라면 지혜를 주시고, 구하는 대로 "그래라" 하고 주시는 응답이 하나 있습니다. 둘째, "버려라" 하는 응답입니다. "네 욕망을 버려라. 생각을 바꿔라." 이런 응답이 있습니다. 셋째, "기다려라" 하는 응답입니다. "하나님께서 주시는 시간, 기회를 기다려라." 이렇게 세 가지로 응답하십니다. 내가 고난 중에 있다면 이것은 시련이나 저주가 아니라, 하나님께서 내게 주신 응답입니다. 나로 자만하지 않게 하셔서 오래오래 은혜를 지켜갈 수 있도록 하시는 은혜입니다. 축복입니다. 이렇게 사도 바울은 자기에게 있는 이 육체의 시련을 하나님의 은혜로운 응답으로 받아들입니다. 그러므로 육체의 가시, 사탄의 사자, 그것은 필요한 것이요, 축복 중의 축복이요, 이것이 있음으로 내게 주신 모든 은혜가 은혜 될 수 있다는 것을 그는 알게 되었습니다. 참으로 귀한 말씀입니다.

사도 바울은, 아시는 대로, 마지막에 예루살렘을 떠나 로마까지 여행합니다. 죄수의 몸으로 그는 배를 타고 로마로 갑니다. 그 배에는 276명의 사람이 타고 있습니다. 그 배에 사도 바울도 탔습니다. 거룩한 하나님의 종이 지금 로마로 가고 있습니다. 그렇다면 이 배는 무사해야 하지 않겠습니까. 순풍이 불어야 하지 않겠습니까. 다른 시련이 없어야 하지 않겠습니까. 그런데, 로마로 가는 이 배가 파선됩니다. 얼마나 큰 시련이었습니까. 그때는 그 사건을 이해하지 못했습니다. 이유를 몰랐습니다. 그러나 이제 바울은 깨닫습니다. 이렇게 많은 시련을 겪고, 배가 파선되는 사건이 있음으로 말미암아 그 배에 탔던 모든 사람이 사도 바울을 높이 보게 됩니다. 사도 바울의 말을 듣게 됩니다. 사도 바울 앞에 무릎을 꿇게 됩니다. 사도 바울을 우러러보게 되는 것입니다. 이 사람이 하나님의 사람이라는 사실을 모두가 다 알게 됩니다. 그래 로마로 가서 사도 바울은 복음을 전할 수 있었던 것입니다. 바로 그리스도의 사도의 권세를 이 큰 풍랑과 시련 속에 옷 입혀놓은 것입니다. 생각해보십시오. 바울이 한 죄수로서 초라하게 로마 감옥에 있었던들 무슨 선교가 이루어지겠

은혜로 은혜 되게 하는 은혜  167

습니까. 그러나 이 풍랑을 통해서 큰 사건을 겪고 나니까 사도 바울의 위상이 카리스마적 권세를 가진 자로 높아졌던 것입니다. 그의 말 한마디에 권세가 있었습니다. 그의 얼굴을 보는 사람마다 주님을 봅니다. 이 사건이 있기 위해서는 바울의 여행 가운데 있었던 엄청난 사건, 곧 배가 파선되는 사건이 있어야 했다는 말입니다.

이런 시련들이 우리 앞에도 있습니다. 날마다 당합니다. 그러나 우연은 없습니다. 이것은 다 우리에게 주시는 은총입니다. 생각해 봅시다. 내가 스스로 겸손할 수 있습니까? 내가 스스로 하나님 앞에 경건할 수 있습니까? 하나님께서 나를 겸손하게 만드셔야 합니다. 나로 겸손할 수밖에 없게 만드시는 바로 그것이 은혜입니다. 은혜로 은혜 되게 하시는 은혜입니다. 은혜로 은혜 되게 하시는 그 은혜는 곧 겸손입니다. 다시 말하면, 나를 겸손하게 만드시는 은혜가 최고의 은혜입니다. 완전한 은혜입니다. 하나님께서는 고난을 통하여 우리를 은혜의 길로 인도하십니다. 우리 한 사람 한 사람을 겸손한 사람, 은혜의 사람이 되게 하십니다. 하나님의 그 거룩한 섭리 속에서 조용히 생각해보면, 은혜 아닌 것이 없습니다. 세밀하게 나의 나약함을 다 아시고, 내가 교만하기 쉬운 사람이라는 것을 아시며, 구체적으로 인도하십니다. 나의 나 됨을 아시고, 은혜로 은혜 되게 인도하십니다. 여기에 믿음이 있고, 겸손이 있고, 하나님을 향한 사랑이 있습니다. 은혜를 베풀 수 있는 은혜는 은혜를 아는 자의 것입니다. 은혜에 감격하는 것은 겸손한 자의 것입니다. 하나님의 구체적이며 창조적 은혜를 생각하며 응답할 때 하나님의 위대한 역사는 허물이 많고 부족한 저희를 통해서도 크게 이루어질 수 있는 것입니다.  △

# 천사의 얼굴 같은 사람

　하나님의 말씀이 점점 왕성하여 예루살렘에 있는
제자의 수가 더 심히 많아지고 허다한 제사장의 무리
도 이 도에 복종하니라 스데반이 은혜와 권능이 충만
하여 큰 기사와 표적을 민간에 행하니 이른 바 자유
민들 즉 구레네인, 알렉산드리아인, 길리기아와 아
시아에서 온 사람들의 회당에서 어떤 자들이 일어나
스데반과 더불어 논쟁할새 스데반이 지혜와 성령으
로 말함을 그들이 능히 당하지 못하여 사람들을 매수
하여 말하게 하되 이 사람이 모세와 하나님을 모독하
는 말을 하는 것을 우리가 들었노라 하게 하고 백성
과 장로와 서기관들을 충동시켜 와서 잡아가지고 공
회에 이르러 거짓 증인들을 세우니 이르되 이 사람이
이 거룩한 곳과 율법을 거슬러 말하기를 마지 아니하
는도다 그의 말에 이 나사렛 예수가 이 곳을 헐고 또
모세가 우리에게 전하여 준 규례를 고치겠다 함을 우
리가 들었노라 하거늘 공회 중에 앉은 사람들이 다
스데반을 주목하여 보니 그 얼굴이 천사의 얼굴과 같
더라

(사도행전 6 : 7 - 15)

## 천사의 얼굴 같은 사람

중세기의 많은 화가들이 가장 그리기를 소원했던 것은 '성만찬 예식'의 그림이었습니다. 예수님께서 12제자와 함께 성만찬 예식을 행하시는 모습의 그림을 그리려고 많은 화가들이 정력을 다 쏟았습니다. 제가 미국에서 공부할 때 LA에 '헌팅턴 라이브러리'라고 있었습니다. 그게 바로 파사데나에 있었기 때문에 제가 여러 번 가 보았습니다. 헌팅턴 라이브러리가 뭐냐 하면, 놀랍게도 예수님의 성찬식 장면을 그린 온 세계의 그림들을 다 수집해놓은 곳이었습니다. 그렇게 모아놓은 그림이 무려 200편이나 되었습니다. 정말 많은 사람들이 예수님의 성만찬 장면을 그림에 담아보려고 애를 쓴 흔적을 볼 수가 있습니다. 그런데, 그 가운데 레오나르도 다빈치가 성만찬 장면을 그릴 때의 일화가 있습니다. 확실하지는 않지만, 그가 예수님의 성찬 예식 장면에서 예수님과 열두 제자의 모습을 그릴 때 각기 비슷하게 보이는 모델들을 찾았다고 하는 것입니다. 예수님과 비슷한 사람, 베드로와 비슷한 사람, 안드레와 비슷한 사람…… 이렇게 나름대로 닮았다고 생각되는 모델을 찾은 것입니다. 문제는 예수님입니다. 예수님을 닮은 사람을 만나야겠는데, 며칠을 헤매도 찾지 못했습니다. 그렇게 찾다가 지쳐서 저녁에 집에 돌아오는데, 종소리가 나는 조그마한 교회에서 수요일 저녁 예배시간에 성가대에 앉아 있는 테너 한 사람이 눈에 띄는 것이었습니다. 그를 보자마자 '저 사람이 예수다! 저 사람이 예수를 닮았다!' 해서 예배가 끝난 다음에 그 테너 청년에게 부탁했습니다. 당신을 모델로 그림을 그리면 안 되겠느냐고 말입니다. 그래 허락을 받고 다빈치는 그 사람을 모델로 삼아 예수님의 그림을 그렸습니다. 그리고는 레오나르도 다빈치는 3년여 정도 개인 사정으로 그림을 그리지 못했습니다. 그러다가 3년 뒤에 다시 그림을 시작했습니다. 이제 마지막으로 가룟 유다만 남았습니다. 하지만, 가룟 유다의 모델을 구하기도 매우 어려웠습니다. 다빈치는 또다시 거리를 돌아다니면서 며칠을 헤맸습니다. 그러다 어느 날 저녁노을 속에서 술에 취해 거리에 쓰러져 있는 사람 하나를 보았습니다. 순간 다빈치는 가룟 유다가 떠올랐습니다. 그래서 물었습니다. "미안합니다만, 제가 당신을 모델로 그림을 좀 그릴 수 있겠습니까?" 결국, 다빈치는 그를 모델로 삼아 가룟 유다의 그림을 그렸습니다. 그렇게 그림을 그리는 중에 이 사람이 술에서 깼습니다. 정신을 차리고 보니, 다빈치가 자기 얼굴을 그리고 있는 것입니다. 그래 물었습니다. "왜 내 얼굴을 그렸소?" 다빈치는 차마 거짓말을 할 수가 없어서 사실을 말했습니다. "당신이 꼭 가룟 유다를 닮은 것 같아서 그렸습니다." 그 순간 이 청년이 목을 놓아 울기 시작했습니다. 청년은 말했습니다. "실은 3년 전에 당신이 제 얼굴을 예수님의 얼굴로 그리셨습니다. 그동안 제가 방탕한 생활을 해서 예수님을 닮았던 얼굴이 오늘 이렇게 가룟 유다를 닮은 얼굴로 변한 것입니다." 이러면서 청년이 통곡했다는 이야기입니다. 대단히 중요한 의미가 있는 사건이라고 생각합니다.

　　세상에는 육체 주도적인 인간이 있습니다. 육체에 끌려 사는 사람, 육체의 욕망에 끌려 사는 사람입니다. 반면에, 이성 주도적인 사람도 있습니다. 지성과 이성, 도덕성에 끌려 사는 사람입니다. 그런가 하면, 영 주도적 인간도 있습니다. 그리스도의 영, 곧 성령의 주도하심으로 사는 사람이 있다, 이것입니다. 그런데, 오늘본문에는 아무리 읽어도 소중하게 여겨지는 한 구절이 있습니다. "천사의 얼굴과 같더라(15절)." 천사의 얼굴과 같았다— 놀라운 말씀입니다. 그는 복음을 전하면서 많은 핍박을 받았습니다. 특별히 헬라파 유대인들에게 핍박을 받던 중 사람들이 살기등등하게 이 사람을 지금 막 죽이려고 합니다. 또, 거짓 증인들이 떡하니 서서 아부를 합니다. 이렇게 단 한 사람의 지지도 받지 못하는 가운데 핍박과 조롱을 받으면서 돌에 맞고 있습니다. 그런데, 이런 사람들 앞에서 스데반의 얼굴을 자세히 보았더니 천사의 얼굴과 같더라, 이것입니다. 굉장한 말씀 아닙니까. 심리학적으로 사도 바울을 연구한 사람의 논문에 이런 말이 있습니다. '바로 이 순간 사울은 스데반의 제자가 되었다.' 왜냐하면, 사도 바울이 생각할 때 스데반은 마땅히 죽어야 하는 사람이었습니다. 그래서 다들 달려들어 돌을 던진 것 아닙니까. 그러나 그때 사도 바울이 본 것은 그런 것이 아니었습니다. 마땅히 죽어야 할 사람의 얼굴이 어떻게 저럴 수 있느냐, 어떻게 천사의 얼굴을 할 수가 있느냐, 하는 것이었습니다. 그러니 사도 바울의 마음속에 깊은 갈등이 생기지 않을 수 없습니다. '돌에 맞아 죽어야 할 사람의 얼굴이, 저 죽어가는 사람의 얼굴이 어떻게 저렇듯 천사의 얼굴 과 같을 수 있을까?' 이 큰 갈등 속에 그가 다메섹 도상에서 예수를 만나게 되고, 나아가 예수의 제자가 되었다고 말합니다. 제가 신학대학에서 바울신학을 가르치면서 연구를 해보면, 사도 바울의 신학과 그의 신학 체계는 스데반에게서 온 것입니다. 제가 바울신학을 한 10년 가르치면서 이렇게 말했습니다. "사도 바울은 스데반의 제자다. 바울은 그 신학 체계에서 스데반의 그리스도 중심적 신학을 벗어나지 못했다. 그래서 바울은 스데반의 제자다." 특별히 사도행전 7장 55절은 죽기 직전 스데반의 모습에 대하여 이렇게 말씀합니다. "성령 충만하여……" 그럼 성령 충만한 스데반은 어떤 사람이었을까요? 이 순간을 가만히 보면, 이렇게 되어 있습니다. "하늘을 우러러 주목하여……(55절)" 땅을 보는 사람은 원망하게 됩니다. 또, 절망하게도 됩니다. 하늘을 보아야 합니다. 이 절박한 시간에도, 이 돌에 맞아 죽는 시간에도 스데반은 하늘을 우러러봅니다. 여러분이 잘 아시는 톨스토이의 명언이 있습니다. '사람들은 희망에 속아 살기보다 절망에 속아 산다.' 사람들은 희망에 속는 것이 아니라, 절망에 속고 있다는 것입니다. 자기가 만든 절망 속에 빠져들어 가며 스스로 그렇게 속고 살아간다, 이것입니다. 위를 보아야 합니다. 하늘을 보아야 합니다. 먼 미래를 바라보아야 합니다. 영원한 세계를 바라보아야 합니다. 우리는 어쩐지 지금 과거에서 헤어나지 못하고 있습니다. 과거를 한평생 연구해도 거기서는 답이 나오지 않습니다. 문제는 미래입니다. 미래로부터 현재로 생각할 수 있어야 합니다. 과거를 끊고, 미래지향적인 세계관을 지녀야 한다는 말입니다. 하늘을 우러러볼 때 그는 땅을 보지 않을 수 있습니다. 자기를 죽이려는 자들을 보지 않을 수 있습니다. 그 흉악한 얼굴을 보지 않을 수 있습니다. 하늘을 볼 때 그 모든 것을 소화할 수 있게 되었다는 말입니다.

성경에서 스데반은 그 순간 '인자'를 보았습니다. 예수님을 흔히 세 가지 모습으로 생각합니다. 세 가지 이미지입니다. 첫째가 '세상에 오셔서 역사하시는 예수님'입니다. 병 고치시는 예수님, 5천 명을 먹이시는 예수님, 죽은 자를 살리시는 놀라운 능력을 나타내시는 예수님— 그는 바로 이 세상에서 봉사하고 헌신하신 예수님을 생각합니다. 둘째는 '부활하신 예수님'입니다. 십자가에 돌아가시고 부활하신 예수님— 십자가를 중심으로 부활하신 그 예수님을 생각합니다. 또한, 셋째는 '살아계신 예수님'입니다. 지금도 살아계신 예수—특히 빌리 그레이엄 목사님 메시지의 총주제가 'Living Christ'였습니다. 살아계신 그리스도— '예수님께서는 오늘 현재에 살아계신 그리스도'라고 하는 것입니다.

오늘본문에서 스데반이 본 예수님도 그렇습니다. 그가 본 예수님은 병을 고치시는 예수님이 아닙니다. 십자가에 돌아가신 예수님도 아닙니다. 그가 본 예수님은 '인자'입니다. 하늘 우편에 계시는 인자, 세상을 심판하러 오실 만왕의 왕, 바로 그 인자를 보게 됩니다. 사실 제자들은 이것을 한 번도 간증하지 못했습니다. 오직 스데반한 사람만이 '인자'를 말합니다. 예수님께서는 세상에 계실 때 늘 말씀하셨습니다. 인자가, 인자가 말하노라, 인자가 이르노니…… 이렇게 한평생 말씀하셨는데, 제자들은 예수님을 향해서 "랍비여!" 합니다. 아주 잘못된 것입니다. 그런데, 그 많은 제자 가운데에서 예수님을 인자라고 부른 사람이 딱 한 사람, 바로 스데반입니다. 그것도 순교하는 바로 그 시간에 말입니다. 이 기독론은 대단히 중요한 의미가 있는 것입니다.

그뿐 아니라, 오늘본문에 '충만'이라는 말이 나옵니다. 충만이라는 것이 무엇입니까? 우리가 성령을 받을 때 이성이 중생합니다. 판단력이 중생합니다. 그러고 나면, 모든 것을, 하나님의 세계를 합리적으로 이해하게 됩니다. 그래서 하나님을 찬양하게 됩니다. 이걸 잊지 말아야 합니다. 우리가 믿는 것 가운데 진화론과 창조론이 있습니다. 저도 창조학회에서 고문도 하고, 여러 가지로 돕고 있습니다마는, 창조학회를 보면 우리나라의 유명한 학자들이 2백 명이 넘습니다. 이 학자들이 창조학회에서 활동합니다. 왜요? 성경이 과학적이라는 것입니다. 세상의 거짓말 가운데 가장 엉터리 거짓말이 바로 진화론입니다. 하나도 맞는 것이 없습니다. 그런데도 사람들은 진화론은 과학적이고 창조론은 비과학적이라고 생각합니다. 아닙니다. 창조론자들이 볼 때는 진화론이 말짱 거짓말입니다. 그 대전제부터 끝도 없는 거짓말입니다. 창조학회의 과학자들 눈에는 성경이 과학적이고, 하나님의 세계가 과학적입니다. 왜 그렇습니까? 이성이 중생해야 합니다. 이성 자체가 중생하게 되면 그는 성령 안에서 생각하게 됩니다. 이 사람은 성경 어디를 봐도 하나님의 말씀이요, 어디를 봐도 과학적이고 합리적이라고 생각하게 됩니다. 이것이 이성적 충만입니다.

그런가 하면, 정서적 충만이 있습니다. 그리스도의 마음으로 바뀌는 것입니다. 기쁨으로 충만하고, 감사로 충만한 것입니다. 느낌 자체가 그리스도의 마음으로 충만한 것입니다. 그리고 온전한 헌신, 'Total Commitment'가 있습니다. 그래서 충만할 때 그리스도를 위하여 순교합니다. 선한 일을 위해서 고생합니다. 사랑으로 희생하게 됩니다. 기쁨으로 하게 됩니다. 이것이 충만한 마음입니다. 뿐만이 아니라, 가장 중요한 문제가 하나 있습니다. 스데반은 사도행전 7장에서 길게 설교합니다. 이것이 바로 사도 바울에게 이어지는 중요한 신학적 논리입니다. 'Christianized Old Testment', 곧 '구약을 신약화'하는 것입니다. 구약을 기독론적으로 보는 것입니다. 이런 관점이 사도 바울에게로 이어지고, 오늘 개혁신학으로까지 이어지는 것입니다. 대단히 중요한 것입니다. 그뿐 아니라, 구약 속에서 그리스도를 발견합니다. 이스라엘의 역사가 바로 기독론적으로 해석됩니다. '그리스도의 구속 사업을 위하여 구약의 역사는 있는 것이다.' 놀라운 해석입니다. 이런 신학적 관점이 마침내 오늘 개혁신학의 중심이 됩니다.

지금 스데반은 원수들 앞에 있습니다. 그 원수들이 스데반을 향해 돌을 막 던집니다. 그런 순간인데, 오늘본문은 말씀합니다. "그 얼굴이 천사의 얼굴과 같더라(15절)." 무슨 말씀입니까? 천사의 마음이기 때문에 천사의 얼굴인 것이지요. 아무도 미워하지 않습니다. 아무도 원망하지 않습니다. 오늘 내가 죽어도 원망하지 않습니다. 그리고 죽어가면서 자기를 향하여 돌을 던지는 사람들, 엄격히 말하면 헬라파 유대인들, 왕년에 친구들이었던 그 사람들에게 돌을 맞으면서 자기를 죽이는 자들을 위하여 기도합니다. "하나님이여, 이 허물을 저들에게 돌리지 말아주십시오." 이것은 많은 해석을 필요로 합니다. 무슨 소리입니까? "저들의 죄를 사해주옵소서." 예수님께서는 십자가에 돌아가실 때 이렇게 기도하셨습니다. 그런데, 스데반의 기도는 또 다릅니다. "이 허물을 저들에게 돌리지 마옵소서." 물론 저들을 용서해달라는 넓은 뜻이 있겠습니다마는, 세밀하게 생각해 보면 이 허물을 누구에게 돌려야 한다는 것입니까? 아마도 심리학적으로 생각하면 이렇습니다. "하나님, 제가 잘못한 것인지도 모릅니다. 제가 저들의 강퍅한 마음을 더 강퍅하게 만들어서 마침내 이같은 일이 생겼는지도 모릅니다. 그런고로 이 허물을 저들에게 돌리지 말아주십시오." 다시 말하면, 이런 것입니다. "저에게 돌려주십시오. 제가 오늘 여기서 죽습니다마는, 제 잘못일 수는 있어도 저 사람들의 잘못은 아닙니다." 대단한 신앙 간증입니다. 이것이 충만입니다. 이런 충만으로 그의 얼굴은 천사의 얼굴이 됩니다. 얼굴빛, 참 중요하지 않습니까.

제가 언젠가 수십 년을 의사로 지낸 어떤 분에게서 이런 이야기를 들었습니다. 하루는 웬 어린아이가 와서 진찰을 받는데, 귀에 꽂아야 하는 청진기를 목에 걸고 진찰했다는 것입니다. 그래서 제가 물었지요. "아니, 왜 청진기를 목에다 걸고 했습니까?" "아이, 청진기 하나 마나입니다. 딱 얼굴만 보면 다 알아요. 어디가 아픈지, 어느 정도 아픈지 제가 다 압니다. 하지만 이 청진기를 안 하면 아이의 어머니가 섭섭해합니다. 그래서 하는 척하는 거예요. 이거는 다 필요 없는 것입니다. 얼굴만 딱 보면 압니다."

그렇습니다. 그리스도인, 딱 보면 압니다. 예수 믿는 사람, 딱 보면 압니다. 저도 목사가 된 지 한 오십 년 되고 보니, 알 것 같습니다. 얼굴 딱 보면 벌써 건강 상태도 알 수 있고, 근심도 알 수 있고, 영적 상태까지 훤하게 다 보입니다. 그리스도인은 죽는 그 시간까지 얼굴이 천사의 얼굴 같습니다. 이것이 그리스도인입니다. 그리스도인의 얼굴은 천사입니다. 그리스도인의 마음은 천사입니다. 그리스도인의 역사의식은 그리스도 중심적입니다. 하늘을 봅니다. 하늘을 우러러보고 주님을 봅니다. 인자를 봅니다. 인자와 눈이 마주칩니다. 그 순간 그의 얼굴은 천사의 얼굴이 되었습니다. 그 얼굴, 그 마음으로 사는 자가 그리스도인입니다.   △

# 가장 경건한 이방인

가이사랴에 고넬료라 하는 사람이 있으니 이달리
야 부대라 하는 군대의 백부장이라 그가 경건하여 온
집안과 더불어 하나님을 경외하며 백성을 많이 구제
하고 하나님께 항상 기도하더니 하루는 제 구 시쯤
되어 환상 중에 밝히 보매 하나님의 사자가 들어와
이르되 고넬료야 하니 고넬료가 주목하여 보고 두려
워 이르되 주여 무슨 일이니이까 천사가 이르되 네
기도와 구제가 하나님 앞에 상달되어 기억하신 바가
되었으니 네가 지금 사람들을 욥바에 보내어 베드로
라 하는 시몬을 청하라 그는 무두장이 시몬의 집에
유숙하니 그 집은 해변에 있다 하더라 마침 말하던
천사가 떠나매 고넬료가 집안 하인 둘과 부하 가운데
경건한 사람 하나를 불러 이 일을 다 이르고 욥바로
보내니라

(사도행전 10 : 1 - 8)

## 가장 경건한 이방인

감리교의 창시자인 요한 웨슬리는 참으로 경건한 하나님의 사람이었습니다. 그는 정말 하나님 앞에 온전히 헌신한 사람입니다. 우리는 그의 그런 일생을 다 잘 알고 있습니다. 그는 아침마다 거울을 보면서 자기 자신에게 여덟 가지 질문을 했다고 합니다. 거울을 보면서 스스로에게 이렇게 물어보는 것입니다. "너는 항상 기도하는가? 항상 기도하고 있는가?" 이것이 첫째 질문이고, 둘째 질문은 "순간마다 하나님 앞에서 즐거워하는가?"입니다. 셋째는 "모든 일에 감사하는가?"인데, 이는 완전한 감사를 의미하며, 범사에 하나님께 감사하고 있는가, 하는 것입니다. 넷째는 "너는 욕심을 부린 일이 없는가?"인데, 우리 마음이 알게 모르게 욕심의 노예가 되기 쉽기 때문입니다. 다섯째는 "너는 두려워한 일이 없는가?"입니다. 어떤 일에라도 두려워했다면 그 사람은 믿음이 없는 것이고, 믿음이 약한 것입니다. 그런고로, 자기 정신세계에 뭔가를 두려워한 흔적은 없는가, 하고 그는 늘 스스로 진단했습니다. 여섯째는 "하나님의 사랑을 지속적으로 느꼈는가?"입니다. 이런 일, 저런 일 가운데 지속적으로 하나님의 사랑을 느끼며 살았는가, 하는 것입니다. 그리고 마지막 여덟째로 그는 이렇게 스스로에게 물었습니다. "나의 언행이 하나님을 기쁘시게 했는가?" 자신이 하나님의 마음을 아프게 해드렸거나, 하나님의 뜻을 떠난 적은 없었는가, 하는 것입니다. 그는 이렇게 거울을 보며 스스로 질문했다는 것입니다. 경건이란 바로 이런 것입니다. 기도를 많이 한다고 경건이 아닙니다. 금식하고 고행한다고 해서 경건이 아닙니다. 요한 웨슬리와 같이 하나님 앞에서 자기 스스로를 살피며, 경건하게 자기 존재를 항상 재검토하며 살아가는 것이 경건이다, 이것입니다.

오늘본문에 나오는 백부장은 로마의 군인입니다. 이 사람은 지금 유대 땅 자신의 점령 지역에서 공무를 수행하고 있습니다. 군인 중에서도 백부장은 가장 중요한 직분입니다. 왜냐하면, 전쟁이 나면 백 명을 이끌고 맨 앞에 서서 적군을 향해 나아가는 사람이 바로 백부장이기 때문입니다. 그러니 백부장은 가장 중요한 인물이고, 장차 이들이 성장하여 로마의 호민관이 되기도 하고, 높은 정치 지도자가 되기도 하는 것입니다. 그러나 정치적인 시각으로 보면 이 백부장은 현재 유대 땅에 와 있는 침략자입니다. 한편 개인적인 시각으로 보면 이 백부장은 기독교로 개종한 사람입니다. 묘하지 않습니까. 점령 지구에 와서 유대 땅을 정치적으로 지배하는 사람이지만, 종교적으로 생각하면 이제 기독교로 개종해서 경건한 신앙생활을 하는 사람인 것입니다. 그는 이방 사람이지만, 경건한 하나님의 사람이기도 했던 것입니다.

특별히 오늘본문은 이 백부장이 온 집안으로 더불어 하나님을 경외했다고 말씀합니다. '온 집안'입니다. 자기 식솔, 자기 부하, 자기 친척…… 온 집안사람들을 다 모아서 하나님을 경외하고 기도했던 것입니다. 유대인들의 기도습관대로 하면, 하루에 세 번 기도하는 것입니다. 또한, 그는 구제했습니다. 이것이 고넬료의 경건입니다. 사도행전 10장 33절에는 이런 말씀이 있습니다. 베드로를 초대한 그가 베드로 사도가 집에 가까이 왔을 때 엎드려서 하는 말입니다. "이제 우리는 주께서 당신에게 명하신 모든 것을 듣고자 하여 다 하나님 앞에 있나이다." 그는 로마의 백부장입니다. 군복을 입은 사람입니다. 그런데, 초라한 갈릴리 어부가 지금 그의 집에 들어왔습니다. 그런데도 그 앞에 가 엎드려서 하는 말입니다. 당신으로부터 주의 말씀을 듣고자 하여 우리가 하나님 앞에 있습니다— 이것이 경건입니다. 이런 그의 경건이 감동을 줍니다.

사도행전에는 이런 이야기도 나옵니다. 루스드라에 앉은뱅이 한 사람이 있었습니다. 이 사람은 나면서부터 걸어본 적이 없었습니다. 그런데, 사도 바울의 설교를 귀 기울여 집중해서 듣습니다. 그런 그를 사도 바울이 보게 됩니다. 그리고 바울은 그의 경건을 보고 확신이 듭니다. 구원을 얻을 만한 믿음이 그에게 있는 것을 본 것입니다. 그래서 설교하는 중간에 그를 향해 일어나라고 말합니다. 나면서부터 앉은뱅이였던 그가 벌떡 일어납니다. 놀라운 이야기입니다. 성경에는 그 사람을 일으켜달라고 바울이 열심히 기도했다는 말씀도 없습니다. 바울은 그저 말씀을 듣는 그의 자세, 그의 믿음 속에 있는 경건을 보고 확신한 것입니다. 저런 경건이라면 기적이 나타날 수 있다고 생각하며 "일어나라!" 하고 말하는 것입니다. 이 사건이 이방 선교의 관문이 됩니다.

오늘본문에 나오는 것처럼 고넬료는 경건한 사람이었습니다. 특별히 오늘본문은 그의 경건 가운데 기도와 구제가 하나님 앞에 상달되었다고 말씀합니다. 기도란 응답이 되어야 기도입니다. 오래만 했다고 기도입니까? 금식을 했다고 기도가 되는 것입니까? 하나님의 응답을 들어야지요. 중요한 것은 이 백부장의 기도가 하나님께 상달되었다는 것입니다. 그런가 하면, 그의 구제가 하나님께서 기억하신 바가 되었습니다. 많은 사람이 구제하고 선행한다고 하지

만, 정말 하나님 보시기에 합당한 것인지 생각하게 됩니다. 우리는
잊지 말아야 합니다. 구제는 경건에서 오는 것입니다. 경건한 사람
은 하나님의 마음으로 세상을 봅니다. 하나님의 눈으로 사람을 봅니
다. 예수님의 경건을 보십시오. 여기 귀신 들린 여인이 있습니다. 허
리도 꼬부라진 여인입니다. 이른바 꼽추입니다. 이렇게 한평생을 살
았습니다. 보기 흉한 사람입니다. 이 사람을 보고 예수님께서 말씀
하십니다. "이 사람도 아브라함의 딸이다." 이것이 경건입니다. 사
람을 볼 때 사람으로 평가하는 것이 아닙니다. 하나님의 사람으로
사람을 보는 것입니다. 하나님께서 사랑하시는 사람으로 보는 것입
니다. 하나님께서 기뻐하시는 사람으로 내가 저를 대하는 것입니다.
이것이 경건입니다. 그래서 구제한 것입니다. 여러분도 생각해야 합
니다.

　종교개혁자 마르틴 루터가 다음과 같은 아주 재미있는 유머를
얘기한 적이 있습니다. 회심이라는 말이 있지요? 그리스도인으로
중생하는 것을 가리켜 '회심'이라고 합니다. 루터는 바로 이 회심에
대하여 세 가지 비유를 들어 말합니다. 첫째는 머리로 회심하는 것
입니다. 이성과 생각이 그리스도에게로 돌아가서 하나님의 진리를
합리적으로 이해하게 되는 것입니다. 이것이 머리의 회심이라고 루
터는 말합니다. 둘째는 가슴으로 회심하는 것입니다. 그리스도의 은
혜에 감사하게 됩니다. 그리스도를 사랑하게 됩니다. 감성의 회심
이고, 가슴의 회심입니다. 마지막 셋째가 재미있습니다. 돈주머니
의 회심입니다. 돈주머니가 회심해야 한다고 루터는 말합니다. 그런
데, 돈주머니를 놓지 못합니다. 그렇다면 회심이 아니다, 이것입니
다. 하나님의 뜻을 따라서 돈을 쓸 수 있어야 그 사람이 중생한 사람

이라고 마르틴 루터는 말하고 있습니다. 경건이란 하나님 앞에 있는 의식입니다. 종교개혁자 칼뱅은 말합니다. "하나님에 대한 지식이 없이는 자기 자신에 대한 지식이 없다." 중요한 말입니다. 내가 나를 알아야 합니다. 내 처지도 알고, 내 운명도 알아야 합니다. 하지만 무엇보다 중요한 것은 하나님을 알아야 한다는 것입니다. 하나님을 알기까지는 나를 알 수가 없습니다. 물론 이웃도 알 수 없습니다. 그런고로 하나님을 아는 지식이 모든 경건의 근본이다, 이것입니다.

오늘본문에는 특별히 마음에 와닿는 말씀이 있습니다. "네 기도와 구제가 하나님 앞에 상달되어 기억하신 바가 되었으니(4절)." 하나님께 상달되었다— 기도와 구제가 하나님 보시기에 기뻐하시는 바가 되었다는 것입니다. 참으로 중요한 말씀입니다. 그러면, 이제 어떻게 된다는 것입니까? 오늘본문에서 핵심이 되는 것은 하나님께서 고넬료의 기도와 구제를 보시고 기뻐하시며, 그를 불러서 하신 다음과 같은 말씀입니다. "베드로라 하는 시몬을 청하라(5절)." 아주 귀한 말씀입니다. 역시 사람의 문제입니다. 인간관계입니다. 인간을 통해서 말씀하시는 하나님의 역사입니다. 베드로를 청하라— 왜 하나님께서 고넬료에게 직접 말씀하지 않으시고, 베드로를 청하라고 하시는 것입니까? 왜 베드로를 통해서 말씀하려고 하시는 것입니까? 하나님께서는 관계 안에서 역사하시기 때문입니다. 오늘날 사람들을 보면 모든 것을 직접 해결하려 합니다. 그러는 동안에 인간관계가 다 깨집니다. 스마트폰을 보십시오. 가끔 식당에 가서 보면 분명 둘이 서로 사랑하는 사이인 것 같은데, 마주 앉아 있으면서 서로 쳐다보지도 않습니다. 스마트폰만 들여다보고 있는 것입니다. 서로 눈과 눈이 마주쳐야 사랑이고 뭐고 이루어질 텐데 말입니다. 그런데, 이것만 들여다보고 앉아있는 것입니다. 그러니 인간관계가 다 끊어지는 것이지요. 미안한 말씀이지만, 그래서들 자살하는 것입니다. 인간의 존재 자체가 파괴되고 잊혀가는 것입니다. 이걸 잊지 말아야 합니다.

오늘 본문에서도 하나님께서는 이 경건한 고넬료에게 직접 말씀하지 않으십니다. "저 욥바에 있는 베드로를 청하라." 이것이 주님의 말씀입니다. 제가 예전에 베드로가 욥바에 머물렀다는 그 집을 가 본 적이 있습니다. 2천 년이나 된 흙덩이 집인데, 그 바람벽에 이렇게 씌어 있습니다. '베드로가 이 집 지붕에서 천사를 만났다.' 2천 년 전에 지은 것이라 지금 다 무너져가는 집이지만, 한참을 구경하면서 이렇게 생각했습니다. '아, 베드로가 여기에서 하늘의 음성을 들었겠구나!' 베드로를 청하라, 그리고 베드로를 통해서 말씀을 들으라, 그의 말씀을 들으라…… 이런 얘기 아니겠습니까. 하나님의 종을 만나라, 하나님의 종과 바른 인간관계를 맺어라, 경건한 관계를 맺어라, 그리고 그를 통해서 내 음성을 들으라…… 이런 말씀입니다.

저는 1977년에 미국에서 공부를 마치고 한국에 돌아왔습니다. 좀 더 나중에 와도 되지만, 가족을 여기에 두고 유학을 갔었기 때문에 하루가 바쁘게 서둘러 한국으로 왔습니다. 돌아올 때 무슨 직장이 정해진 것도 아니었고, 정해진 교회도 없었습니다. 그러나 어쨌든 와야 했습니다. 그리고는 한 5개월 동안 실직자 신세로 지냈습니다. 교회를 알아봐도 안 되고, 학교를 알아봐도 잘 안됐습니다. 그렇게 5개월을 노는데, 가끔 친구들을 만나서 찻집에서 차를 마시고 일어나면 저한테 금일봉을 주더라고요. 그래서 제가 친구에게 이랬습니다. "내가 거지냐?" 그러니까 제 친구 하는 말을 들어보십시오. "거지가 따로 있냐? 입 다물어라." 그렇습니다. 돈을 받으면 거지지 뭐겠습니까. 제가 이렇게 친구들에게 얻어먹으며 한 5개월을 살았습니다. 어느 날 한경직 목사님이 저를 부르셨습니다. 그래서 목사님이 계신 남한산성으로 갔더니, 목사님이 "아니, 좀 소식을 전하고 오지, 편지 하나도 없이 왔나?" 하십니다. "아, 공부 마쳤으니까 와야지요." "그래, 어디 갈 데는 정해졌나?" "아직 없습니다." 그랬더니 이러십니다. "며칠 뒤에 다시 오게." 그래서 그대로 헤어지고는 며칠 뒤에 다시 갔습니다. 그때 한 목사님이 세 군데 자리를 제안하셨습니다. 연세대학교 교목실장, 숭실대학교 교목실장, 그리고 숭의여자대학 학장이었습니다. "이 세 군데는 내가 추천하면 다 가능하네." 그리고 저한테 이 셋 가운데에서 하나를 택하라고 하십니다. 그래서 제가 한 목사님께 정중하게 말씀드렸습니다. "목사님, 목사님께서는 제 과거도 잘 아시고, 제 미래도 잘 아십니다. 내가 나를 아는 것보다 목사님이 저를 더 잘 아십니다. 그러니 목사님이 정해주십시오. 하나를 정해주시면 기도 응답으로 알고 거기로 가겠습니다." 그랬더니 한 목사님이 껄껄 웃으십니다. "거 사람 참 힘들게 만드네. 내가 그 책임을 질 수가 있나?" 그러시더니 잠깐 생각하시다가 학장을 권해주셨습니다. 교목실장은 한번 매너리즘에 빠지면 평생 나오기가 힘드니까 학장을 한번 하라는 것입니다. 더도 말고 꼭 4년만 하고 나오면 좋은 경험이 될 것이라고요. 그래서 제가 학장으로 갔습니다. 그런데요, 학장은 주일에 쉬잖아요? 그래서 소망교회가 시작된 것입니다. 4년 동안 낮에는 학교에서 일하고, 주일에는 설교를 하고요. 이렇게 하면서 소망교회가 이루어진 것입니다.

여러분, 기도 응답을 듣고 싶으십니까? 사람을 통해서 들을 생각을 하십시오. 하나님께서는 하나님의 사람을 통하여 말씀하십니다. 인간관계를 통하여 하나님의 역사를 이루어 가십니다. 이것이 경건한 사람의 기도 응답입니다. 뿐만이 아니라, 성경을 자세히 읽어보면 놀라운 장면이 나옵니다. 이제 베드로를 청하라 하셔서 욥바에 있는 베드로가 고넬료의 집으로 왔습니다. 그가 집에 들어설 때, 성경을 보면, 참 놀랍습니다. 사도행전 10장 25절에서 고넬료가 베드로 앞에 엎드려 절을 합니다. 백부장은 훈장을 줄줄이 단 로마 군인입니다. 베드로는 갈릴리의 어부입니다. 초라하기 그지없는 한 어부가 걸어 들어온 것입니다. 그런데, 로마 군인인 백부장이 베드로가 들어올 때 그 앞에 나가서 무릎을 꿇습니다. 그냥 절하는 수준이 아닙니다. 마치 신께 경배하는 식으로 절을 한 것입니다. 그러니까 베드로가 송구스러운 것이지요. 그래서 절하는 고넬료를 일으키면서 이렇게 말합니다. "나도 사람이라." 이 말 한마디가 참 마음에 듭니다. 나도 사람이라— 베드로의 경건도 필요하지만, 고넬료가 얼마나 경건하게 대했으면 그런 말이 나오겠습니까. 그는 하나님께서 보내신 사람을 만날 때 하나님을 만나 뵙듯이 경건하게 대합니다. 그리고 말합니다. "우리가 다 하나님 앞에 있습니다." 사실은 베드로 앞에 있는 것이지만, 우리가 하나님 앞에 서 있는 마음으로 있다는 것입니다. 이 얼마나 좋은 장면입니까.

교인들이 다 그랬으면 얼마나 좋겠습니까. "우리가 다 하나님 앞에 있습니다. 말씀하십시오." 이것이 바로 경건입니다. 그리고는 베드로가 입을 열어 말하게 됩니다. 그리고 뒤에 보면, 온 집으로 더불어 세례를 받았다는 말씀이 나옵니다. 세례 문답을 할 것도 없습니다. 이미 다 마음의 준비가 되어 있는 것입니다. 그렇게 온 집안이 들어와서 세례를 받습니다. 이렇게 해서 고넬료의 가정이 구원을 받을 뿐만 아니라, 전설에 따르면 그 고넬료가 로마로 돌아가서 로마에 교회를 세웁니다. 사도 바울이 로마에 교회를 세우고 싶어 했지만, 아닙니다. 고넬료가 먼저 가서 교회를 세웠습니다. 나중에 바울이 로마를 방문했을 때는 벌써 거기에 교회가 있었습니다. 그리고 그들과 만나게 됩니다. 참 귀한 이야기 아닙니까. 그는 이방 사람입니다. 군인이고 백부장입니다. 하지만, 그는 경건한 사람입니다. 하나님께서는 사람을 외모로 취하지 않으셨습니다. 그 중심을 보셨습니다. 고넬료라는 사람의 중심을 보시고, 그 경건을 받아주십니다. 그의 신앙을 통해서 로마 교회의 문이 열립니다. 놀라운 말씀입니다.

기도하고 구제하는 실제적이고 행동적인 경건, 그 속에 하나님의 음성이 있었습니다. 하나님의 음성은 간단했습니다. "베드로를 청하라." 그리고 그는 베드로를 만나서 베드로를 통하여 복음을 듣고 세례를 받습니다. 오늘도 행동하고 응답을 듣고, 응답을 듣고 행동하는 이런 경건, 이 높은 수준의 실제적 경건, 이것이 오늘 여러분을 구원하고, 교회를 세우고, 하나님의 나라를 이루어갈 것입니다. △

# 끝까지 견디는 자

예수께서 감람 산 위에 앉으셨을 때에 제자들이 조용히 와서 이르되 우리에게 이르소서 어느 때에 이런 일이 있겠사오며 또 주의 임하심과 세상 끝에는 무슨 징조가 있사오리이까 예수께서 대답하여 이르시되 너희가 사람의 미혹을 받지 않도록 주의하라 많은 사람이 내 이름으로 와서 이르되 나는 그리스도라 하여 많은 사람을 미혹하리라 난리와 난리 소문을 듣겠으나 너희는 삼가 두려워하지 말라 이런 일이 있어야 하되 아직 끝은 아니니라 민족이 민족을, 나라가 나라를 대적하여 일어나겠고 곳곳에 기근과 지진이 있으리니 이 모든 것은 재난의 시작이니라 그 때에 사람들이 너희를 환난에 넘겨 주겠으며 너희를 죽이리니 너희가 내 이름 때문에 모든 민족에게 미움을 받으리라 그 때에 많은 사람이 실족하게 되어 서로 잡아 주고 서로 미워하겠으며 거짓 선지자가 많이 일어나 많은 사람을 미혹하겠으며 불법이 성하므로 많은 사람의 사랑이 식어지리라 그러나 끝까지 견디는 자는 구원을 얻으리라 이 천국 복음이 모든 민족에게 증언되기 위하여 온 세상에 전파되리니 그제야 끝이 오리라

(마태복음 24 : 3 - 14)

# 끝까지 견디는 자

6·25 전쟁이 발발한 날은 주일 아침이었습니다. 여러분은 그때 어디 계셨습니까? 아마도 대부분이 태어나지도 않으셨을 것입니다. 전쟁이 터지던 그 무렵, 저는 북한의 모나지 광산이라는 강제노동수용소에 끌려가 모진 고생을 하고 있었는데, 거기에서 전쟁이 일어난 사실을 알게 되었습니다. 그 전쟁 때 제 마음에 잊을 수 없는 한 사건이 있었습니다. 늘 기억이 나고, 때로는 꿈에도 보이는 사건입니다. 전쟁이 한창이던 1951년, 저는 남쪽으로 와서 군인으로 있었습니다. 아직도 군의 질서가 제대로 잡혀 있지 않던 때였지만, 전쟁은 여전히 심각했습니다. 당시에는 깜깜한 밤이 되면 수색대가 늘 적지에 들어가 그곳을 한 바퀴 둘러보고 돌아왔습니다. 우리 진지에 도착할 때가 되면 벌써 새벽 아침입니다. 그렇게 한 바퀴씩 돌아보면서 적진의 상황을 수집해 오면 그 정보를 바탕으로 작전을 세우는 것입니다. 그러니, 이 수색대의 사명은 참 귀중한 것입니다. 한번에 보통 12명쯤 갑니다. 하지만 아침에 보면 세 사람 정도는 못 돌아옵니다. 실종되었거나, 아니면 거기서 희생된 것입니다. 이런 수색대 일이 밤마다 계속 이루어집니다. 저도 그 수색대에 두 번 정도 끼어서 적진으로 나가보았습니다. 한 줄로 늘어서서 깜깜한 밤에 적진을 한 바퀴 도는 것인데, 참으로 위험합니다. 종종 총소리가 들립니다. 총이 좀 멀리에서 터질 때는 '딱쿵!' 합니다. 하지만 가까이에서 총알이 지나갈 때는 '퓨웅!' 합니다. 딱쿵, 퓨웅 해도, 미안하지만, 겁내지를 않습니다. 왜냐하면, 앞이 안 보이는 한밤중에 쏘는 것

이니까 잘 맞지 않기 때문입니다. 그래서 그 정도는 크게 걱정을 안 합니다. 가장 무서운 일은 '펑!' 하는 것입니다. 지뢰가 터지는 소리입니다. 많은 곳에 지뢰가 매설돼 있었는데, 이 수색대가 가다가 잘 못해서 지뢰를 밟으면 '펑!' 하면서 그 흙덩어리가 공중으로 튀어 올라갑니다. 사람과 함께 흙덩어리가 공중으로 높이 치솟았다가 쾅 하고 떨어지면 대체로 목이 부러지기도 하고, 팔다리가 잘려 나가기도 합니다. 그렇게 한 사람이 희생되는 것입니다. 그런데, 제가 수색을 나갈 때 제 앞에 가던 친구가 지뢰를 밟은 것입니다. '펑!' 하더니 사람이 공중으로 튀어 올랐다가 떨어졌습니다. 그때 이 친구를 보니까 목도 그대로 있고, 팔다리도 그대로 있었습니다. 그래서 "야, 이건 기적이다. 신통하다. 야, 너 정말 재수 좋다!" 그랬습니다. 그런데 웬걸요? 그 충격에 안구 두 개가 빠져나갔습니다. 눈 두 개가 빠져나간 것입니다. 눈에서 피가 납니다. 그래서 이 친구를 끌어다가 야전병원에 보내서 지혈 수술을 하느라고 여러 시간 고생했습니다. 이렇게 해서 붕대를 감고 며칠 뒤에 그 붕대를 푸는데, 그 시간에 제가 그 자리에 있었습니다. 제 친구니까요. 그런데, 의사가 말하기를 "너는 틀림없이 장님이 될 건데, 너를 위해서 자기 눈을 기증해준 사람이 있어서 눈 하나는 볼 수 있을 것 같다" 하는 것입니다. 이제 붕대를 풉니다. 뿌옇게 뭔가가 앞에 보입니다. 저 앞에 어머니가 서 있습니다. 그런데, 어머니의 눈 하나가 없습니다. 그 순간 이 친구가 "어머니!"하고 쓰러져서 우는 것을 제가 보았습니다. 여러분, 이 얼마나 드라마틱한 장면입니까. 얼마나 충격적이고 놀라운 사건입니까. 정말 잊을 수 없는 충격적이고 감동적인 사건입니다.

　어떻습니까? 전쟁이라는 것은 참 비참합니다. 참으로 상상할 수 없는 고난입니다. 그런데, 이 극한 고난 속에서 때로는 신비한 하나님의 능력, 하나님의 손길, 하나님의 사랑을 경험하게 되더라, 이것입니다. 이걸 잊지 말아야 합니다. 그 비참함 속에, 그 전쟁 속에 하나님께서 기뻐하시는 사랑의 역사, 사랑의 실천, 사랑에 대한 감격, 그 신비로운 역사가 이루어지고 있더라는 말입니다.

3년 동안 히틀러 치하에 있으면서 죽음의 수용소, 그 상상할 수 없는 고난을 겪은 빅터 프랭클이라는 유명한 정신과 의사가 있습니다. 그가 3년 동안 죽음의 수용소에서 말로 다 할 수 없는 고난을 겪으면서 나중에「삶의 의미를 찾아서」라는 유명한 책을 썼습니다. 이 책에서 그는 말합니다. '인간의 마지막은 자유다. 영혼의 자유, 내 인간 본질의 자유, 그 속에 삶의 가치가 있는 것이다.' 그러면서 인생의 가치를 세 가지로 말합니다. 첫째는 창조적 시간을 만드는 것입니다. 어떤 절망 가운데서도 창조적 시간은 따로 존재한다는 것입니다. 둘째는 피할 수 없는 고난 속에서도 자신의 태도를 결정하는 것은 자신의 몫이라고 하는 것입니다. 거기에 인간의 본질과 의미가 있다는 것이지요. 셋째는 그 고난 속에서 사랑을 경험할 수 있어야 한다는 것입니다. 평상시에 느낄 수 없는 사랑, 상상할 수 없는 사랑의 역사가 그 고난 속에 있음을 발견해야 한다고 그는 말하고 있습니다.

오늘본문에 나오는 이 말씀은 예수 그리스도의 종말론입니다. 이 세상 끝에 있을 일입니다. 주님께서 재림하시기 전, 역사의 끝에 있을 모든 환난과 고통을 지금 예언하고 계십니다. "앞으로 전쟁이 있을 것이다. 환난이 있을 것이다. 배신하는 일이 있을 것이다. 많은 고난과 지진, 전쟁이 있을 것이다." 이런 암울한 미래를 예고하시면서 세 가지 중요한 말씀을 하십니다. 첫째는 두려워하지 말라는 것입니다. 왜요? 있을 일이 있는 것이니까요. 고난과 환난, 그것은 반드시 있어야 할 일이 있는 것임을 인정하라는 것입니다. 대단히 중요한 말씀입니다. 이 모든 것은 하나님의 역사입니다. 그 재난과 환난 속에 하나님의 심판이 있고, 하나님의 구원이 있고, 하나님의 능력과 지혜가 있습니다. 아니, 하나님의 사랑이 그 속에 나타나 있습니다. 그러므로 두려워하지 말라고 말씀하십니다.

유명한 역사가 찰스 베어드는 그의 12권에 달하는 저서에서 자신의 역사관에 대하여 이렇게 말합니다. 먼저, 역사는 하나님의 심판이라는 것입니다. 역사는 사람의 일이 아닙니다. 무엇이 꼬이고, 무엇이 잘못되고, 누군가 배반하고 하는 것 같지만, 가만히 보면 하나님의 심판이라는 것입니다. 그리고 동시에 하나님의 구원이 그 속에 있다는 것입니다. 역사는 하나님께서 악인을 심판하시며, 의인을 구원하시고, 죄악을 심판하시며, 선한 자에게 하나님의 구원의 역사를 나타내시는 것이라고 그는 말합니다. '심판과 구원이 동시적으로 역사한다.' 이것이 하나님의 역사라고 하는 것입니다. 그런가 하면, 하나님께서는 악한 자를 심판하실 때 선한 자를 통해서 하시는 일이 거의 없다고 그는 말합니다. 오히려 하나님께서는 악한 자를 심판하실 때 더 악한 자를 통해서 하십니다. 악한 자를 통해서 악한 자를 심판하시는 것입니다. 여러분, 이걸 알아야 합니다. 역사를 보십시오. 선한 사람과 악한 사람이 서로 싸워서 이기고 지고 하는 일은 없습니다. 악한 자가 악한 자를 심판하게 하십니다. 그 하나님의 섭리가 역사 속에 있다는 것입니다.

더 나아가 하나님의 심판 속에는 신비로운 조화가 있다고 말합니다. 신비한 하모니가 있습니다. 마치 벌과 꽃의 조화와 같습니다. 벌은 아름답게 핀 꽃 속으로 들어가 그 꿀을 빼앗아 옵니다. 이 꽃이 뭐라고 하겠습니까? 입이 있다면 이렇게 말할 것 같습니다. "이 강도 같은 녀석아! 남의 화원에 와서 왜 이렇게 꿀을 뺏어가느냐?" 하지만 이 안에 하모니가 있습니다. 왜요? 벌이 이 꽃, 저 꽃을 다니면서 술을 옮겨놓거든요. 이렇게 하지 않으면 열매를 맺을 수 없습니다. 여러분, 이걸 알아야 합니다. 요새는 벌들이 많이 없어져서 어떻게 하는지 아십니까? 붓을 가지고 사람들이 꽃의 술을 옮겨놓기도 하고, 작은 선풍기를 돌려서 술을 옮겨놓기도 합니다. 이렇게라도 하지 않으면 열매가 열리지 못합니다. 그러니까 벌이 꽃을 위해서 봉사하고, 또 꽃이 벌을 위해서 봉사하는 것입니다. '이처럼 서로서로 조화를 이루어서 열매를 맺어가듯이, 인간의 역사도 이런 것이다. 죽이고 죽임을 당하고, 뺏고 빼앗기고, 사건 사고가 많은 것 같으나, 그 속에서 하나님의 오묘한 섭리와 조화로운 역사가 이루어지고 있다.' 이것이 찰스 베어드의 유명한 역사관입니다.

분명히 하나님께서는 심판하십니다. 사람의 일이 아닙니다. 우리가 미처 모르고 있지마는, 가만히 보면 전부 하나님께서 하신 일입니다. 미친 사람 같은 자도 하나님의 주관 속에 있는 것입니다. 전쟁의 비참함 속에 하나님의 심판과 구원이 있습니다. 하나님의 사랑이 그 속에 있다는 말입니다. 그런가 하면, 예수님께서는 말씀하십니다. "불법이 성하므로 많은 사람의 사랑이 식어지리라." 어떤 환난과 고통 속에도 사랑이 식는 일이 있어서는 안 되는 것이지요. 좀 더 드라마틱하게 생각하면, 고난이 있으므로 해서 사랑이 더 크게 나타납니다. 평상시에 사랑을 느끼지 못하나, 가난과 고통과 질병

속에 사랑을 나타낼 수도 있고, 사랑을 느낄 수도 있습니다. 건강할 때는 부모님의 사랑을 바로 알 수 없습니다. 그러나 내가 병든 때 부모님의 사랑을 알게 됩니다. 사랑을 느끼게 됩니다. 바로 고난을 통해서 그렇습니다. 이게 아주 신비로운 일입니다. 편안하고 모든 것이 무사할 때는 사랑을 줄 수도 없고, 받을 수도 없습니다. 그래서 이스라엘 사람들은 이런 말을 합니다. '부잣집 아들이 제일 불쌍하다.' 왜요? 사랑을 줄 수도 없고, 받을 수도 없으니까요. 하지만 가난한 집 사람은 정말 어려운 가운데에서도 서로 주고받는 말 한마디를 익히게 됩니다. 고구마 하나를 서로 나누어 먹으며 그 안에서 사랑을 느낍니다. 사랑의 소통이 이루어질 수 있다는 말입니다.

예수님께서는 사랑이 식으리라고 말씀하십니다. 전쟁과 환난 속에 인간성이 변하고, 사악해지고, 파괴되므로 사랑이 식는다고 말씀하십니다. 사랑이 뜨거워져야겠는데, 되레 사랑이 식는 것입니다. 슬픈 이야기입니다. 하지만, 하나님의 사랑을 고난 속에서 느낍니다. 하나님께서는 사랑을 고난 속에서 베푸십니다. 환난과 고난은 참으로 아픈 것입니다마는, 뜨거운 사랑의 교통이 여기에서 이루어집니다. 그 절박한 현실 속에 서로 주고받는 사랑이 있습니다. 분명 사랑이 식을 것입니다. 하지만 환난을 당할수록 하나님의 사랑을 더 강하게 느끼고, 하나님의 사랑을 베풀 수 있는, 그 사람이 바로 이 고난의 의미를 아는 사람입니다.

그런가 하면, 오늘 본문에서 가장 중요한 핵심은 이것입니다. "이 천국 복음이 모든 민족에게 증언되기 위하여 온 세상에 전파되리니 그제야 끝이 오리라(14절)." 복음이 땅끝까지 전해지리라— 오늘 여기에 괄호를 치고 그 안에 부사구를 하나 넣으면 좋겠습니다.

'이 환난과 고통을 통하여'라고요. '환난과 고난과 전쟁을 통하여 복음이 땅끝까지 전해지리라. 그제야 끝이 오리라.' 여러분, 역사의 끝, 역사의 중심은 복음입니다. 복음이 땅끝까지 전해지기 위하여 전쟁도 있고, 환난도 있고, 고난도 있고, 죽음도 있는 것입니다. 이걸 잊지 말아야 합니다. 대단히 중요한 말씀입니다. 이 고난을 통해서 전해지리라—

'선교학'이라는 학문이 있습니다. 학자들이 연구하는 중에 어떤 분이 이런 말을 했습니다. "역사를 선교학적으로 연구하고 보니, 전쟁과 가난과 질병을 통하지 않고는 선교가 성공한 역사가 없다." 환난과 고통은 아픈 것입니다. 그러나 이것을 통하지 아니하고는 하나님의 선교적 사역이 이루어지지 않는다, 이것입니다. 우리가 지금 이만큼 믿음을 가지고 있으며, 우리 한국교회가 이만큼 부흥되어 있습니다. 세계적으로 자랑거리입니다. 한국 교회 부흥의 결정적 계기가 둘입니다. 하나가 3·1운동입니다. 이것은 나라를 빼앗긴 사람들의 외침입니다. 많은 사람이 희생을 당했습니다. 적어도 우리 기독교인들만 5만 명 이상 순교했습니다. 많은 환난이 있었으나, 그 고난 속에 하나님의 말씀이 전파됩니다. 또 하나가 6·25 전쟁입니다. 엄청난 사건입니다. 이런 사건을 겪었습니다마는, 다 결산하고 나니까 전쟁을 통해서 교회가 세워지고, 전쟁을 통해서 하나님의 사람들이 주께로 돌아왔습니다. 이걸 잊지 말아야 합니다. 그런고로, 예수님께서는 이 모든 환난을 통하여 복음이 땅끝까지 전해진다고 하십니다. 이 모든 사건은 복음이 땅끝까지 전해지기 위해서 있어야 할 일이 있는 것이며, 그제야 끝이 오리라는 것이 예수님의 역사관입니다.

우리가 하나님 앞에 열심히 기도합니다. 기도 응답은 딱 세 가지가 있습니다. 하나는 "그래라!"입니다. 병 낫기를 위해서 기도하면 병이 낫게 해주십니다. 배고픈 자에게 빵을 주십니다. 어려운 자에게 형통함을 주십니다. 이렇게 구하는 대로 주시는 것이 바로 "그래라!" 하는 응답입니다. 또 하나는 "기다려라!"입니다. 지금은 때가 아니니 기다리라는 것입니다. 셋째는 "생각하라!"입니다. "네가 당한 현실, 네가 당하는 고난, 이 민족적인 고난을 잘 생각해보라. 그 속에 하나님의 역사가 있고, 하나님의 음성이 있는 것이다. 하나님의 능력이 있고, 하나님의 섭리가 있고, 하나님의 사랑이 있다는 것을 잊지 말아야 한다." 이것입니다.

끝까지 견디는 자는 누구입니까? 끝까지 견디는 자는 끝까지 믿음을 잃지 않는 자입니다. 끝까지 소망하는 자입니다. 끝까지 사랑하는 자입니다. "하나님께서는 사랑이시다." 이 간증을 절대로 떠나지 않는 믿음입니다. 어떤 경우에도 그 사건 속에서 하나님의 사랑을 느끼고, 하나님의 사랑을 전하고, 하나님의 사랑을 실천하는 믿음입니다. 이렇게 끝까지 견디는 자는 복음의 승리, 하나님 나라의 건설, 선교적인 비전을 바라봅니다.

예수님께서는 요한계시록 3장 20절에서 말씀하십니다. "볼지어다 내가 문 밖에 서서 두드리노니 누구든지 내 음성을 듣고 문을 열면 내가 그에게로 들어가 그와 더불어 먹고 그는 나와 더불어 먹으리라." 문밖에서 두드리노니― 오늘도 우리 앞에는 많은 사건이 있습니다. 주님께서 문밖에 서서 두드리고 계십니다. 우리가 마음 문을 열면 이제 하나님의 놀라운 섭리, 고난을 통해서 주시는 하나님의 계시를 보게 될 것입니다. 예수님께서 말씀하십니다. "그제야 끝

이 오리라." △

# 하나님이 행하시는 구원을 보라

바로가 가까이 올 때에 이스라엘 자손이 눈을 들어 본즉 애굽 사람들이 자기들 뒤에 이른지라 이스라엘 자손이 심히 두려워하여 여호와께 부르짖고 그들이 또 모세에게 이르되 애굽에 매장지가 없어서 당신이 우리를 이끌어 내어 이 광야에서 죽게 하느냐 어찌하여 당신이 우리를 애굽에서 이끌어 내어 우리에게 이같이 하느냐 우리가 애굽에서 당신에게 이른 말이 이것이 아니냐 이르기를 우리를 내버려 두라 우리가 애굽 사람을 섬길 것이라 하지 아니하더냐 애굽 사람을 섬기는 것이 광야에서 죽는 것보다 낫겠노라 모세가 백성에게 이르되 너희는 두려워하지 말고 가만히 서서 여호와께서 오늘 너희를 위하여 행하시는 구원을 보라 너희가 오늘 본 애굽 사람을 영원히 다시 보지 아니하리라 여호와께서 너희를 위하여 싸우시리니 너희는 가만히 있을지니라

(출애굽기 14 : 10 - 14)

# 하나님이 행하시는 구원을 보라

인격이란 세 가지 차원에서 평가됩니다. 인격이란 한 마디로 사람됨이라고 할 수 있습니다. 그 사람답게 사는 인격의 평가 기준에 대해서 세 가지를 말할 수 있습니다. 첫째는 존재감입니다. 얼마나 자기 자신을 존귀하게 여기느냐, 하는 것입니다. 우리 그리스도인의 입장에서 본다면, 하나님의 형상이요 하나님의 자녀라고 하는 그 존재감을 확실하게 지켜가야 합니다. 그래서 함부로 먹고, 함부로 눕고, 함부로 행해서는 안 됩니다. 하나님의 자녀라고 하는 높은 존재감, 그걸 지켜가는 것이 중요합니다. 둘째는 의식 문제입니다. 뭘 생각하고 사느냐, 어디까지 알고 사느냐, 뭘 더 알고 싶으냐…… 역시 사람은 의식입니다. 의식이 없어지면 살아도 산 것이 아닙니다. 그러니까 의식의 세계, 그것이 바로 나의 인격의 바로미터가 됩니다. 셋째가 중요합니다. 관리 문제입니다. 내가 어떻게 관리하고 사느냐, 하는 것입니다. 바로 관리능력입니다. 그것이 나의 인격이라는 말입니다. 한 마디로 줄여 말하면, 소유의 문제가 아니라 관리의 문제입니다. 얼마나 많이 가졌느냐가 아닙니다. 얼마나 잘 관리하느냐입니다. 지금 나는 그 가진 바를 통해서 얼마나 행복을 느끼고, 또 가진 바를 통해서 얼마나 귀한 일을 하고 있는지, 생각해보십시오. 소유의 문제가 아니고 관리의 문제라, 그 말입니다. 요새도 보면 소유에 대해서는 편차가 많습니다. 많이 가진 사람이 있고, 적게 가진 사람이 있지 않습니까. 또, 적게 가지고도 관리를 잘해서 행복한 사람이 있고, 많이 가지고도 관리를 잘못해서 아주 망가지는 사람들도 있지 않습니까.

관리를 놓고 보면, 세 가지가 있습니다. 첫째는 건강관리입니다. 누구에게나 주어진 건강이 있습니다. 키가 작고 큰 것은 주어진 것입니다. 작은 사람이 억지로 크려고 하면 안 되는 것이지요. 또, 자기 얼굴 생김도 애초에 그렇게 만들어진 것 아닙니까. 문제는 그 현실에서 어떻게 건강을 관리하느냐, 하는 것입니다. 예쁘냐, 안 예쁘냐 하는 것보다 건강하냐, 병들었냐가 중요합니다. 건강관리가 제일입니다. 그런데, 건강의 85퍼센트는 내가 결정하는 것입니다. 그만큼 건강관리가 중요하다는 것입니다.

둘째는 재산관리입니다. 내가 얼마를 가졌느냐는 중요하지 않습니다. 자족하는 마음으로 스스로 가진 바를 만족하게 여기며 행복하게 사는 사람이 있는가 하면, 어떤 사람은 꽤 많이 가진 것 같은데도 항상 불행한 사람도 있습니다. 늘 분쟁이 있습니다. 하루도 편할 날이 없습니다. 차라리 가난했으면 좋았으리라고 생각되는 때가 많습니다. 재산관리, 잘해야 합니다.

셋째는 위기관리입니다. 우리 앞에는 늘 좋은 일만 있는 것은 아닙니다. 이런 일도 있고, 저런 일도 있습니다. 우리가 극단적으로 위기라고 하는 때가 많은데, 이걸 내가 어떻게 관리하느냐에 따라서 내 운명이 결정됩니다. 이것을 심리학적으로 말할 때 옛날에는 IQ라고 했습니다마는, 요새는 EQ라고 합니다. 감성 능력입니다. 이것이 바로 관리능력입니다. 얼마나 아느냐, 얼마나 소유했느냐보다 어떻게 관리하느냐, 하는 것입니다. 내가 가진 지식을 어떻게 관리하느냐, 내가 가진 소유를 어떻게 관리하느냐, 하는 것입니다. 내 건강이 지금 이 정도거든요. 이것도 내가 어떻게 관리하느냐에 따라서 내 미래의 운명을 결정한다, 이것입니다.

잘 아시는 대로, 위기라고 하는 것은 새로운 기회를 말하기도 합니다. 그런데, 하나님께서 하시는 일, 우리 인간이 하는 일에 대해서 제가 이름 붙이기를 '은혜의 충돌'이라고 했습니다. 은혜의 충돌— 하나님께서는 은혜로 주시는 것인데, 우리가 잘 받아들이지 못하면 은혜가 은혜 될 수 없습니다. 오히려 저주가 될 수도 있습니다. 그래서 위기 가운데 하나님께서 주신 은혜를 내가 어떻게 관리하느냐, 하는 것이 아주 중요하다는 것입니다.

오늘본문에서 우리는 이스라엘 백성이 출애굽 하는 것을 볼 수 있습니다. 4백 년 동안이나 애굽에서 노예 생활을 하던 사람들이 하나님의 은혜 가운데 모세의 인도함을 받아 애굽에서 광야로 나옵니다. 그 장면이 여기 있습니다. 60만 대군이 출애굽 합니다. 아, 이것은 기적 중에서도 역사적인 최고의 기적입니다. 노예로 살던 사람들이 하나님의 은혜로 자유인이 되어서 애굽에 있는 보화를 가지고 광야로 나옵니다. 놀라운 이야기 아닙니까. 그런데, 이제 나오면서 바로 위기에 직면하게 됩니다.

저는 성경을 읽을 때마다 다음의 두 가지가 좀 마음에 걸립니다. 하나는 하나님께서는 왜 바로 왕을 강퍅하게 하셨을까, 하는 것입니다. 성경은 분명히 말씀합니다. 강퍅하게 되었다가 아니라, 하나님께서 강퍅하게 만드셨다, 이것입니다. 저는 이게 마음에 걸립니다. 어차피 다 죽었는데, 왜 강퍅하게 하셨을까? 그런데, 여기에 하나님의 은총적 계기가 있는 것입니다. 성경에 있는 대로, 바로 왕의 교만한 마음을 꺾기 위해서 10가지 재앙이 있지 않았습니까. 그 무서운 10가지 재앙을 만나는데, 마지막에 장자가 죽는 재앙을 만납니다. 모든 집안의 장자가 다 죽어버립니다. 꼼짝 못 하고 바로가 손을 들고 "나가라! 보기 싫으니까 다 가지고 나가라!" 합니다. 그래서 이스라엘 백성이 만세를 부르며 출애굽을 합니다. 그랬으면 바로는 여기서 무릎을 꿇어야지요. 하지만, 이렇게 이스라엘 백성을 내보내고 또다시 그 마음이 강퍅하게 되었습니다. '이걸 내보내다니, 내가 여기서 굴복하다니, 안 되겠다.' 그리고 다시 이스라엘 백성을 추격하기 위해 따라갑니다. 그 출애굽 한 이스라엘 백성들을 아예 진멸하기 위해서 분노에 찬 군인들을 몰고 나갑니다. 그래서 애굽의 무장한 군인들과 쫓기는 이스라엘 백성이 광야에서 만납니다. 바로 이것이 저는 마음에 걸립니다.

또 한 가지는 이스라엘 백성을 하나님께서 인도하실 때 불기둥과 구름기둥으로 인도하셨다는 것입니다. 성경이 분명히 말씀합니다. 저들은 나침반이 있는 것도 아니고, 지적도가 있는 것도 아닙니다. 그저 하나님께서 인도하시는 대로 따라오는데, 그 인도하는 방향이 어디입니까? 낮에는 구름기둥으로, 밤에는 불기둥으로 인도하십니다. 낮에는 광야가 뜨거우니까 그들을 구름으로 덮으셨습니다. 또, 밤에는 어두우니까 불기둥으로 그들을 인도하셨습니다. 그들은 불기둥을 보면서 행진했습니다. 문제는 이때 그들이 가는 방향이 어디냐, 하는 것입니다. 성경말씀으로는, 광야의 홍해 길로 인도하셨다는 것입니다. 이 또한 이해가 안 되는 부분입니다. 상식적으로 생각하면, 노정상 그냥 북쪽으로 올라가서 그다음에 동쪽으로 가야 합니다. 그래야 홍해를 건너지 않을 수 있는데, 이 사람들을 홍해의 광야 길로 인도하십니다. 그러니까 앞에 있는 홍해에 딱 부딪치게 된다, 이것입니다. 여러분, 어쩌자고 홍해로 인도하시는 것입니까? 이것이 하나님께서 하시는 일입니다. 그러니까 바로 왕의 마음을 강퍅하게 하신 것, 그래서 이스라엘을 추격하게 하신 것입니다. 그런가 하면, 하나님께서 인도하신 노정대로 왔는데, 눈앞에는 홍해가 있더라, 이것입니다. 이것을 '홍해의 광야 길'이라고 말합니다. 그러니까 왜 하나님께서는 이스라엘 백성을 이렇게 막다른 길로 인도하셨느냐, 하는 것입니다.

이 현실 속에서 생각해봅니다. 인간적 관점에서 볼 때 이것은 철저하게 절망적입니다. 뒤에는 분노한 애굽 군대가 따라오고, 앞에는 홍해가 가로막혀 있습니다. 이스라엘 백성은 그야말로 독 안에 든 쥐입니다. 정말 인간적으로 생각하면, 원망하지 않을 수 없습니다. 오늘 본문말씀에는 원망하는 데에도 유머가 있더라고요. "애굽에 매장지가 없더냐? 공동묘지가 모자라더냐? 왜 우리를 다 데려다가 여기서 죽이려고 하느냐? 우리가 애굽에서 그냥 노예로 섬기겠노라 했는데, 왜 우리를 끌어내가지고 이 광야에서 비참하게 죽게 만드느냐?" 이렇게 원망합니다. 원망하는데, 논리적입니다. 가만히 보면 원망할 만도 합니다.

그런데, 여기에서 생각해야 합니다. 믿음 없는 이스라엘 백성은 이 절박한 위기를 당할 때 그만 하나님을 원망하게 됩니다. 열 가지 재앙을 지켜보면서 그동안 받았던 은혜를 잊어버립니다. 자신들을 구속하신 하나님의 은혜를 까맣게 잊어버립니다. 그렇게 지난날에 받은 은혜를 망각하게 되더라, 이것입니다. 여러분, 잊지 말아야 합니다. 현재의 위기관리를 바로 하지 못하면 지난날에 받은 모든 은혜를 다 쏟아버리게 됩니다. 절절히 하나님을 원망하게 됩니다. 과거의 은혜를 잊어버리는 것입니다. 생각해보십시오. 우리가 얼마나

많은 은혜를 받고, 그 은혜 속에 내가 있었습니까. 이걸 잊어서는 안
되지요. 그런데, 현재 좀 어렵다고 해서 위기관리를 못 하고, 받은바
모든 은혜를 다 쏟아버립니다. 하나님을 원망합니다. 하나님의 능력
도 망각합니다. 10가지 재앙을 내리신 하나님의 역사, 바로 왕을 굴
복시키신 그 역사, 그 모든 놀라운 기적을 이스라엘 백성이 까맣게
잊어버렸습니다.

그런가 하면, 더더욱 중요한 것은 하나님께서 약속하신 가나안
땅에 대한 미래적 소망을 잊어버렸습니다. 하나님께서 약속하셨습
니다. "젖과 꿀이 흐르는 약속의 땅, 아브라함과 이삭과 야곱에게 약
속한 저 가나안 땅을 내가 너희들에게 주마." 이 귀한 약속을 오늘
현재 좀 어려운 일이 있다고 해서 까맣게 잊어버립니다. 소망을 잊
어버립니다. 소망을 잊어버리고 나니, 절망입니다. 소망에 대한 확
실한 믿음을 잃어버릴 때 저들은 하나님의 은혜에 대한 배반자가 되
고 말았던 것입니다.

더 나아가 이들은 현재 받은 은혜를 생각하지 못했습니다. 여러
분, 430년 동안 애굽에서 노예 생활을 했습니다. 지금 저기에 있는
사람들은 다 노예의 자손으로 태어난 것입니다. 날 때부터 노예입니
다. 이렇게 비참하게 노예로 살다가 노예로 죽을 운명입니다. 그런
데, 하나님의 은혜로 지금 광야로 나왔습니다. 저는 이렇게 생각해
봅니다. '이들이 이렇게 생각했으면 얼마나 좋을까? 노예로 살다가
노예로 죽느니, 차라리 자유인으로 살다가 하나님의 백성으로 죽겠
다. 차라리 하나님의 백성으로 죽고 싶다. 이렇게 생각했으면 얼마
나 좋을까?' 그러나 그들은 그 은혜를 저버리고 하나님을 원망하게
됩니다. 특별히 사도 바울은 고린도전서 10장 10절에서 말합니다.

204

"그들 가운데 어떤 사람들이 원망하다가 멸망시키는 자에게 멸망하였나니 너희는 그들과 같이 원망하지 말라." 성도는 어떤 위기에도 위기관리를 잘하고, 위기를 통해서 은총을 깨닫고, 하나님을 원망하지 말아야 합니다.

오늘본문에서 모세가 그 원망하는 백성을 향하여 간곡하게 외칩니다. "두려워하지 마라. 애굽의 군사들이 지금 눈앞에 쳐들어오고 있지마는, 하나님께서 하시는 일을 보라. 하나님을 생각하고, 땅을 생각하지 마라. 하나님을 보고, 현실을 보지 마라. 두려워하지 마라." 어느 때든지 두려워하는 마음은 불신앙입니다. 어떤 경우에도 두려워하는 마음으로는 위기관리를 할 수 없습니다. 두려움으로는 그 위기를 통해서 주시는 하나님의 은총을 깨달을 수 없기 때문입니다.

또한, 모세가 말합니다. "조용히 하라, 내가 하나님 됨을 알라 (Be still, know that I am God)." 이게 무슨 말씀입니까? 번민하지 말라, 떠들지 말라, 비판하지 말라, 원망하지 말라, 지금 조용히 마음을 가라앉히라, 이것입니다. 여러분, 격동하면 실수합니다. 하나님을 원망하게 됩니다. 조용히 가라앉혀야 합니다. 우리가 말을 많이 하면 들을 수 없습니다. 원망하면 하나님의 음성을 들을 수 없습니다. 원망하면 성령의 역사도 들을 수 없습니다. "조용히 하라, 마음을 가라앉히고 조용하여 내가 하나님 됨을 알라." 분노도 있고, 두려움도 있을 수 있습니다. 걱정 근심, 다 있을 수 있습니다. 그러나 믿음의 사람은 조용히 마음을 가라앉힐 줄 알아야 합니다.

그리고 나서 모세는 말합니다. "하나님께서 하시는 일을 보라." 하나님의 능력, 하나님의 지혜, 하나님의 구원하시는 방법을 보라,

이것입니다. 모세의 외침입니다. 오늘 이 세대가 많이 요동하고 있습니다. 정치, 경제, 문화…… 어느 것 하나도 시원하지 않습니다. 어떻게 보면 상식적이지 않습니다. 이해가 되지 않습니다. 그러나 사람의 일이 아닙니다. 조용해야 합니다. 격동하면 안 됩니다. 요새도 가만히 보면, 그저 모여 앉기만 하면 걱정이 되어서 이말 저말이 마구 오갑니다. "이 세상이 어떻게 되려고 이러나?" 여러분, 이제는 그만하십시오. 조용하라— 이것이 중요합니다.

제가 인천에서 목회할 때 참 훌륭한 원로 목사님을 모시고 있었습니다. 아침에 신문이 왔습니다. 그때는 경제가 워낙 어려울 때니까 신문을 달랑 1면밖에 못 만들었습니다. 그런데, 그 신문을 열어 보니까 어디서 살인이 났고, 어디서 무슨 사고가 났고…… 처음부터 끝까지 전부 끔찍한 이야기만 가득했습니다. 무슨 전쟁의 위험이 있고, 경제가 어렵고…… 이런 여러 가지 내용이었습니다. 장로님들이 그 신문을 보면서 걱정을 늘어놓았습니다. 그때 목사님께서 가만히 지켜보시더니 "신문 이리 줘요" 하면서 신문을 걷어가셨습니다. 그리고 그걸 둘둘 말아 손에 쥐고는 문을 열고 조용히 사무실을 나가셨습니다. 제가 목사님이 어디를 가시나 궁금해서 따라가 보았습니다. 목사님은 예배당으로 들어가셨습니다. 그리고 본당 강대상 앞에 무릎을 꿇고 신문을 쭉 펴놓더니 이렇게 기도하셨습니다. "하나님, 어찌 된 것입니까? 이런 일이 왜 일어나는 것입니까?" 그때 저는 그런 모습을 보면서 그 이기혁 목사님을 일생토록 존경하게 되었습니다. 여러분, 하나님께 여쭈어야 합니다. 사람을 만난다고 되는 일이 아닙니다. 지식의 노예가 되지도 마십시오. "조용하여 내가 하나님 됨을 알지니라." 이것을 기억해야 합니다.

　마침내 홍해가 열렸습니다. 여기에도 재미있는 에피소드가 있습니다. 하나님께서 말씀하십니다. "언덕에 서서 지팡이를 들어 홍해를 쳐라. 그리고 건너가라." 모세가 이 말씀을 듣고 담대하게 홍해의 언덕에 서서 지팡이를 들고 섰습니다. 그리고 하나님 말씀대로 홍해를 딱 쳤습니다. 그런데, 갈라지지 않았답니다. 그러니까 모세도 당황하고, 백성들도 불안에 떨었습니다. 그때 여호수아가 옆에 있다가 말했습니다. "모세여, 치고 건너가라 하셨는데, 어찌하여 머물러 있습니까?" 그러면서 여호수아가 물속으로 풍덩 들어갔답니다. 그랬더니, 홍해가 쫙 갈라졌다는 것입니다. 이 얼마나 중요합니까. 홍해가 열렸습니다. 이런 기적은 전무후무합니다. 역사에 딱 한 번 있은 일입니다. 출애굽기 14장 31절에 이런 말씀이 있습니다. "여호와께서 애굽 사람들에게 행하신 그 큰 능력을 보았으므로 백성이 여호와를 경외하며 여호와와 그의 종 모세를 믿었더라." 이 사건이 있은 다음에 모세를 믿었더라— 하나님의 구원을 보았습니다. 그렇습니다. 이제 끝이다, 할 때 하나님께서는 시작하십니다. 그때 하나님께서는 창조의 역사를 이루십니다. 이걸 잊지 말아야 합니다. 하나님께서는 위기 속에서 말씀하십니다. 위기 속에서 행하십니다. 위기 속에서 창조하십니다.

　이스라엘 사람들의 이런 재미있는 격언이 있습니다. "앞이 보이지 않으면 뒤를 보라. 뒤가 보이지 않거든 옆을 보라. 사방이 다 보이지 않거든 위를 보라." 조용히 하나님께서 하시는 일을 볼 것입니다. 오늘 하나님께서는 말씀하십니다. "너희는 두려워하지 말고 가만히 서서 여호와께서 오늘 너희를 위하여 행하시는 구원을 보라 너희가 오늘 본 애굽 사람을 영원히 다시 보지 아니하리라(13절)." 놀라운 말씀입니다. 세상이 아무리 소란스러워도 이 위기를 신앙적으로 잘 관리하십시다. 조용하여 하나님께서 하나님 되심을 알고, 그 큰 은혜에 응답하고 감사하는 하나님의 사람들 되시기를 바랍니다. △

# 한 과원지기의 믿음

이에 비유로 말씀하시되 한 사람이 포도원에 무화
과나무를 심은 것이 있더니 와서 그 열매를 구하였으
나 얻지 못한지라 포도원지기에 이르되 내가 삼 년을
와서 이 무화과나무에서 열매를 구하되 얻지 못하니
찍어버리라 어찌 땅만 버리게 하겠느냐 대답하여 이
르되 주인이여 금년에도 그대로 두소서 내가 두루 파
고 거름을 주리니 이 후에 만일 열매가 열면 좋거니
와 그렇지 않으면 찍어버리소서 하였다 하시니라
(누가복음 13 : 6 - 9)

## 한 과원지기의 믿음

최근의 베스트셀러 가운데 「Leverage」라는 유명한 책이 있습니다. 이 '레버리지'라는 제목은 우리말로 '지렛대'라는 뜻입니다. 저자는 롭 무어인데, 그는 이 책에서 시간을 세 가지로 나누어 말합니다. 첫째, 낭비된 시간입니다. 쓸데없는 일로 말미암아 소중한 시간을 잘못 사용했습니다. 아무 생각 없이 지내다가 그만 이 소중한 시간을 그냥 흘려보냈더라, 이것입니다. 둘째, 소비된 시간입니다. 생을 위해서 소중하게 쓰인 시간입니다. 분명히 잘 쓰여서 그 결과도 있습니다. 그러나 이미 지나갔습니다. 내가 소중하게 잘 사용했고, 아주 잘 살았고, 최선을 다했지만, 어쨌든 다 지나간 일입니다. 셋째, 투자된 시간입니다. 여기에 의미가 있습니다. 현재는 이렇다 할 성과가 없습니다. 그러나 잠재된 가능성이 있습니다. 그러니까 투자된 것입니다. 언젠가는 큰 효과를 얻을 것입니다.

이 투자된 시간으로, 제게 간증 거리가 하나 있습니다. 저는 북한에서 나왔습니다. 거기에서 중고등학교를 다녔습니다. 때문에 저는 남한에 와서 중고등학교를 다닌 일이 없습니다. 그리고 미국에 유학을 가게 됩니다. 남한에서 영어를 공부한 일이 없는 제가 어떻게 영어시험에 합격할 수 있었을까요? 거의 기적 같은 이야기인데, 어쨌거나 저는 토플시험에서 600점을 맞고 프린스턴 신학교에 들어갔습니다. 다들 깜짝 놀라서 "아니, 남한에서 중고등학교도 안 다닌 사람이 어떻게 저 어려운 시험을 통과해서 유학을 갈 수 있게 되었지?" 하고 저한테 질문했습니다. 그때 저는 이렇게 대답했습니다.

"제가 군대 생활을 3년 했거든요." 그 3년 동안 전투를 치르지 않을 때는 한가하기 짝이 없어서 그야말로 빈둥거리는 시간입니다. 더구나 보초를 서는 시간에는 그냥 총 들고 우두커니 서 있는 것 아닙니까. 하루종일 그렇게 지내는 것입니다. 그래서 안 되겠다 싶어서 저는 보초 설 때 콘사이스 영어사전을 사들고서 통째로 외웠습니다. 한 페이지를 다 외우면 찢어버리고, 또 한 페이지를 다 외우면 또 찢어버리고…… 그런 식으로 4권을 해치웠습니다. 그래서 저는 문법도 모르고, 발음도 엉망이지마는, 단어 실력 하나만은 최고가 되었습니다. 그래서 제가 무사히 미국으로 가 5년을 공부했는데, 그동안 사전을 한 번도 뒤져본 일이 없습니다. 그 실력, 언제 얻어진 것입니까? 아니, 그것은 무엇입니까? 보초 서면서 투자된 시간입니다. 지금은 이렇다 하게 되는 일이 없는 것 같아도 먼 앞날을 위해서 투자하는 것입니다. 그런 시간이 모여서 큰 역사를 이루게 되는 것입니다. 바로 이것이 '레버리지(leverage)'라는 것입니다. 잠재된 지렛대 같은 소중한 시간을 말하는 것입니다.

성공하는 사람은 숨어 있는 잠재력의 가능성을 믿습니다. 믿음은 보이지 않는 가능성을 봅니다. 다른 사람들이 느끼지 못하는 것을 느낍니다. 다른 사람들은 아주 하찮게 여기는 것을 나는 소중하게 여깁니다. 다시 신앙적으로 생각하면, 다른 사람은 못 보는 신령한 세계를 보는 것입니다. 다른 사람은 느끼지 못하는 것을 느낍니다. 눈에는 보이지 않지만, 약속된 미래, 영원한 하늘나라까지 바라보며 오늘을 삽니다. 이것이 진정한 의미의 레버리지입니다.

오늘본문에 나오는 이야기는 제가 개인적으로 아주 소중하게 여기는 것입니다. 무화과나무의 이야기입니다. 무화과나무는 관상 나무가 아닙니다. 여러분도 아시는 대로, 그것은 그 재목 하나도 쓸 수 없습니다. 비틀비틀 올라가는 나무입니다. 잎이 많고 옆으로 퍼지기 때문에 재료로 쓸 수가 없는 것입니다. 심지어 관상 나무로도 가치가 없습니다. 무화과나무의 존재는 무화과 열매뿐입니다. 열매를 위해 이 나무는 존재하는 것입니다. 열매를 맺을 때 비로소 존재의 가치가 있습니다. 그런데, 오늘본문에서 이 나무는 3년을 기다려도 열매가 없었습니다. 그래서 주인이 말하지요. "3년을 기다려도 열매가 없으니, 찍어버려라. 이건 소망이 없다." 이렇게 심판을 명합니다. 준엄한 심판입니다. 당연합니다. 3년 동안이나 열매를 맺지 못하니 찍어버려야지요. 당연히 그래야 하지 않겠습니까. "어찌하여 땅만 버리느냐? 그 땅에다가 다른 식물을 심었으면 열매가 있을 것인데, 열매 없는 무화과나무를 심어놓고 3년이나 기다리면서 땅만 허비한 것 아니겠느냐." 주인의 심판은 정확하기도 하고, 아주 준엄합니다. 바로 이때입니다. 과원지기의 믿음이 나타납니다. 과원지기는 중보적 믿음으로 잠재된 가능성을 믿고 있습니다. 모두가 가능성이 없다고 하지만, 이 과원지기가 볼 때는 가능성이 있다는 것입니다.

현상에는 두 가지가 있습니다. 하나는 생리적인 현상이고, 또 하나는 병리적인 현상입니다. 이것이 생리적 사건이라면 찍어야지요. 아예 열매가 없도록 생겨먹은 잘못된 나무라면 찍어 마땅하지요. 구제불능이니까 말입니다. 그러나 병리적인 사건이라면, 그 병의 요인만 제거하면 열매를 얻을 가능성이 있습니다. 바로 거기에 문제가 있는 것입니다. 그래서 이 과원지기는 말합니다. "Something wrong with me." 이 나무의 잘못이 아니고, 뭔가 내게 잘못이 있다,

이것입니다. 이렇게 믿고 있는 것입니다. 이 얼마나 소중한 신앙입니까. 이 얼마나 고마운 분입니까. 이 얼마나 고마운 과원지기입니까. 그는 나름대로 다른 시각에서 보고 있는 것입니다. 분명히 열매를 맺을 수 있는 나무인데, 무엇인가 잘못되어서 병리적으로 열매가 없다는 것입니다. 그다음 말이 더욱 중요합니다. 과원지기가 스스로 책임을 지겠다는 것입니다. "내가 두루 파고 거름을 주리니(8절)." 나무는 조용합니다. 나무는 할 말이 없습니다. 열매 없는 이 나무는 변명할 여지가 없습니다. 하지만 과원지기가 대신 말해주고 있습니다. 주인은 분명히 나무를 심판했습니다. "이 나무가 잘못됐다. 그런고로 찍어버리라." 하지만 이 과원지기는 아닙니다. "제게 무슨 잘못이 있을 것입니다. 제가 해야 할 일을 다 못한 것 같습니다." 이렇게 나무를 대신하여 스스로 회개하고 있습니다. "뭔가 제가 잘못한 것 같습니다. 그래서 이런 일이 생겼을 것입니다." 이렇게 대신 회개하고 책임을 집니다. 이것이 사랑 아니겠습니까. 사랑은 책임을 남에게 묻지 않습니다. 어떤 경우에도 스스로를 향해 먼저 책임을 묻습니다.

　어떤 어머니가 식사가 끝나고 나서 그릇을 다 가지고 부엌으로 가 설거지를 하는데, 어린아이가 방안에서 강아지하고 놀더랍니다. 그런데, 강아지가 말을 안 들으니까 이 아이가 이렇게 말하더랍니다. "너, 내 말 안 들을래? 죽여버린다!" 엄마가 깜짝 놀란 것입니다. '저런 말이 어디서 나왔지? 어디서 배운 거지?' 그래서 그냥 아이를 끌어안고 통곡했다는 것입니다. "내가 잘못했다!" 이 깨끗한 어린아이의 마음에 악을 가르친 자가 누구겠습니까. 그렇다면 어떻게 그 아이를 나무랄 수 있겠습니까. 그렇습니다. 아이 입에서 그런

말이 나온 것은 결국, 어머니한테서 배웠기 때문입니다. 다 부모한
테서 온 것입니다.

　성경에 보면 예수님께서 말씀하신 비유 가운데 유명한 '탕자의
비유'가 있지 않습니까? 둘째 아들이 아버지가 아직 세상을 떠나지
도 않았는데 유산을 달라고 한 것입니다. 못된 놈이지요. "아버지,
세상 떠나실 때 저한테 주려고 하셨던 유산을 미리 주세요." 둘째 아
들은 그렇게 유산을 받아서 타국으로 가버렸습니다. 아버지는 속으
로 이럴 수도 있습니다. '이런 못된 놈이 있나? 잊어버려야지. 무엇
때문에 그런 놈을 기다리겠나?' 그러나 아버지의 마음은 그게 아닙
니다. '네가 집을 나간 원인은 내가 제공한 것이다. 무엇인가 내가
네게 잘못해서 네가 이렇게 나쁜 탕자가 됐고, 집을 나가버린 것이
다.' 이렇게 생각합니다. 물론 성경에 그런 기록은 없습니다마는, 이
아버지는 날마다 회개하는 마음으로 집 나간 아들을 기다렸을 것입
니다. 무언가 내가 잘못해서 아들이 상처를 받고 집을 나간 것이라
고 생각했기 때문입니다. 그래 저녁마다 아들을 기다렸습니다. 그리
고 그 아들이 돌아오는 모습을 보고 아버지가 너무나 기뻐서 잔치를
베풉니다. 왜 나갔느냐고 묻지도 않고, 왜 돌아왔느냐고 묻지도 않
습니다. 이것은 아버지 자신의 문제입니다. "네가 나간 것은 내 잘못
이고, 네가 돌아왔으니 나는 이제 사죄받은 마음으로, 하나님 앞에
면죄 받은 마음으로 기뻐한다."

　탕자는 왜 집을 나갔습니까? 성경에 기록이 없습니다. 그러나
아버지의 마음속에는 있습니다. 양 한 마리를 잃어버린 목자가 있습
니다. 양이 집을 나갔을 때 밤에 잠을 못 자고 이 목자가 양을 찾아
그 위험을 무릅쓰고 양을 찾아갑니다. 양을 사랑해서가 아닙니다.

그 속에는 깊은 회개가 있었다고 생각합니다. '내가 잘못 돌아보아서, 잘못 인도해서 저 양이 울타리 밖으로 이탈했구나!' 목자는 마치 자기의 잘못인 것처럼 뉘우치고 회개하며 이 양을 끝까지 찾아가는 것입니다.

여러분, 더는 책임을 남에게 묻지 맙시다. 자녀의 문제든, 부부의 문제든, 세상의 문제든, 그 모든 책임에 대해서 하나님 앞에 오늘본문의 이 과원지기처럼 생각할 것입니다. 열매가 없는 것, 나무가 나쁜 까닭이 아닙니다. 내가 잘못한 것입니다. 주인은 말합니다. "나무가 나쁘다. 찍어버려라." 이렇게 심판을 재촉하지만, 과원지기는 아닙니다. "제가 잘못한 것 같습니다. 1년만 더 봐주세요. 1년 동안 제가 정성을 다해서 다시 한번 수고하겠습니다." 이렇게 회개하는 마음, 책임지는 마음, 그 거룩한 마음이 오늘본문에 계시되어 있습니다. 이것이 바로 예수 그리스도의 마음입니다. 예수님께서 십자가에서 하신 말씀을 보십시오. "하나님이여, 저들의 죄를 사하소서. 자기들이 하는 것을 모르기 때문입니다." 여러분, 왜 모르겠습니까? 가르쳐주는 자가 없으니까 모르는 것입니다. 전파하는 자가 없으니까 모르는 것입니다. 여러분, 이걸 잊지 말아야 합니다. 대신 수고하시고, 대신 심판을 받으시고, 대신 저주를 받으시고, 대신 죽으시고…… 이것이 예수님의 십자가 사건이 아니겠습니까.

오늘본문에 나타나지 않은 내용이 하나 있습니다. 이후 이 나무는 열매를 맺었을까요, 안 맺었을까요? 저는 이렇게 믿고 싶습니다. 이제 과원지기가 새 마음으로 수고를 해서 열매를 맺었을 것입니다. 새로운 기회를 주어서, 그 은총적 기회를 통해서 열매를 맺고, 나무도 과원지기도, 아니, 주인까지도 함께 기뻐했으리라고 믿습니다.

참사랑이란 무엇입니까? 참믿음입니다. 열매 없는 책임을 내가 지고, 내가 희생하고, 내가 기다리고…… 이렇게 하나님 앞에 호소하는 거기에 진정한 사랑이 있습니다. 우리는 지금 모든 문제에서 책임을 남에게 놀리고 있습니다. 세상에 돌리고, 남에게 돌리고, 이웃에게 돌리고, 남의 나라에 돌리고…… 끝도 없는 것입니다. 저쪽도 할 말이 있습니다. 참믿음은 책임을 내가 지는 것입니다. 참사랑은 내가 대신하는 것입니다. 그리할 때 하나님께서 주시는 은총적 계기 속에 새로운 미래가 창조될 것입니다.  △

# 좋은 소식을 전하는 자

네가 만일 네 입으로 예수를 주로 시인하며 또 하나님께서 그를 죽은 자 가운데서 살리신 것을 네 마음에 믿으면 구원을 받으리라 사람이 마음으로 믿어 의에 이르고 입으로 시인하여 구원에 이르느니라 성경에 이르되 누구든지 그를 믿는 자는 부끄러움을 당하지 아니하리라 하니 유대인이나 헬라인이나 차별이 없음이라 한 분이신 주께서 모든 사람의 주가 되사 그를 부르는 모든 사람에게 부요하시도다 누구든지 주의 이름을 부르는 자는 구원을 받으리라 그런즉 그들이 믿지 아니하는 이를 어찌 부르리요 듣지도 못한 이를 어찌 믿으리요 전파하는 자가 없이 어찌 들으리요 보내심을 받지 아니하였으면 어찌 전파하리요 기록된 바 아름답도다 좋은 소식을 전하는 자들의 발이여 함과 같으니라

(로마서 10 : 9 - 15)

# 좋은 소식을 전하는 자

   꽤 오래전 이야기입니다. 한 30여 년 전으로 기억됩니다. 제가 태평양 한가운데의 괌도에 있는 교회에 부흥회를 인도하러 갔던 일이 있습니다. 그 목사님은 제가 가르친 제자였기 때문에 아주 친절하게 저를 잘 안내해주었습니다. 부흥회를 인도한 다음, 점심을 먹고 저녁까지 시간 여유가 있었습니다. 그때 그분이 저더러 "목사님, 드라이브 한번 하시지요" 해서 차를 타고 둘이서 드라이브를 했습니다. 그래 두어 시간 동안 여기저기 다니다가 어디 산길을 올라가는데, 산 한가운데서 차를 세웁니다. 특별히 볼 것도 없는 듯하여 왜 여기서 차를 세웠느냐고 물으니 "잠깐 따라오세요" 합니다. 그래 차를 세워놓고, 그 목사님의 인도를 따라 숲속으로 들어갔습니다. 아주 고개를 숙이고야 들어갈 수 있는 그 숲속을 한참 걸어 들어갔더니, 거기에 조그마한 굴이 하나 있었습니다. 그분이 그곳을 제게 보여주면서 특별한 곳이라고 합니다. 우리가 알다시피 '태평양 전쟁'은 1945년에 끝났습니다. 8·15 때 일본의 패전으로 전쟁이 끝납니다. 더구나, 보신 분도 있겠지만, 맥아더 장군이 항공모함 갑판에서 일본의 수상을 앞에 놓고 묻습니다. "Yes or No?" 그 참 굉장했습니다. 여러 가지로 타협하는 것이 아니라, Yes or No, 무조건 항복하라는 것입니다. 이렇게 항복을 받고 맥아더 장군이 동경에 갑니다. 그런데, 그 패전국가에 들어간 맥아더 장군은 역사에 없는 최고의 환영을 받았습니다. 그런 사건이 있었던 것입니다. 그렇게 전쟁은 분명히 끝났습니다.

그런데, 요꼬이라는 패전한 일본의 군인 한 명이 낡은 총 한 자루를 들고 이 굴속으로 도망쳐 들어갑니다. 그는 거기 들어가서 생각합니다. '다 죽는데, 나 혼자만 살았다.' 그러면서 감격하여 거기서 혼자 살아갑니다. 그곳은 겨울이 없어서 늘 날씨가 따뜻합니다. 그러니까 나무 열매도 많지요. 그렇게 열매들을 따 먹으면서 삽니다. 한데, 여러분, 놀라지 마십시오. 무려 27년 동안을 그렇게 혼자 굴속에서 삽니다. 그 선교사님이 저에게 이걸 보여주는 것입니다. "여기가 요꼬이가 27년 동안 지냈던 곳입니다." 그리고 그가 가지고 있었던 총과 입었던 옷 등속을 박물관에 보관해놓은 것을 제가 가서 보았습니다. 세상에 이런 미련한 일이 어디 있습니까. 미군들이 훈련하느라 계속 비행기가 뜨고, 포 사격이 있고 해서 그는 전쟁이 끝나지 않은 줄 알았던 것입니다. "아직도 전쟁을 하고 있구나! 다 죽는데 나 혼자만 살았구나!" 하면서 27년을 지낸 것입니다. 세상에 어떻게 이런 일이 있습니까? 왜냐하면, 복음을 듣지 못한 것입니다. 전쟁이 끝났다는 복음을 듣지 못해서 27년의 아까운 청춘을 굴속에서 보냈다고 하는 것입니다.

오늘도 가만히 생각해보십시오. 복음을 듣지 못한 사람, 참으로 불쌍합니다. 돈도 있고, 명예도 있고, 다 있습니다. 하지만 정작 복음은 듣지 못했습니다. 그래서 멸망하는 세상만 바라보며 사는 것입니다. 그러다가 마지막에 가서 '내가 잘못 살았구나!' 하고 후회합니다. 왜 그렇습니까? 얼마든지 바르게 살 수 있었고, 하나님의 자녀로 살 수 있는 기회가 있었지만, 복음을 듣지 못했기 때문입니다. 그래서 그 생명이 완전히 멸망하는 것을 우리는 많이 봅니다. 참으로 유감스러운 일 아니겠습니까.

여러분, 인간의 복은 먼저 운명적으로 주어지는 것이 있습니다. 부모님을 내가 선택하는 게 아니지 않습니까. 스스로 '나는 이런 아버지, 이런 어머니 사이에서 태어나겠다' 하고 결정하고 태어난 사람은 아무도 없습니다. 낳아주셔서 태어난 것일 뿐입니다. 또 '나는 이만큼 키가 크겠다, 이만큼 자라겠다' 하고 생각하고 큰 것이 아닙니다. 내가 선택한 것은 없습니다. 선택한 것이 아니라, 선택된 것입니다. 그렇게 세상에 태어난 것 아니겠습니까. 그러나 일생을 살아가면서 소중한 것이 하나 있습니다. 바로 만남입니다. 부모도 만난 것이지만, 살면서 친구도 만나고, 선생님도 만납니다. 그래서 제가 결혼주례를 설 때마다 꼭 하는 이야기가 있습니다. "오늘 결혼식 하는 날, 당신들은 하나님 앞에 감사해야 합니다." 이렇게 말입니다. 좋은 부모를 만났고, 좋은 선생님들을 만났고, 유치원부터 대학교까지 좋은 친구들을 만났다는 것을 잊지 말라고 합니다. 여러분, 어떻습니까? 부모를 잘 만났다, 선생님을 잘 만났다, 배우자를 잘 만났다…… 만남이 얼마나 중요합니까.

그런데, 이보다 더 중요한 것이 있습니다. 만나기는 했지만, 믿음이 없습니다. 만났으면 믿어야 하는데, 믿지를 못하는 것입니다. 하루는 TV에서 시집 못 간 노처녀들이 하는 말을 들어봤습니다. 자기들끼리 주고받는 말입니다. 결론은 딱 하나입니다. "어느 남자를 믿어?" 믿을 사람이 없다고 하는 것입니다. 그러면 끝난 것이지요. 여러분, 믿기가 그렇게 어려웠습니까? 그럼 한마디만 할게요. 한 번만 속아야 합니다. 못 믿을 것이지만, 한 번 믿어보는 것입니다. 사실 믿을 만해서 믿었습니까? 아닙니다. 그렇게 운명을 맡겼던 것입니다. 생각하면 믿는다는 게 얼마나 소중합니까. 만난 사람을 믿어야지요. 믿지 못하면 끝나는 것입니다.

우리가 예수님의 사역 속에서 볼 수 있는 것이 하나 있습니다. 바로 예수님께서 병을 고치신다, 귀신을 내쫓으신다, 하는 것입니다. 예수님께서 이런 이적을 행하신다는 소문이 쫙 퍼졌거든요. 그러면 다들 이 소문을 들었을 것입니다. 그래 이 소문을 들은 사람들 가운데 그것을 믿는 사람은 찾아와서 구원을 받고, 안 믿는 사람은 찾아오지 않아서 구원을 못 받은 것입니다. 그렇지 않습니까. 소문은 만방에 퍼졌는데, 그 소문을 믿는 사람만 구원을 받는 것입니다. 이 얼마나 중요합니까. 믿음이라는 것이 말입니다. 그래서 성경은 말씀합니다. 믿음은 하나님께서 주시는 선물이라고요. 안 믿어지는 데는 도리가 없습니다. 가장 무서운 죄악이 무엇입니까? 의심입니다. 안 믿어지는 것입니다. 남편도 자녀도, 그 누구도 믿어지지 않는 것입니다. '세상에 믿을 사람이 어디 있나?' 이러면 운명은 끝난 것입니다. 작으나 크나, 믿음이 있어서 거기서부터 내 인격도 이루어지고, 하나님의 사람됨도 이루어지는 것입니다. 예수님 시대에 많은 사람이 소문을 들었습니다. 그러나 그 소문을 믿은 사람만 찾아온 것입니다. 오늘도 우리가 많은 이야기를 듣습니다. 그러나 소문 가운데 있는 복음을 믿고 여기 찾아온 것 아니겠습니까. 가장 중요한 것은 믿어지는 것입니다.

저는 서울대학교 교수님 한 분을 잘 압니다. 그분이 한번은 이런 말을 합니다. "제가 대학교수지만, 뭐 아는 게 있겠습니까. 그래도 남을 가르친다고 하고 있는데, 큰 걱정이 하나 있습니다." 그래서 그게 뭐냐고 물으니까 교회에 가서 말씀을 들을 때 다른 사람들은 다 "아멘, 아멘, 감사합니다. 할렐루야, 아멘!" 하는데, 자기는 아니라는 것입니다. 변변치 않은 조그마한 지식 때문에 예수를 바로 믿을 수가 없고, 설교를 똑바로 들을 수가 없다는 것입니다. 영영 믿음이 생기지를 않는다는 것입니다. 여러분, 믿어지지 않는 것보다 더 괴로운 게 있겠습니까. 모든 인격의 근본기초가 믿음입니다. 구원의 근본이 믿음입니다. 이 믿음은 선물입니다. 하나님께서 주시는 선물입니다. 전적으로 믿어집니다. 다른 사람은 안 믿어도 나는 믿어집니다. 이 얼마나 굉장한 선물입니까. 결국, 모든 것은 은혜입니다.

우리가 복음을 믿는다고 할 때, 먼저 복음이 전해져야 합니다. 그러기 위해서는 보내심을 받은 사람이 있어야 합니다. 하나님께서 특별한 사람을 훈련하여 보내십니다. 그렇게 복음을 전했습니다. 그다음에 중요한 것이 믿어져야 한다는 것입니다. 이제 중요한 것이 있습니다. 무슨 말을 했느냐보다 누가 말했느냐, 하는 것입니다. Who, 바로 누구냐의 문제입니다. 그분이 말씀하신 것은 옳으니까 이리저리 따지지 않습니다. 우리가 잘 아는 예수님의 제자 사도 요한은 백 세가 넘도록 살았다고 합니다. 모든 제자 가운데에서 가장 오래 살았습니다. 그가 나이가 많이 들었을 때 설교를 하기는 해야겠는데, 힘이 없으니까 들것으로 들어다가 강대상에 뉘어놓았다는 것입니다. 그러면 그가 그렇게 강대상에 누운 채로 손을 흔들면서 딱 한 마디를 했다고 합니다. "서로 사랑하라." 그게 끝입니다. 하지만 그 한마디를 사람들은 새겨듣습니다. 전적으로 믿습니다. 왜요? 사도 요한이 말하고 있잖아요? 서로 사랑하라는 말을 누구는 안 하겠습니까. 그러나 누가 말했느냐가 중요한 것이지요. 왜 예수님의 말씀이 중요한 것입니까? 예수님께서 말씀하셨기 때문에 중요한 것입니다. 하나님의 아들이신 예수님께서 주시는 말씀이기 때문에 그 한마디, 한마디가 중요한 것입니다.

　여러분, 오늘도 그렇지 않습니까. 훌륭한 분을 만났습니다. 내가 존경하는 어른을 만났습니다. 그분이 하는 말은 다 믿어지는 것입니다. 그게 큰 복입니다. 거기에서 믿음이 이루어져서 그의 인격이 형성되는 것입니다. 그런가 하면, 그 말을 받아들이는 나 자신에게도 은총적 계기가 와야 합니다. 교만합니까? 겸손하게 만들어야지요. 건강합니까? 때로는 병들기도 하지요. 성공했습니까? 실패해야지요. 많은 역경 속에서 믿음을 가질 준비가 이루어져야 합니다. 믿음의 그릇이 준비되어야 한다는 말입니다. 이걸 잊지 말아야 합니다. 사람은 간사해서 조금만 무슨 좋은 일이 있으면 당장 교만해지기 쉽습니다. 그런데, 하나님께서는 낮추시고, 또 낮추시고, 겸손하게 하십니다. 예수님 말씀대로, 어린아이와 같은 마음, 어린아이가 부모님을 믿는 것 같은 그런 마음과 믿음의 그릇이 이루어졌을 때 믿음의 역사가 이루어지는 것 아니겠습니까. 이것은 고난과 시련을 통해서 우리에게 주시는 하나님의 은총입니다. 사도 바울을 보십시오. 그는 교만한 사람입니다. 교만할 수 있는 사람입니다. 여러 가지를 갖춘 사람입니다. 그러나 하나님께서는 그를 내리치셔서 다메섹 도상에서 예수님을 만나게 하십니다. 그러고도 그는 한평생, 제가 아는 대로는 간질병에 시달렸습니다. 모든 사건 속에서 또다시 겸손하게 만드셔서 믿음을 지켜가도록 하신 것입니다.

　보내심을 받은 사람, 특별한 사람입니다. 또 믿어지는 마음, 이 또한 하나님의 축복입니다. 믿어지도록 하나님께서 강권적으로 역사하십니다. 하나님의 은총입니다. 여러분, 꼭 잊지 말아야 합니다. 그 옛날 제가 김익두 목사님을 몇 번 본 일이 있습니다. 김익두 목사님이 설교하실 때 꼭 하시는 말씀 한마디가 있습니다. "저 같은 죄인이, 제가 예수 믿을 사람이 아니지요. 신천장에서 유명한 깡패였던 제가 어디 예수 믿게 생겼습니까. 그러나 하나님께서 저를 내리치시고 꼼짝 못 하게 만드셔서 제가 예수 믿고, 목사까지 되었습니다." 자기 같은 사람이 예수를 믿는다는 것은 기적이라는 것입니다.

여러분, 기적을 말합니까? "내가 예수 믿는다." 이것이 바로 기적입니다. 7시 이 이른 아침에 교회 나오는 사람들, 이건 기적입니다. 아무나 하는 일 아닙니다. 그래서 저는 어딜 가나 자랑합니다. 우리 교회 7시 반에 교인들이 많이 모인다고 말입니다. 이건 기적이지요. 이런 일이 어디 있느냐고요. 여기 앉아서 가만히 생각해보십시오. 내가 본디 이럴 사람이 아니잖아요? 하나님의 특별한 은혜 가운데 특별한 사람을 보내주시고, 그를 통하여 복음을 받게 하시고, 특별한 계기를 만들어주셔서 나로 예수님을 믿게 만드셨습니다. 이 모습으로 말입니다. 오늘본문 13절에 중요한 말씀이 있지 않습니까. "주의 이름을 부르는 자는 구원을 받으리라." 주의 이름을 부르는 자— 주의 이름을 부르게 만드셨습니다. 어느 때입니까? 절절할 때, 절박할 때, 주의 이름을 부르게 만드셨던 것입니다. '주의 이름을 부르는 자', 다른 말로 하면 '찬송을 부르는 사람'이요, 또 다른 말로 하면 '예수님의 이름으로 기도하는 사람'입니다. 주의 이름을 부르는 자는 구원을 얻으리라—

복음을 전파하는 것, 얼마나 소중합니까. 저는 소망교회 교인 가운데 그런 분을 보았습니다. 고등학교, 대학교 동창인 아주 친한 친구가 미국 가서 사는데, 돈을 잘 벌고 사업을 잘하고 있었습니다. 이 친구를 꼭 예수 믿게 만들고 싶은데, 이게 잘 안 되는 것입니다.

만나서 얘기해도 안 되고, 전화해도 안 됩니다. 그래서 '이 사람은 아무래도 예수 안 믿을 사람인가 보다' 하고 생각도 했답니다. 그러는 중에 소망교회에서 나오는 설교 테이프를 월요일마다 하나씩 사서 우편으로 샌프란시스코의 그 친구에게 보내주었다는 것입니다. 그렇게 3년 동안을 했습니다. 그런데, 이 친구가 설교 테이프를 받아서 듣지는 않고 '이 친구, 또 보내왔구먼?' 하고는 그냥 책상 밑에 쌓아두었습니다. 3년이 그렇게 지나갔는데, 잘 나가던 사업이 그만 부도 위기에 몰렸습니다. 그래 상황이 너무 어려워졌습니다. 그때 가만히 보니까 카세트가 보이더라는 것이지요. '내 친구가 저걸 3년 동안 나한테 보내주었는데, 어디 한번 들어나보자.' 그리고 들었습니다. 듣고, 또 듣고, 계속 들었습니다. 거기서 그가 예수를 믿게 된 것입니다. 나중에 그가 그 테이프를 가지고 제 사무실을 찾아왔습니다. "제 친구가 이걸 3년 동안 제게 보내주어서 제가 이걸 듣고 예수를 믿게 됐습니다. 참으로 고마운 친구일 뿐만 아니라, 하나님께서 제 마음을 여시기 위해서 제 사업을 부도나게 만드셨습니다. 그래 저로 예수를 영접하는 사람 되게 하신 것을 감사합니다."

여러분, 어떻습니까? 내가 예수 믿었다는 것, 어떻게 생각하십니까? 우리가 잘 아는 존 뉴턴은 원래 노예선의 선장이었습니다. 아프리카에서 노예를 데려다가 팔아먹던 악한 사람이었는데, 예수를 믿고 목사가 됩니다. 그가 부른 찬송입니다. '나 같은 죄인 살리신 주 은혜 놀라워……' 나 하나가 예수 믿는 것, 얼마나 신기합니까. 거저 이루어진 것입니까? 보내심을 받은 사람이 있었습니다. 그가 나에게 복음을 전했습니다. 그리고 성령께서 내 마음을 열어주셨습니다. 신비한 주의 능력으로 말입니다. 그리고 구원의 역사가 이루어집니다. 전하는 자가 있지요. 듣는 자가 있지요. 듣는 마음이 있고, 열린 마음이 있지요. 보내심을 받은 자의 수고가 있지요. 깊이 생각해야 합니다. 오늘본문 15절은 귀한 말씀입니다. "보내심을 받지 아니하였으면 어찌 전파하리요 기록된 바 아름답도다 좋은 소식을 전하는 자들의 발이여 함과 같으니라." 보내심을 받지 않았으면 어찌 전하리요? 주께서 마음을 열어주지 않으시면 누가 믿으리요? 보내심을 받은 자를 만나고, 그 만남을 통해서 전하는 자와 듣는 자 사이에 주의 구원의 신비로운 역사가 있었던 것입니다.

아우구스티누스가 유명한 말을 합니다. '하나님께서는 마치 나 하나만이 당신의 사랑하시는 자인 것처럼 나를 사랑하신다.' 어찌 생각하십니까? 저는 가끔 이런 생각도 합니다. 제가 여기 목사로 섰습니다마는, 6·25 전쟁이 아니면 제가 여기 있겠습니까. 6·25 전쟁은 누구를 위해 있는 것입니까? 저는 감히 생각합니다. 저를 위해서라고 말입니다. 어떤 환난도, 온 우주가 이루어지는 사건 전부가 나 하나만을 구원하기 위한 것입니다. 내 심령을 위하여 하나님께서는 역사하고 계신 것입니다. 아우구스티누스의 진정한 고백입니다. "나 하나만이 당신이 사랑하시는 자인 것처럼 우리 모두를 그렇게 사랑하신다." 그렇게 하나님의 부르심에 대한 감격, 그 은혜에 대한 응답, 이것이 믿는 사람의 정체의식입니다. 나를 구원하시려는 하나님의 경륜이 있습니다. 나를 위하여 하나님의 사람들을 보내신 경륜이 또 있습니다. 그리고 그 은총의 계기를 만드셔서 주님의 음성을 듣게 하시고, 주님의 말씀을 믿게 하시고, 주 앞에 헌신하게 하시는 하나님의 위대한 역사, 이것을 우리는 깊이 생각해야 합니다. 우리는 항상 '내가 예수를 믿었다. 이것이 기적이다. 내가 하나님의 사람으로 살아가는 것, 이보다 더 큰 축복은 없다' 하는 감격 속에 삽니다.
이것이 그리스도인입니다.　△

# 자유케 하는 온전한 율법

　　내 사랑하는 형제들아 너희가 알지니 사람마다 듣기는 속히 하고 말하기는 더디 하며 성내기도 더디 하라 사람이 성내는 것이 하나님의 의를 이루지 못함이라 그러므로 모든 더러운 것과 넘치는 악을 내버리고 너희 영혼을 능히 구원할 바 마음에 심어진 말씀을 온유함으로 받으라 너희는 말씀을 행하는 자가 되고 듣기만 하여 자신을 속이는 자가 되지 말라 누구든지 말씀을 듣고 행하지 아니하면 그는 거울로 자기의 생긴 얼굴을 보는 사람과 같아서 제 자신을 보고 가서 그 모습이 어떠했는지를 곧 잊어버리거니와 자유롭게 하는 온전한 율법을 들여다보고 있는 자는 듣고 잊어버리는 자가 아니요 실천하는 자니 이 사람은 그 행하는 일에 복을 받으리라 누구든지 스스로 경건하다 생각하며 자기 혀를 재갈 물리지 아니하고 자기 마음을 속이면 이 사람의 경건은 헛것이라 하나님 아버지 앞에서 정결하고 더러움이 없는 경건은 곧 고아와 과부를 그 환난중에 돌보고 또 자기를 지켜 세속에 물들지 아니하는 그것이니라

　　　　　　　　　　　　　　(야고보서 1 : 19 - 27)

## 자유케 하는 온전한 율법

아마도 1976년쯤인 것 같습니다. 제가 미국 유학 시절에 LA의 어느 마을 주택가로 차를 몰고 들어갔던 적이 있습니다. 미국의 복잡한 주택가에서는 반드시 서행해야 할 뿐만 아니라, 일단 정지하라는 표지판들이 있습니다. 그런데, 제가 비교적 법을 잘 지키면서 운전한다고 했습니다마는, 어느 날 그 마을을 지나가다가 경찰을 만났습니다. 제 차를 딱 세우더니, 그 경찰이 저에게 왜 일단정지를 하지 않았느냐고 하는 것입니다. 그래 제가 내려서 확인해보니, 저쪽에서 올 때 나뭇가지에 가려서 그 일단정지 표지판이 안 보였던 것이었습니다. 제가 말했습니다. "보세요. 저 나뭇가지에 가려서 일단정지 표지가 안 보였던 것 아닙니까. 제 잘못은 아니지 않습니까." 그랬더니 경찰이 껄껄 웃으면서 이러는 것입니다. "저도 알고는 있지만, 어쨌든 당신은 법을 어겼으니까 딱지를 떼야 하지 않겠습니까." 그래 제가 딱지를 떼면서 이렇게 푸념했습니다. "제가 미국에 와서 3년 동안 운전을 했지만, 단 한 번도 딱지를 안 뗐는데, 오늘 처음으로 딱지를 뗍니다." 그러자 경찰이 껄껄 웃으면서 이렇게 말하는 것입니다. "아, 그건 큰 실수입니다. 가끔 딱지를 떼야 앞에 오는 큰 사고를 예방할 수 있는 것입니다. 한데, 어째서 그걸 안 떼셨습니까?" 그래서 제가 이랬습니다. "땡큐! 어서 떼십시오." 그런 경험이 있습니다. 제게는 좋은 추억이 아닐 수 없습니다.

여러분, 어떻습니까? 가끔 딱지를 떼야 큰 사고를 예방할 수 있습니다. 무사고, 그거 자랑할 게 못 됩니다. 몸이 건강한 것도 그렇습니다. 적당히 병원도 다니고, 수술도 받고 하면서 좀 아파봐야 건강을 지킬 수 있는 것입니다. "나는 한 번도 병원에 가본 일이 없다." 이게 꼭 자랑할 일만은 아닙니다. 나한테 이런저런 사고가 있어도 그 적당하게 겪는 사고들을 통해서 내가 수련되고, 좀 더 온전한 인격으로 발전해 나가는 것 아니겠습니까.

성도 여러분, 교통 신호를 지키십니까? 혹시 교통 신호를 불편하게 생각하십니까? 나는 빨리 가고 싶은데, 빨간불이 켜지면 '아, 저거 왜 빨간불이 켜졌나?' 하고 불평이 먼저 나오십니까? 하지만, 빨간불 파란불 노란불이 차례로 바뀌는 것이 얼마나 고맙습니까. 만일 저 신호등이 없다면 도로가 얼마나 난장판이 되겠습니까. 신호등의 규칙을 지켜가면서 신호등을 고맙게 생각할 수 있는 마음, 이게 아주 중요한 것입니다.

히브리서 12장 8절은 말씀합니다. "징계는 다 받는 것이거늘 너희에게 없으면 사생자요 친아들이 아니니라." 징계가 필요합니다. 제 아버지께서는 저를 때리실 때 "이놈아, 5대 독자가 그러면 안 돼!" 하시고 때리셨습니다. 언젠가 제가 맞다가 한마디 했습니다. "5대 독자라 하시면서 왜 때리세요?" 그랬더니 아버지 하시는 말씀이 이랬습니다. "이놈아, 5대 독자니까 때리지." 아무튼, 그날 얼마나 맞았던지 모릅니다. 여러분, 징계는 필요한 것입니다. 징계 속에 있는 깊은 사랑을 느낄 수 있어야 그가 아들입니다. 그 사람이 친아들입니다.

히브리서 12장 11절은 말씀합니다. "무릇 징계가 당시에는 즐거워 보이지 않고 슬퍼 보이나 후에 그로 말미암아 연단 받은 자들은 의와 평강의 열매를 맺느니라." 징계가 잠시 볼 때는 어렵지마는, 이걸 통해서 깨닫고, 이걸 통해서 성숙하고, 이걸 통해서 가까이 가고, 이걸 통해서 하나님의 엄청난 사랑에 도달할 수 있다는 것입니다. 이런 맥락에서 생각해보면, 오늘본문은 우리에게 중요한 신학적 명제를 줍니다. 자유케 하는 온전한 율법을 말씀합니다. 율법에는 세 가지 기능이 있습니다. 첫째로, 율법은 하나님의 뜻을 우리에게 보여주신 것입니다. '하나님만 섬기라. 우상을 섬기지 말고 하나님만 섬기라.' 이것이 하나님께서 우리를 괴롭히시는 것입니까? 하나님만 섬기므로 세속으로부터 벗어나고, 정욕으로부터 벗어나고, 우상 숭배의 어리석음으로부터 자유 할 수 있는 것입니다. 하나님만 섬기라— 이 얼마나 큰 축복입니까.

그런가 하면, 우상을 섬기지 말라— 그렇습니다. 우상을 섬기는 사람들, 얼마나 고생합니까. 얼마나 노예 생활을 합니까. 우상의 섬김으로부터 자유하라— 이것이 어찌 복음이 아니겠습니까. 또한, 부모를 공경하라— 이것이 또한 복음이 아니겠습니까. 부모를 공경하므로 내가 그 자녀가 되고, 부모의 사랑을 듬뿍 느끼고, 사랑할 수 있는 것입니다. 그 부모를 믿고, 신뢰하고, 사랑하는 그 행위, 그 부모 공경 속에 엄청난 축복이 있지 않습니까. 살인하지 말라— 이것은 우리의 생명을 보호하시는 하나님의 사랑입니다. 간음하지 말라— 우리의 소중한 가정과 순결을 지켜주시는 하나님의 사랑입니다. 도둑질하지 말라— 사유재산을 지켜주시는 하나님의 사랑입니다. 거짓 증거 하지 말라— 인격을 지켜주시는 하나님의 사랑입니다. 여러분, 거짓말을 듣고 속았다고 한다면 얼마나 인격이 큰 상처를 받는 것입니까? 엄청난 고통을 느끼게 됩니다. 어린아이들이 어머니로부터 속을 때가 있습니다. 어머니가 나를 속였다고 생각하는 순간에 대해서 심리학자들은 이렇게 말합니다. '하늘이 무너지는 것 같은 고통을 느낀다.' 어머니가 나를 속였다, 소중한 어머니가 나를 속였다고 생각해보십시오. 그대로 인격이 무너지는 것입니다. 이런 일을 방지하기 위해 하나님께서 우리에게 십계명을 주셨습니다. 뭐겠습니까? 자유하라는 것이고, 복되고 행복하라고 하신 하나님의 뜻을 우리에게 보여주는 거울인 것입니다.

그런가 하면, 두 번째 율법의 기능이 있습니다. 이것은 좀 특별합니다. 사도 바울은 율법을 '그리스도께로 인도하는 몽학선생'이라고 표현합니다. 몽학선생(蒙學先生)이 무엇입니까? 어렸을 때 아이를 가르치는 가정교사가 바로 몽학선생입니다. 어렸을 때는 아이들이 분별력이 없기에 항상 아이들에게 하는 말이 이런 것입니다. '가지 마라, 먹지 마라, 만지지 마라, 뭐 하지 마라, 이렇게 하지 마라, 마라, 마라……' 그때는 이게 아이들 가르침입니다. 딱 울타리를 쳐놓고 이리 가지 마라, 저리 가지 마라, 이거 만지지 마라, 이거 하지 마라…… 합니다. 이것이 율법입니다. 우리가 마땅히 해야 할 것과 하지 말아야 할 것을 가르쳐주는 것입니다. 그러나 결국은 우리가 율법을 온전히 지키지 못합니다. 그리고 그것을 깨닫고 마침내 예수님께로 갑니다. 나의 힘으로는 하나님 앞에 설 수 없으므로 예수님의 십자가의 보혈을 의지하여 하나님께로 나아가는 것입니다. 그래서 율법은 우리를 주님께로 인도하는 간접적인 역할을 하게 되는 것입니다. 그래서 바울은 율법이 우리를 그리스도께로 인도하는 몽학선생이라고 하는 것입니다. 이것이 율법의 두 번째 기능입니다.

율법의 세 번째 기능은 출애굽기 20장에 나옵니다. 하나님께서 십계명을 주실 때, 그 동기가 중요합니다. 이렇게 말씀하십니다. "나는 너희를 애굽 땅 종 되었던 집에서 구원해낸 여호와니라." 그러므로 "우상을 섬기지 마라"가 무엇을 말씀하는 것입니까? 우리가 율법을 지킬 때 이걸 지켜서 복을 받겠다, 이걸 지켜서 벌을 면하겠다, 이건 아닙니다. 꼭 잊지 말아야 합니다. 이걸 지켜서 상을 받겠다, 이걸 지켜서 칭찬을 받겠다, 복을 받겠다…… 아니올시다. 반대로 하면, 벌을 받지 않기 위해서 율법을 지키겠다, 이것도 아닙니다. 공부하는 아이들로 말하면, 매 맞지 않기 위해서 공부하면 되겠습니까. 그런 식으로 율법을 부정적으로 지켜나가는 때가 있습니다. 그러나 하나님께서는 그런 의도로 율법을 주시지 않았다는 것입니다.

우리는 율법을 잘 알아야 합니다. 율법은 구원받기 위해 지키는 것이 아닙니다. 구원받는 조건으로 율법을 주신 것이 아닙니다. 율법은 구원받은 자에게 주신 것입니다. 율법을 주시는 장소도 애굽 땅이 아닙니다. 애굽 땅에 있는 백성들에게 율법을 주고, 이걸 지키면 구원해주겠다, 이걸 지키면 구원받을 것이라고 말씀하신 율법이 아닙니다. 430년 동안 애굽의 종 되었던 사람들을 하나님께서 구원해내셨습니다. 그러고 나서 하시는 말씀입니다. "그런고로 하나님만 섬기라. 그런고로 우상을 섬기지 마라. 그런고로 안식일을 지키라." 보십시오. 율법이 주어진 그 동기 자체가 구원받은 자에게 주신 은총이라는 말입니다. 그런고로 이제 무슨 말씀을 주시든지, 이건 다 축복이요 은총이요 감사한 것들입니다.

여러분, 율법을 지켜서 벌 받지 않겠다고 하는 생각, 좋은 것 아닙니다. 어떤 사람들은 감기만 걸려도 이렇게 생각합니다. "내가 지난 주일에 교회 안 나갔더니 감기 걸렸구먼." 이렇게 생각해서는 안 됩니다. 또, 그런가 하면, 이렇게 호들갑을 떨기도 합니다. "내가 십

일조를 바쳤더니 하나님께서 복을 주셨구나." 이것도 문제입니다. 이런 것이 다 잘못된 율법주의입니다. 그런고로 율법을 지켰다고 교만하지도 말고, 못 지켰다고 절망하지도 말 것입니다. 내가 지켰다고 스스로 자랑하지도 말고, 못 지키는 사람을 보면서 그 사람을 정죄하고 멸시해서는 안 된다는 것입니다. 율법은 구원받은 자에게 주신 복음입니다. 이는 무리한 것이 아닙니다. 어려운 것도 아닙니다. 우리를 자유케 하시는 것입니다. 그런고로, 알면 아는 대로 감사하고, 모르면 모르는 대로 믿고 따라가면 되는 것입니다. 왜요? 사랑하는 하나님 아버지께서 내게 주신 것이니까요. 사랑 속에서 주신 계시니까 이해가 안 될 때도 감사한 마음으로 따라가야 하는 것입니다.

요한일서 5장 3절에 재미있는 말씀이 있습니다. "하나님을 사랑하는 것은 이것이니 우리가 그의 계명들을 지키는 것이라 그의 계명들은 무거운 것이 아니로다." 그의 계명은 무거운 것이 아니로다— 여러분, 효자가 누구입니까? 효자는 부모님의 말씀을 무겁게 생각하지 않습니다. '부모님이 왜 이렇게 날 괴롭히시나?' 이렇게 생각하지 않습니다. 부모님의 말씀 그 자체를 감사하게 생각합니다. 고맙게 생각합니다. 제가 자랄 때 제 아버지께서 아주 엄하셨습니다. 그래 제가 잔소리도 많이 들었습니다. 아주 힘들었습니다. "아, 왜 나를 이렇게 괴롭히실까?" 이렇게 생각도 했습니다마는, 철이 든 다음에 다시 생각해보니까 그게 아닙니다. 더구나 저는 월남해서 군인 생활을 할 때 아버지가 그렇게 그리울 수 없었습니다. "이럴 때는 아버지, 어떻게 하면 좋겠습니까?" 이렇게 한번 여쭤보고 싶은데, 그 아버지가 안 계시더라고요. 여러분, 잊지 말아야 합니다. 징계는 소중한 것입니다. 그의 교훈은 높은 것입니다. 다 나를 사랑해서 주시는 말씀이니, 얼마나 소중합니까. 그래서 성경은 말씀합니다 "말씀을 주야로 묵상하고……" 주의 계명을 사랑하므로 주야로 묵상하고, 주의 말씀을 즐기는 것입니다. 주의 말씀에서 행복을 느낍니다. 성경말씀을 읽을 때 행복을 느낍니다. 자유함을 느낍니다. 이것이 하나님의 자녀의 모습인 것입니다.

우리가 잘 아는 이야기가 있습니다. 김구 선생님이 저 중국에서 임시정부 주석으로 계실 때 살림이 너무너무 어려워서 나이 많은 노모가 저녁상을 차려 내오시는데, 쌀이 없어서 밥을 못 하셨습니다. 그래 시래깃국만 끓여 내오셨다는 것입니다. 김구 선생이 말합니다. "어머니, 제가 돈을 드리지 못했는데, 어떻게 시래깃국을 끓이셨습니까?" 그때 어머니가 이렇게 대답했더랍니다. "내가 시장에 나가서 그 배추 다듬는 사람들이 내다 버린 걸 주어다가 깨끗이 씻어서 시래깃국을 끓였느니라. 먹어라." 그때 김구 선생님이 "어머니, 제가 생활비를 제대로 못 드려서 죄송합니다. 하지만 그래도 제가 임시정부 주석인데, 주석의 어머니가 시장에서 쓰레기를 주워갖고 오시다니, 이래서야 되겠습니까?" 했더니, 어머니께서 회초리로 김구 선생의 종아리를 때리셨다는 것 아닙니까. 어머니의 회초리를 맞으면서 김구 선생님이 흐느꼈습니다. 어머니가 "이놈아, 다 큰 놈이 왜 울어?" 하자 그때 김구 선생님이 하신 말씀이 유명합니다. "작년에 때리실 때보다 어머니 팔에 힘이 없으십니다. 그래서 마음이 아픕니다." 여러분, 징계를 받을 때 나를 징계하시는 분을 바라보십시오. 나를 징계하시고, 십자가를 지신 예수님을 바라보십시오. 그 많은 대가를 대신 치르시고 우리를 구속하신 것 아니겠습니까. 이것이 하나님의 자녀의 모습입니다.

헬라의 철학자 아리스토텔레스는 그의 「윤리학」에서 이렇게 말합니다. '사람에게는 선이 두 가지가 있는데, 하나는 지성적인 선이고, 또 하나는 도덕적인 선이다. 가르치고 배워서 나오는 선이 있는가 하면, 의와 진리를 따라 살아가면서 그 행함 속에서 얻는 자유함이 있다. 이것이 진정한 선이다.'

갈라디아서 5장 1절은 말씀합니다. "우리를 자유롭게 하려고 자유를 주셨으니 그러므로 굳건하게 서서 다시는 종의 멍에를 메지 말라." 이 얼마나 중요한 말씀입니까. 다시는 종의 멍에를 메지 말고, 어떠한 고난과 시련을 겪는다고 하더라도 그 속에서 하나님의 사랑을 느끼고, 하나님의 높은 섭리를 깨닫고, 그 크신 은혜에 감사함으로 응답하는, 그러한 하나님의 자녀들이 되어야 하겠습니다. 그리스도인이란 딱 한 마디로 말하면 자유인입니다. 죄와 사망과 율법과 진노로부터의 자유, 이것이 그리스도인의 모습입니다. 그러기 위해서 우리는 그의 징계 안에서 사랑을 느껴야 합니다. 징계 속에서 하나님의 사랑의 음성을 들어야 합니다. 사랑은 율법의 완성입니다.

여러분, 우리가 여러 가지 시련을 당합니다마는, 이 시련을 통해서 주시는 하나님의 높은 섭리, 높은 사랑, 그 징계 속에 있는 하나님의 세밀하고 구체적인 사랑을 느끼고, 감사하고, 응답하면서 더 큰 자유와 더 큰 하나님의 자녀의 특권을 감사할 수 있는 성도들이 되어야 할 것입니다.   △

# 스스로 깨끗케 하라

너희 소돔의 관원들아 여호와의 말씀을 들을지어
다 너희 고모라의 백성아 우리 하나님의 법에 귀를
기울일지어다 여호와께서 말씀하시되 너희의 무수한
제물이 내게 무엇이 유익하뇨 나는 숫양의 번제와 살
진 짐승의 기름에 배불렀고 나는 수송아지나 어린 양
이나 숫염소의 피를 기뻐하지 아니하노라 너희가 내
앞에 보이러 오니 이것을 누가 너희에게 요구하였느
냐 내 마당만 밟을 뿐이니라 헛된 제물을 다시 가져
오지 말라 분향은 내가 가증히 여기는 바요 월삭과
안식일과 대회로 모이는 것도 그러하니 성회와 아울
러 악을 행하는 것을 내가 견디지 못하겠노라 내 마
음이 너희의 월삭과 정한 절기를 싫어하나니 그것이
내게 무거운 짐이라 내가 지기에 곤비하였느니라 너
희가 손을 펼 때에 내가 내 눈을 너희에게서 가리고
너희가 많이 기도할지라도 내가 듣지 아니하리니 이
는 너희의 손에 피가 가득함이라 너희는 스스로 씻으
며 스스로 깨끗하게 하여 내 목전에서 너희 악한 행
실을 버리며 행악을 그치고 선행을 배우며 정의를 구
하며 학대 받는 자를 도와 주며 고아를 위하여 신원
하며 과부를 위하여 변호하라 하셨느니라
(이사야 1 : 10 - 17)

## 스스로 깨끗케 하라

아주 옛날이야기가 되겠습니다. 공자의 제자 안연이라는 사람
이 어느 날 배를 타고 나루를 건너다가 노 젓는 사공에게 말을 건넸
습니다. "어떻게 하면 노 젓는 것을 쉽게 배울 수 있습니까?" 그랬
더니, 그 노 젓는 사공이 하는 말입니다. "수영을 잘할 줄 아는 사람
은 노 젓는 것을 금방 배울 수 있습니다. 그리고 잠수에 능한 사람은
배를 보지 않고도 노 젓는 법을 배울 수 있습니다." 이렇게 아리송한
대답을 듣고 안연이 아무리 생각해도 뜻을 알 수 없어서 조용한 시
간에 자기의 스승인 공자 선생님께 여쭈었습니다. "뱃사공이 이렇게
말했는데, 이게 무슨 뜻입니까?" 공자는 역시 한 수 위입니다. "수영
할 줄 아는 사람이 금방 노 젓는 법을 배울 수 있다는 말은 물의 흐
름을 알기 때문이다. 물의 흐름을 모르고 수영할 수 없고, 물의 흐름
을 모른다면 노를 저을 수 없는 것이다." 심오한 대답입니다.

뱃사공이 노를 젓습니다. 힘껏 젓는 것 같아도 자기 힘으로 하
는 것이 아닙니다. 물의 흐름대로 하는 것입니다. 저는 이 이야기
를 들으면 생각나는 것이 하나 있습니다. 어렸을 때 제 고향에 바닷
가가 있었는데, 할아버지께서 낚시를 좋아하셔서 조그마한 배를 하
나 사서 종종 배를 타고 낚시질도 하고 그러셨습니다. 그런데, 제가
친구들하고 같이 바닷가에 가서 수영을 하든가 하게 되면 제가 아주
우쭐해집니다. "이 배는 우리 할아버지 배다. 그런고로 내가 친한 놈
만 태워준다." 그렇게 다른 사람은 타고 싶어도 못 타게 합니다. 제
가 딱 골라서 "너, 너, 너!" 하고 탑니다. 그리고 노를 저으면서 즐겁

게 노는데, 언젠가 한번은 물살이 바뀐 걸 모르고 물이 들어올 때 타야 하는 것을 물이 나갈 때 타다가 혼이 났습니다. 배를 타고 깊은 바다로 떠내려가다가 동네 사람들이 도와주어서 무사히 살아서 나올 수 있었던 것입니다. 물길이 어디로 가는지를 모르고 노를 젓는다는 것은 곧 죽자는 것입니다. 이걸 알아야 합니다.

우리는 세상일에 골몰합니다. 특별히 이기적인 생각에서 헤어나지 못합니다. 손익계산을 합니다. 어쨌든지 더 벌려고, 더 잘 살려고, 더 행복하려고 나름대로 애쓰다 보니, 자기중심적인 생각에 빠집니다. 그래서 큰 물줄기를 잃어버리는 것입니다. 하나님의 뜻이 어디에 있는지, 하나님께서 무엇을 원하시는지, 역사가 어느 방향으로 가고 있는지, 까맣게 잊어버리고 삽니다. 그리고 현실에만 몰두할 때가 있습니다. 이것은 바로 멸망 직전에 있는 현상입니다. 인간들은 쉽게 하나님을 원망합니다. 뭐가 좀 잘못되면 그저 하나님을 원망합니다. 비가 며칠 동안 와도 '아이고, 하나님 맙소사!' 하고 원망합니다.

제가 한번은 결혼식 주례를 하는데, 더운 여름이었습니다. 내일 결혼식을 해야 할 신부가 저한테 와서 몇 가지 부탁을 하고 가면서 하는 말입니다. 하늘을 쳐다보면서 이럽니다. "목사님, 내일이 결혼식이니까 비가 오지 않아야 되겠는데요?" 지금 우리는 몇 달 동안 비가 안 와서 비를 간절히 기다리고 있는 때인데, 이런 소리 하는 걸 보고 제가 신부에게 그랬습니다. "내일 드레스가 좀 젖더라도 올 비는 와야 되지 않겠소?" 내 사정만 생각하고 비가 온다 안 온다, 바람이 분다 안 분다…… 그렇게 속단을 해서는 안 되는 것이지요. 우리는 너무 쉽게 하나님을 원망할 때가 있습니다. 정말 조심해야 합니다. 제가 늘 이때쯤 되면 한번 말씀 드리는 바가 있지 않습니까. 제 아버지가 제게 하신 말씀이 있습니다. 한창 더울 때 덥다고 했더니, 아버지가 하신 말씀입니다. "농사꾼의 자식은 덥다는 말을 하면 안 된다." 왜요? 더워야 풍년이 드니까요. 하루만 더 더워도 풍년이 듭니다. 찬 바람이 불면 끝나는 것입니다. 그런고로, 그저 웬만큼 더워도 밥 먹고 사는 사람은 덥다는 소리 하면 안 된다는 것입니다.

또, 우리가 하지 말아야 할 말이 있습니다. 나이가 들면 점점 입맛이 없어지잖아요? 입맛이 없어서 맛이 없는 것이지, 음식이 나빠서 그런 게 아니거든요. 그러니까 맛없다는 말, 하면 안 됩니다. 정성껏 만들어줬는데, 그저 내 입맛이 잘못됐거니 생각하고 감사하게 받아야지, 입맛이 어떠니 저떠니 하면 그거 하나님 앞에 불손한 것입니다. 밥 못 먹는 사람도 많은데 말입니다. 그런가 하면, 나이 드신 분들에게 해당하는 말인데요. 웬만하면 아프더라도 아프다는 소리 하지 마십시오. 아프다고 한다고 해서 안 아파지는 것도 아니잖아요? 그래서 누가 동정해준다고 낫는 것도 아닙니다. 그러니 그냥 참으십시오. 미안하지만 참고 죽으십시오. 아프다는 소리 하지 마십시오. 여러분, 지금 나이가 들면서 사회봉사 할 일이 뭐 있습니까? 돈이 있습니까, 능력이 있습니까? 권세가 있습니까, 지혜가 있습니까? 지금은 아프다는 소리 안 하는 것, 그거 하나가 사회봉사입니다. 상대방을 섬기는 것입니다. 이걸 잊지 말아야 합니다. 웬만하면 쉽게 원망하지 마십시오. 그게 다 하나님을 원망하는 것입니다. 그게 다 하나님께 욕을 돌리는 것입니다. 모든 일을 감사한 마음으로 받아들여야 한다고 생각합니다.

여러분, 우리는 문제의 해결이 하나님께 있다고 생각해서 종종 하나님의 능력을 의심합니다. '하나님께서 계신데, 왜 이럴까?' 또, 하나님의 사랑을 의심합니다. '하나님께서는 나를 사랑하신다는데, 왜 내게 이런 질병이 있을까? 왜 이런 실패가 있을까?' 이렇게 하나님의 능력과 지혜를 자꾸 원망할 때가 있습니다마는, 성경은 그렇지 않습니다. 반대로 말씀해주십니다. 이사야 59장 1절에 유명한 말씀이 있습니다. "여호와의 손이 짧아 구원하지 못하심도 아니요 귀가 둔하여 듣지 못하심도 아니라." 손이 짧아서 못 도와주는 것이 아닙니다. 하나님께서 안 계셔서 이렇게 되는 것이 아닙니다. 여러분, 간단히 생각합시다. 하나님께서 계시기 때문에 이런 것입니다. 하나님의 능력과 권세가 있기 때문에 세상이 이런 것입니다. 이걸 잊지 말아야 합니다.

오히려 우리는 기억해야 합니다. 하나님의 손이 짧으셔서, 능력이 부족하셔서, 지혜가 없으셔서가 아니라, 하나님께서 모든 것을 아시기 때문입니다. 하나님의 심판이 공의롭기 때문입니다. 더 나아가, 오늘본문은 정반대로 말씀합니다. 원인은 하나님께 있는 것이 아니라, 우리 자신들에게 있다고 말입니다. 그래서 13절에 유명한 말씀이 있습니다. "헛된 제물을 다시 가져오지 말라……" 하나님 앞에 복 받겠다고 제물을 가져옵니다. 열심히 하나님 앞에 제물을 드리지만, 하나님께서는 말씀하십니다. "나는 제물에 지쳤다. 제물을 가져오지 말라." 심지어는 "성회로 모이지도 말라" 하십니다. "성회로 모여서 악을 행하는 것을 내가 차마 보지 못하노라." 여러분, 무엇을 말씀하시는 것입니까? 야고보서 4장 2절, 3절에 유명한 말씀이 있지 않습니까. "너희가 얻지 못함은 구하지 아니하기 때문이요 구하여도 받지 못함은 정욕으로 쓰려고 잘못 구하기 때문이라." 저는 이 말씀을 늘 묵상해봅니다. 얻지 못함은— 이게 무슨 말씀입니까? 성공하지 못한 것은 기도하지 않았기 때문입니다. 뭔가 잘못된 것은 분명히 내가 기도를 안 했기 때문입니다. 얻지 못함은 구하지 아니함이라고 하시는 것입니다. 그러나 기도했습니다. 그런데도 뭐가 잘못됐습니다. 왜요? 그것은 정욕으로 쓰려고 잘못 구함입니다. 정욕에 붙들려 있으면, 자기중심적인 욕심에 매여 있으면 기도가 빗나갑니다. 오히려 하나님 앞에 욕을 돌리는 것입니다. 그래서 구하여도 얻지 못함은 정욕으로 쓰려고 잘못 구함입니다. 그런고로, 기도에 앞서서 내 마음이 정욕의 노예가 되어 있지 않은가, 자기중심적인 집착에 빠져서 헤어나지 못하고 있지는 않은가를 늘 반성하면서 기도해야 합니다. 언제나 문제의 원인은 나 자신에게 있음을 알아야 합니다. 어떤 경우에도 이것은 하나님의 능력이요, 하나님의 사랑이요, 하나님의 지혜라는 것을 인정해야 합니다. 내가 병들었어도 이것은 하나님의 사랑입니다. 실패한 것도 하나님의 사랑입니다.

어떤 분이 이런 이야기를 하는 걸 제가 직접 들었습니다. 그분은 억울하게 감옥에 가서 한 7개월 동안 고생한 일이 있었습니다. 그런데, 이런 얘기를 하는 것입니다. "그래도 제가 교회 집사입니다마는, 성경 한 번도 안 읽었거든요. 그런데, 감옥에 가 있는 몇 달 동안 성경을 많이 읽었습니다. 그리고 생각했습니다. '하나님도 참 힘드셨겠다. 나로 하여금 성경을 보게 하시려고 감옥에 오게 하셨구나!'" 그분이 감옥에서 이런 생각을 했노라고 하는 것입니다. 남들은 나를 억울하다, 불쌍하다고 하지만, 아닙니다. 자기한테는 그 7개월이 너무도 소중한 시간이었다고 간증하는 말을 제가 들어보았습니다.

여러분, 어떤 경우에도 오늘 이 사건 가운데 하나님의 능력이

있고, 하나님의 사랑이 있고, 하나님의 지혜가 있다는 것을 잠시도
잊어서는 안 됩니다. 그런고로, 오늘본문은 우리의 세 가지 자세에
대해서 말씀합니다. 첫째는 스스로 깨끗케 하라는 것입니다. 정결케
하라는 것입니다. 영혼이 깨끗해야 하나님의 사랑을 볼 수 있습니
다. 심령이 깨끗해야 하나님의 은총을 깨달을 수 있습니다. 그런고
로, 스스로 성결케 하라고 말씀하십니다.

　　로마의 유명한 철학자 키케로가 군중들을 가르치면서 한 말들
가운데 새겨들을 만한 이야기가 있습니다. 사람은 여섯 가지를 버려
야 한다는 것입니다. 첫째로, 그는 자기 이익을 위해서 다른 사람을
해롭게 해도 된다는 생각을 버려야 한다고 말합니다. 내가 잘되기
위해서 다른 사람은 실패해야 되고, 내가 돈 벌기 위해서 다른 사람
은 손해를 봐도 된다는 생각은 안 되는 것입니다. 그런 마음을 가지
고는 인생을 바로 살 수 없다고 키케로는 가르쳤습니다. 둘째로, 그
는 변화를 꿈꾸면서 걱정만 하고 행동하지 않는 것을 경계해야 한다
고 말합니다. 셋째로, 그는 할 수 없다고 단정하는 말을 하지 말라고
말합니다. '사람은 할 수 있는 일도 없거니와 할 수 없는 일도 없다.
그런고로 할 수 없다. 모든 것은 끝났다.' 이런 단정은 하지 말라는
것입니다. 넷째로, 그는 나쁜 습관을 알면서도 고치지 않는 태도를
버려야 한다고 가르칩니다. 생각만 하고 행동으로 옮기지 않는 것이
문제입니다. 더 나아가 그는 자기계발을 게을리하는 것, 공부하지
않는 것이 큰 죄가 된다고 말합니다. 마지막 여섯째로, 그는 자기 자
신의 행동 양식을 다른 사람에게 강요하는 것을 삼가라고 말합니다.
모든 사람에게 "반드시 나처럼 하라. 내가 하는 일이 옳다" 하는 것,
아닙니다. 선은 하나지만, 선의 행동 양식은 다를 수 있습니다. 그런

고로, 내 방식대로 따를 것을 다른 사람에게 강요하지 말라는 것입니다. 우리는 스스로를 성결케 해야 합니다. 성결해야 하나님의 음성을 들을 수 있습니다. 성결해야 하나님의 뜻을 알 수 있습니다. 참된 회개가 있고야 하나님의 은총을 깨달을 수 있습니다.

그런가 하면, 오늘 가르쳐주시는 두 번째 말씀은 "선행을 배우라"입니다. 선을 배우라, 선을 가르치라…… 여러분, 가르치고 배운다는 게 얼마나 중요합니까. 저는 늘 생각합니다. 가정교육이 얼마나 중요합니까. 사람들이 잘못되는 걸 가만히 보면, 가정교육이 잘못된 탓이거든요. 거기서 그만 일생이 망가지는 걸 볼 때 얼마나 안타깝습니까. 그러나 꼭 잊지 말아야 합니다. 선은 배우고, 가르치고, 익혀야 합니다.

가장 무서운 악이 뭐냐 하면, 문화화된 악입니다. 우리가 하나의 행동이 있습니다. 행동을 반복하면 습관이 됩니다. 습관이 점점 반복되면 문화가 됩니다. 그것이 고정관념이 되고 나면 정당화됩니다. 그럼 고치지 못합니다. 그런고로, 이렇게 고정화되기 전에, 문화화되기 전에, 아니, 문화화된 것까지 생각해 가면서 반성하고 고쳐야 합니다. 그게 바로 배우는 것이고, 가르치는 것입니다. 잘못된 길로 가는 것을 바로 가르쳐야 합니다. 잘못된 생각을 바로 가르쳐야 합니다. 이게 바로 선지자의 마음입니다. '선을 배우라. 선을 가르쳐라.' 부지런히 선을 가르치고 배우고 해야 할 것입니다.

좀 더 나아가서 오늘본문은 선행을 베풀어야 한다고 말씀합니다. 여러분, 하나님의 축복을 기다리기 전에 하나님의 선하심을 생각해야 합니다. 이걸 잊지 말아야 합니다. 역대 뉴욕 시장들 가운데 라과디아라는 시장이 있었습니다. 그는 시장이 되기 전에 즉결 판사로 일했습니다. 조그마한 경범죄에 대해서 바로 벌금을 부과하는 즉 결판사를 얼마 동안 했습니다. 한 번은, 배가 너무 고파서 그만 빵집에서 빵 하나를 훔쳐 먹은 노인이 붙들려 왔습니다. 그리고 그의 재판정에 섰습니다. 많은 사람이 보고 있는 가운데 이 라과디아 판사가 가차 없이 10불 벌금형을 내렸습니다. 방청객들이 술렁거렸습니다. "저 불쌍한 노인에게 10불 벌금이라니……" 그렇게 재판이 끝난 다음에 이 판사가 또 판결을 내렸습니다. 불쌍한 이웃을 돌아보지 못하고 나만 배불리 먹고산 죄에 대하여 스스로에게 10불 벌금을 내린다는 것이었습니다. 그리고는 자기가 대신 그 노인의 벌금을 내줬다는 유명한 이야기입니다. 그 일로 그는 뉴욕 시장이 되었고, 역사에 남는 귀한 인물이 되었습니다. 여러분, 배고픈 사람이 있는데 배불리 먹는 것은 죄입니다. 굶어 죽는 사람이 있는데 아랑곳하지 않고 향락을 즐기는 것은 큰 죄가 된다는 걸 알아야 합니다.

오늘 본문 말씀은 이것을 가르쳐줍니다. 내가 복을 받기 위해서는 내가 베풀어야 합니다. 내 마음이 열리기 전에는 하나님의 축복의 길이 열리지 않습니다. 이걸 잊지 말아야 합니다. 여러분, 하나님께로부터 큰 복을 받고 부자가 되고 싶습니까? 베풀어야 합니다. 베푸는 마음이 있고야 하나님의 축복이 온다는 걸 잊지 말아야 합니다. 죄송합니다. 열심히 기도만 한다고 되는 것이 아닙니다. 밤을 새워 기도한다고 하나님께서 복을 주시는 것이 아닙니다. 하나님의 마음을 받아서 그 선한 마음을 가지고 선을 베풀 때 하나님의 축복이 온다는 걸 잊지 말아야 합니다.

저는 늘 감사하고 또 자랑스럽게 생각하는 바가 있습니다. 제 할아버지께서 86세에 세상을 떠나셨는데, 세상 떠나시기 전날까지 낚시를 하셨습니다. 아주 건강하셨습니다. 그날 아침에 "아무래도 내가 오늘 갈 거 같다" 하시면서 온 집안 식구를 다 부르셨습니다. 그리고 이름을 죽 불러가시면서 여러 가지를 당부하시고, 기도하시고 하셨습니다. 맨 마지막에 제 아버지에게 하시는 말씀입니다. "아들아, 우리가 1년에 한두 번씩 거지 잔치를 했지? 나 죽은 다음에 한 번 더 해라." 이 말씀을 남기셨습니다. 옛날에는 거지가 많았거든요. 밥 얻어먹으려고 오는 사람, 많았지 않습니까. 이 사람들을 위해서 1년에 두 번씩 거지 잔치를 하셨습니다. 마당에다가 천막을 쳐놓고, 음식을 차려놓고 일주일 동안 오가는 사람에게 음식을 대접했는데, 그걸 '거지 잔치'라고 불렀습니다. 그런데, 할아버지께서 아들에게 부탁하십니다. "내가 죽은 다음에 거지 잔치 한 번 더 해라." "그리하겠습니다." 할아버지가 돌아가신 다음에 그 관을 잔치하는 마당에 갖다놓고 일주일 동안 거지 잔치를 했습니다. 아주 성대하게 온 동네 사람, 온 면에 있는 거지들이 다 와서 마음대로 먹고 즐겼습니다. 마지막 날 장례식을 치를 때 할아버지 관을 그 거지들이 메고 갔습니다. 거지들이 자진해서 관을 메고 산까지 올라갔습니다. 저는 뒤따라갔습니다. 여러분, 베푸는 것이 중요합니다. 그래야 기도 응답이 있습니다. 인색한 마음으로는 기도해서 응답받지 못합니다. 이걸 잊지 말아야 합니다.

오늘본문은 우리에게 가르쳐줍니다. 응답받을 수 있는 길은 이것입니다. '스스로 성결케 하라. 선을 배우라. 선을 가르쳐라. 그리고 선을 몸에 익혀라. 생활화하라. 주변의 어려움 당하는 사람들을 위해서 긍휼을 베풀어라. 그래야 응답이 있다.' 이걸 우리에게 가르쳐주고 있습니다. 기도만 한다고 응답이 있는 것이 아닙니다. 나에게 베푸는 마음, 우리가 하나님의 마음을 품고 베풀 때 하나님께서 내 기도에 응답하신다는 것을 잊어서는 안 되겠습니다. 이 귀한 말씀이 우리 마음에 깊이 새겨져서 오늘과 내일 확실하게 기도 응답을 받는 거룩한 생활이 되기를 바랍니다.   △

# 나는 스스로 버리노라

도둑이 오는 것은 도둑질하고 죽이고 멸망시키려는 것뿐이요 내가 온 것은 양으로 생명을 얻게 하고 더 풍성히 얻게 하려는 것이라 나는 선한 목자라 선한 목자는 양들을 위하여 목숨을 버리거니와 삯꾼은 목자가 아니요 양도 제 양이 아니라 이리가 오는 것을 보면 양을 버리고 달아나나니 이리가 양을 물어 가고 또 헤치느니라 달아나는 것은 그가 삯꾼인 까닭에 양을 돌보지 아니함이나 나는 선한 목자라 나는 내 양을 알고 양도 나를 아는 것이 아버지께서 나를 아시고 내가 아버지를 아는 것 같으니 나는 양을 위하여 목숨을 버리노라 또 이 우리에 들지 아니한 다른 양들이 내게 있어 내가 인도하여야 할 터이니 그들도 내 음성을 듣고 한 무리가 되어 한 목자에게 있으리라 내가 내 목숨을 버리는 것은 그것을 내가 다시 얻기 위함이니 이로 말미암아 아버지께서 나를 사랑하시느니라 이를 내게서 빼앗는 자가 있는 것이 아니라 내가 스스로 버리노라 나는 버릴 권세도 있고 다시 얻을 권세도 있으니 이 계명은 내 아버지에게서 받았노라 하시니라

(요한복음 10 : 10 - 18)

# 나는 스스로 버리노라

성도 여러분, 어렸을 때 동화책에서 읽었던 이야기를 기억하고 계십니까? 한번 떠올려보시기 바랍니다. 호리병 모양의 요술램프가 있습니다. 이 요술램프를 손에 쥔 한 청년이 그걸 손으로 어루만지면서 자기 소원을 말했습니다. 그때 요정 하나가 나타나서 말했습니다. "주인님은 말씀하세요. 소원을 들어드리겠습니다. 단 한 가지 소원만 들어드리겠습니다." 그때 이 청년은 고집스럽게 말했습니다. 세 가지를 바란다고요. 돈과 여자와 결혼, 이 세 가지를 고집했습니다. 요정은 말했습니다. "그것은 안 됩니다. 한 가지만 됩니다." 그러나 이 청년은 굽히지 않고, 꼭 세 가지를 다 얻겠다고 고집을 부립니다. 결국, 조금 있다가 펑 하더니, 요정이 떠났고, 소원은 이루어졌습니다. 어떻게 이루어졌느냐고요? 아주 정신이 돈 여자와 결혼했다는 것입니다.

아이리스 컬리라는 교수가 「Education for Spiritual Growth」라는 책에서 현대인을 간단하고도 명료하게 분석했습니다. 첫째, 현대인의 특징 가운데 하나는 불안이라는 것입니다. 현대인은 항상 불안합니다. 성공해도 불안하고, 실패해도 불안하고, 결혼해도 불안하고, 결혼 못 해도 불안합니다. 이렇듯 현대인은 항상 불안에 시달리고 있다는 것입니다. 어찌 보면, 이유를 설명할 수도 없는 끝없는 불안에 시달리고 있는 것이 현대인의 특징이라는 것입니다. 둘째는 적개심이라는 것입니다. 서로 화목하고 화해하며 살아야 하지만, 실상은 화해하지 못하고, 경쟁심을 가지고 살고 있습니다. 심리학적으로 분

석하면 사랑하고 사는 것이 아닙니다. 질투하고 사는 것이고, 미워
하고 사는 것입니다. 이것이 그의 분석입니다. 그러다 보니, 빼앗기
고 빼앗고, 곧 빼앗으려는 마음, 그리고 빼앗긴 슬픔, 그런 마음으로
사는 것이 현대인이라는 것입니다. 셋째는 그렇기에 힘을 키우려고
하는 것이 현대인의 특징이라는 것입니다. 지식의 힘, 경제의 힘, 정
치적인 힘과 같은 힘을 키워서 그 힘에 의지하는 것입니다. 힘이 있
으면 사는 것 같고, 힘을 잃어버리면 죽는 것 같다는 것입니다. 그래
서 사람들은 힘이 좀 있다 싶으면 교만해지고, 힘을 좀 잃어버렸다
싶으면 절망합니다. 이것이 현대인의 모습이라고 그는 분석하고 있
습니다. 일리가 있는 이야기입니다.

　인간은 혼자 살지 못하고, 혼자 태어나지도 않았습니다. 어차
피 우리는 많은 인간관계 속에서 삽니다. 그런데, 중요한 것은 'give
and take'라는 것입니다. 서로 주고받는 것입니다. 주기만 하는 것도
아니고, 받기만 하는 것도 아닙니다. 그런데, 어떠한 마음으로 주느
냐, 어떠한 마음으로 받느냐, 하는 것이 중요합니다. 간단히 말하면,
주면서도 주는 마음이냐, 아니면 빼앗기는 마음이냐, 이것입니다.
주는 마음과 빼앗기는 마음은 서로 다르거든요. 우리가 자식을 키
울 때도 그렇습니다. 자식이 용돈이 필요하게 되면 줍니다. 줄 뿐만
이 아니라, 어떤 부모는 좀 더 주고 싶은데, 넉넉지 못해서 미안하다
고 하면서 줍니다. 그러면, 받는 사람도 감사해합니다. 반면, 똑같이
자식에게 주지만, 빼앗기는 마음으로 줄 때도 있습니다. '저건 왜 태
어나 가지고 내 돈을 빼앗아 가나?' 이것은 자식에게 주는 것이 아니
라, 자식에게 빼앗기는 마음입니다. 그러니까 부모님께 용돈을 받아
나가면서도 하는 소리가 이렇습니다. "돈 벌기 참 힘들다." 이런 말

이나 하는 것이지요. 빼앗는 마음입니다. 받는 마음이 아니다, 이것입니다. 감사한 마음이 없습니다. 주고받는 형식적 모양은 있지만, 그 속에 있어야 할 중요한 사랑의 관계는 없다는 것입니다. 이것이 바로 현대인의 모습이라는 말씀입니다.

오늘본문에는 아주 깊고 신비롭고 이해하기 어려운 말씀이 있습니다. 예수님께서 말씀하십니다. "나는 선한 목자라 선한 목자는 양들을 위하여 목숨을 버리거니와(11절)." 빼앗기는 것이 아니라는 말씀입니다. 누가 빼앗아 가는 것이 아니고, 나는 스스로 버린다고 하는 것입니다. '스스로 버리노라. 스스로 준다. 마음을 담아서 준다. 진심으로 준다. 스스로 버리노라.' 이것이 주님의 말씀입니다. 왜 주님께서는 목자와 양의 관계에 대하여 이렇게까지 말씀하셨을까요? 여기에는 신비로운 의미가 있습니다. 목자와 양이라는 예를 통하여 예수님께서는 만백성을 위한 예수님의 크고 놀라운 구속의 역사를 설명하고 계시는 것입니다. "나는 빼앗기는 것이 아니다. 누가 죽여서 내가 죽는 것이 아니다. 누가 십자가에 못박아서 내가 죽는 게 아니다. 나는 스스로 버리노라." 너무나 신비롭고 무궁무진한 진리가 이 속에 있습니다.

양이 행복할 수 있는 조건에 딱 세 가지가 있다고 합니다. 첫째, 넉넉한 초지가 있으면 됩니다. 푸른 초장이 있어 언제나 나가서 뜯어 먹을 수 있으면 이보다 더 좋은 일이 어디 있습니까. 둘째, 맑은 시냇물이 있어야 합니다. 목이 마를 때마다 내려가서 물을 마실 수 있습니다. 셋째, 밤에 짐승들로부터 보호받을 수 있는 양의 우리가 있어야 합니다. 울타리가 있어야 한밤을 편히 쉴 수가 있으니까요. 이렇게 세 가지만 있으면 양은 행복하다고 생각하지만, 아닙니다. 절대 조건은 목자입니다. 선한 목자만 있으면 양은 행복합니다. 선한 목자만 옆에 있으면 아무 걱정도 없습니다. 그것이 바로 양입니다.

선한 목자의 조건은 양을 잘 아는 것입니다. 양을 사랑하는 것입니다. 알고 사랑합니다. 그리고 인도합니다. 그런고로, 양은 목자를 믿습니다. 목자를 신뢰합니다. 다음과 같은 다윗의 고백처럼요. "사망의 음침한 골짜기로 갈지라도 해를 두려워하지 않는 것은 주께서 나와 함께하심이라." 선한 목자가 나와 함께하고 있습니다. 내가 선한 목자의 인도함을 받고 있습니다. 그렇기 때문에 나는 사망의 음침한 골짜기를 다닐지라도 해를 두려워하지 않습니다. 시편 23편에 있는 다윗의 유명한 고백입니다.

양은 목자를 절대 신뢰합니다. 목자의 지식, 목자의 능력, 그리고 목자의 사랑— 그래서 그 인도하심을 전적으로 믿습니다. 양은 목자가 어디로 가야 할지, 어떻게 해야 할지, 양을 잘 알고 인도하고 있다고 믿습니다. 때문에 양은 목자가 자기를 골짜기로 인도하든지, 시냇물로 인도하든지, 넓은 광야로 인도하든지, 사망의 음침한 골짜기로 인도하든지, 두려워하지 않습니다. 그것이 양입니다. 양은 목자가 저 앞에서 인도할 때 뒤따라갑니다. 목을 맨 것도 아니고, 코를 꿴 것도 아닙니다. 그러나 저 앞에 있는 목자를 바라보고 계속 따라갑니다. 목자는 양을 사랑합니다. 그리고 목자에게는 지혜가 있고, 능력이 있습니다. 양은 그 지혜와 능력과 사랑을 전적으로 신뢰합니다. 믿고 조금도 의심하지 않습니다. 그것이 선한 목자와 양의 관계입니다.

그런데, 오늘본문에는 여기서 한 걸음 더 나아가 신비로운 말씀이 있습니다. '그 목자는 선할 뿐만 아니라, 양을 위하여 목숨을 버린다. 양을 위하여 생명을 바친다.' 이 말입니다. 여기서 '버린다'라는 말의 뜻은 '실수'가 아닙니다. '무능함'도 아닙니다. '능력이 모자람'도 아닙니다. 목자는 양을 위하여 목숨을 버립니다. 그것은 나약해서도 아니고, 무지해서도 아닙니다. 오늘본문말씀의 핵심은 이것입니다. "빼앗기는 것이 아니다. 내가 스스로 버리노라. 어쩔 수 없어서가 아니라, 스스로 버린다." 얼마나 귀한 말씀입니까.

빼앗기는 것과 주는 것은 다릅니다. "줄 뿐만 아니라, 사랑하는 마음으로 준다. 빼앗기는 것이 아니라, 주는 것이다. 완전히 주는 것이다." 왜요? 이 줌으로 말미암아 얻어지는 생명의 역사를 바라보기 때문에 아낌없이 주는 것입니다. 예수님께서 스스로 말씀하셨습니다. "한 알의 밀이 땅에 떨어져 죽지 않으면 그대로 있고, 죽으면 많은 열매를 맺느니라." 한 알의 밀알이 땅에 떨어져 썩어야 열매를 맺는다― 얼마나 신비로운 말씀입니까. 우리는 그저 윤리적으로, 도덕적으로, 정치적으로, 경제적으로만 생각합니다. 서로 간에 얼마를 주고, 얼마를 받으면서 나에게 돌아올 결과를 생각합니다. 그런데, 아니올시다. 오늘 하나님 말씀의 뜻은 이것입니다. "죽으면 열매를 맺느니라. 나는 빼앗기는 것이 아니라, 스스로 버리노라." 왜 그렇습니까? 이 과정을 통해서만 생명의 역사가 이루어지니까요. 이 과정을 통해서만 하나님의 뜻이 이루어지기 때문입니다.

참으로 놀라운 이야기가 있습니다. 이스라엘 사람들의 잠언 가운데 '부잣집에는 후사가 없다'라는 말이 있습니다. 무슨 말입니까? 부잣집 자녀들은 넉넉한 가운데서 자랐기 때문에 고마운 줄을 모릅니다. 부모님의 사랑을 느끼지 못합니다. 그래서 상속자는 있는 것 같은데, 후사는 없다는 것입니다. 그런데, 이상한 것이 있습니다. 가난한 사람들은 어렵고, 고생을 함께 합니다마는, 그 가난한 집의 자녀들이 효자가 됩니다. 참으로 효자가 됩니다. 옛날 저희 고향에서도 어른들이 하는 말씀 가운데 이런 것이 있습니다. '가난한 자의 아들이 효자가 된다. 병신 자식이 효자다.' 능력이 없습니다. 돈도 못 법니다. 그러나 그들이 효자가 됩니다. 왜요? 고난 속에 있는 사람은 작은 것으로도 큰 감사를 느끼기 때문입니다. 스스로 버리는 것을 보고서야 마음이 감동합니다. 빼앗기는 것이 아니고, 스스로 버리는 거룩한 역사 앞에서만 효자가 나타나는 것입니다. 이걸 잊지 말아야 합니다. 오늘 예수님께서도 말씀하십니다. "마음을 줄 뿐만 아니라, 생명까지 주노라. 스스로 버리노라. 나는 빼앗기는 것이 아니다. 내가 십자가를 지는 것은 빼앗기는 것이 아니다. 빌라도 때문도, 가야바 때문도, 로마 군인 때문도 아니다. 내가 스스로 버리노라. 너희를 사랑하기 때문에 너희 생명을 얻기 위하여, 너희의 영혼을 얻기 위하여, 너희에게 참 생명을 주기 위하여 나는 스스로 버리노라." 이 얼마나 신비롭고 거룩한 말씀입니까.

　　그러나 우리는 한 걸음 더 나아가야 합니다. 이것은 우리가 생활 속에서 날마다 경험하는 것입니다. 얼마든지 경험합니다. 스스로 버리는 마음으로 줄 때 비로소 사람을 얻을 수 있습니다. 마음을 얻을 수 있습니다. 물질만 주고받으면 빼앗기는 마음이요, 아무런 영적 소통이 이루어지지 않습니다. 이걸 잊지 말아야 합니다. 얼마나 희생했느냐? 얼마나 깨끗한 마음으로 헌신했느냐에 따라서 결과가 이루어지는 것입니다.

　　제가 조금 전 차를 타고 오다가 잠깐 방송을 들었는데, 참 의

미 있는 이야기다 싶어서 말씀드리고 싶습니다. 캐나다 어느 농촌에
한 내외분이 있었는데, 별로 넉넉하지 못합니다. 집 옆에 초등학교
가 있는데, 아이들이 똑같은 시간에 학교 교문으로 들어가지 않습니
까. 그렇게 일제히 쫙 밀려 들어갈 때 이 할아버지 할머니가 나와서
손을 흔드는 것입니다. 오늘 하루 종일 잘 지내라고 축복을 하면서
"Good Morning!" 하고 손을 흔들었답니다. 아이들도 할아버지 할머
니를 보고 같이 손을 흔들었습니다. 그러다가 할아버지가 먼저 돌아
가시고, 이제 할머니 혼자서 손을 흔들게 되었습니다. 그렇게 12년
을 아침마다 손을 흔들었던 것입니다. 그러다가 할머니마저 마지막
에는 몸이 노쇠해져서 요양원으로 들어가게 되었는데, 그때 이 학교
학생들 수백 명이 나와서 그 할머니를 환송했다고 하는 것입니다.
참 감동이 있지 않습니까. 사랑이란 물질로 이루어지는 것이 아닙니
다. 잠깐 손 한 번 흔드는 것만 가지고도 엄청난 사랑의 교감이 이루
어지는 것입니다. 오늘본문에서 예수님 말씀하십니다. 빼앗기는 것
은 무효입니다. 주는 것이라야 합니다. 자원해서 주는 것이라야 하
며, 사랑해서 주는 것이라야 합니다. 사랑해서 주는 희생이어야 합
니다. 희생 없이 사랑의 소통은 이루어지지 않습니다. 이걸 잊지 말
아야 합니다.

　　예수님께서 십자가에 돌아가실 때 큰 수수께끼 같은 사건이 있
었습니다. 예수님께서 십자가를 지시는데, 그 앞에 있는 사람들이
무슨 이야기를 합니까? 다 예수님의 능력을 본 사람들입니다. 문둥
병자를 고치시는 것도 보았고, 5천 명을 먹이실 때 그 자리에 있었던
사람들인지도 모릅니다. 예수님의 모든 희한한 능력을 다 본 사람들
입니다. 그런데, 그 능력 많으신 예수님께서 십자가에 돌아가시지

않습니까. 말이 안 되는 일 아닙니까. 그래서 그들은 소리를 지릅니다. 그 가운데는 악의에 찬 사람도 있고, 회의주의자도 있고, 의심하는 사람도 있고, 빈정대는 사람도 있었겠지마는, 진실로 소리친 사람도 있었을 것입니다. "십자가에서 내려오라! 십자가에서 내려오라! 능력 많으신 예수님, 십자가에서 내려오세요! 그러면 우리가 믿겠습니다!" 일리가 있습니다. 그러나 예수님께서는 내려오지 않으셨습니다. 왜요? "나는 빼앗기는 것이 아니고, 주려고 왔노라. 스스로 버리노라." 로마 군인 때문도, 누구누구 때문도 아니고, 나는 스스로 버리노라— 여기에 사랑의 계시가 있습니다. 바로 여기에 생명의 능력이 있는 것입니다. "스스로 버리노라." 그러면서 십자가를 지십니다. 그리하여 만백성을 구원하시게 되는 것입니다.

십자가 밑에서 쳐다보며 "내려오라! 내려오라!" 하고 소리 지르는 사람들의 모습을 가만히 생각해보십시오. 그들에게 예수님 말씀하십니다. "누가 빼앗아서 빼앗기는 것이 아니고, 누가 죽여서 내가 죽는 것도 아니다. 나는 양을 사랑하기 때문에 스스로 버리노라." 왜요? "이렇게 스스로 버려야 얻고, 스스로 버려야 자유하고, 스스로 버려야 사랑이 실천되고, 열매를 맺고, 생명이 나타나기 때문이다. 나는 스스로 버리노라." 여기에 대한 확실한 믿음이 있습니다. 버리면 얻습니다. 확실한 사랑이 있습니다. 이것만이 사랑의 계시입니다.

더 나아가 예수님께서는 이렇게 버리면 반드시, 한 알의 밀알이 땅에 떨어져 썩으면 많은 열매를 맺듯이, 많은 생명의 열매, 많은 구원의 열매가 나타날 것을 소망하고 있습니다. 이 소망 속에서 예수님께서는 말씀하십니다. "나는 스스로 버리노라." 조금 더 깊이 들어가 생각해봅시다. 여러분, 사생활 속에서도 보십시오. 어디서 문제가 됐습니까? 사랑이 없는 것도 아닙니다. 수고가 없는 것이 아닙니다. 다 좋은 이야기입니다. 그러나 그 속에 스스로 버리는 역사가 없습니다. 스스로 버리는 역사가 없기 때문에 생명의 역사가 나타나지 않는 것입니다. 오늘 예수님의 신비로운 말씀입니다.

여러분이 잘 아시는 슈바이처 박사의 말입니다. '나는 한 가지 외에는 아는 것이 없다. 진실로 행복한 사람은 섬기는 법을 아는 사람이다.' 행복한 사람은 섬기는 법을 아는 사람이라는 것입니다. 여러분, 마음속에 고민이 있습니까? 어두운 그림자가 있습니까? 자세히 살펴보십시오. 빼앗기는 마음 때문입니다. 빼앗기지 말고 줍시다. "주지만 말고, 스스로 버리노라." 나를 깨끗이 버릴 때만 내가 하는 수고의 아름다운 결실이 이루어집니다. 그때 내가 자유인이 됩니다. "나는 스스로 버리노라." 이 말씀을 항상 마음에 두고 살며, 그렇게 스스로 버릴 때마다 내 영혼이 자유함을 경험하게 될 것입니다.　△

# 독수리 날개 같은 은총

옛날을 기억하라 역대의 연대를 생각하라 네 아버
지에게 물으라 그가 네게 설명할 것이요 네 어른들에
게 물으라 그들이 네게 말하리로다 지극히 높으신 자
가 민족들에게 기업을 주실 때에, 인종을 나누실 때
에 이스라엘 자손의 수효대로 백성들의 경계를 정하
셨도다 여호와의 분깃은 자기 백성이라 야곱은 그가
택하신 기업이로다 여호와께서 그를 황무지에서, 짐
승이 부르짖는 광야에서 만나시고 호위하시며 보호
하시며 자기의 눈동자 같이 지키셨도다 마치 독수리
가 자기의 보금자리를 어지럽게 하며 자기의 새끼 위
에 너풀거리며 그의 날개를 펴서 새끼를 받으며 그의
날개 위에 그것을 업는 것 같이 여호와께서 홀로 그
를 인도하셨고 그와 함께 한 다른 신이 없었도다
(신명기 32 : 7 - 12)

# 독수리 날개 같은 은총

　여러분이 너무나 잘 아시는 종교개혁자 마르틴 루터의 설교집 가운데 다음과 같은 재미있는 예화가 있습니다. 어느 날 사탄이 자기의 부하들을 모아놓고 사람들을 어떻게 하면 지옥으로 끌고 갈까 하고 의논하게 되었다는 것입니다. 그때 한 마귀가 하는 말입니다. "돌아다니면서 하나님이 없다고 외치면 어떻겠습니까?" 그랬더니, 사탄이 하는 말이 이랬습니다. "원래 그들은 하나님을 잘 믿지를 않아." 그러자 다른 한 마귀가 하는 말입니다. "지옥이 없다고 말합시다. 지옥이 없다고 돌아다니면서 선전하면 어떻겠습니까" 그랬더니, 그 사탄의 괴수가 하는 말이 "원래 그들은 지옥도 잘 믿지를 않아" 했습니다. 또 한 마귀가 말합니다. "그러면 많은 고난을 줍시다. 환난, 핍박, 고난, 가난, 질병…… 이런 어려운 시련들을 그들에게 주도록 합시다." 그러니까 마귀의 괴수가 하는 말입니다. "쓸데없는 소리 하지 마라. 그리스도인들은 고난을 당하면 순교하게 되었다고 더 좋아한다. 그러니까 고난을 통해서 그들을 지옥으로 끌고 갈 수는 없다." 그래 부하들이 물었습니다. "그러면 어떻게 하면 좋겠습니까?" 그러니까 그들의 우두머리 되는 사탄이 하는 말입니다. "서두를 것 없다. 그저 돌아다니면서 '천천히 믿으세요. 서두르지 마세요' 해라. 이렇게만 말하고 다니면 된다."

　신앙이란 정말 다급한 것입니다. 아주 종말론적인 것입니다. 하지만 사람들이 어쩌다가 "좀 더 있다가, 좀 더 천천히" 하다가 그만 기회를 놓치고 두려워하는 것을 우리가 보고 있지 않습니까. 어른들이 말해준 아주 재미있는 옛날이야기가 있습니다. 양반, 상민이 있던 시대입니다. 요새는 다 평등하지만, 옛날에는 양반이 있고, 상민이 있었거든요. 그런데, 아주 부잣집 양반의 아들이 한 백정의 딸을 좋아하게 되었습니다. 공교롭게도 상민 가운데에서도 제일 천한 백정의 딸을 좋아하게 된 것입니다. 이 백정의 딸이 아주 절세미인이었습니다. 이 백정의 딸을 그 양반의 아들이 너무나 사랑해서 어쩔 수 없이 결혼까지 하게 됩니다. 그래서 백정의 딸이 양반의 집으로 시집을 가게 되었는데, 이 딸한테 큰 걱정거리가 생겼습니다. '우리 집이야 되는대로 살지만, 양반의 집은 법도가 있기 마련인데, 그 예절을 내가 모르니 어떡하면 좋지?' 이렇게 걱정을 하는 것입니다. 그러자 그 친정어머니가 하는 말입니다. "그 양반들 사는 거 별것 없다. 양반들이 하는 말에는 언제나 '님'자를 붙여야 하느니라. 그저 시아버님, 어머님, 시누님…… 이렇게 '님'자만 붙이면 된다." 이렇게 가르쳐준 것입니다. 그러고 나서 딸이 시집을 갔습니다. 어느 날 여름, 시아버지의 점심상을 준비해 가지고 가는데, 시아버지가 너무 더워서 문턱을 베고 낮잠을 주무시는 것입니다. 이제 이 문턱을 넘어가야 하겠는데, 어찌해야겠습니까. 그래서 며느리가 이랬다는 것 아닙니까. "시아버님." 여기까지는 잘했습니다. 그런데 "대가리님 치우세요. 발님 들어갑니다." 이랬답니다. 여러분, 제가 왜 이 말씀을 하는지 아십니까? 상민이 양반 되기가 쉬운 일이 아닙니다. 사람이 살아온 대로 사는 게 쉽지, 시집가고 장가가서 고친다는 것, 어렵습니다. 자기가 본래 살던 방법이 있는데, 그 생활양식을 바꾼다는 것, 굉장히 어려운 일입니다. 많은 고통과 많은 시련을 겪어야 합니다.

　이스라엘 백성들은 애굽에서 인도함을 받아 이제 가나안땅으로 갑니다. 그런데, 이스라엘 백성이 애굽에서 노예 생활을 한 지가 무려 430년입니다. 이는 무엇을 의미합니까? 지금 이스라엘 백성이라고 하는 사람들이 다 애굽에서 태어난 사람들입니다. 노예문화에서 태어났고, 노예문화에서 자랐고, 오늘도 노예 생활을 하고 있는 것입니다. 그러니까 노예 생활에 완전히 침윤되고 젖어버린, 노예화된 의식을 지니고 있는 것입니다. 그런 사람들을 구원하시는 것입니다. 굉장한 사건입니다. 그러니까 그들은 노예로 출생했고, 노예문화에 익숙해 있고, 그렇게 단순화된 사람들이다, 이것입니다.

　배리 슈워츠 교수의 「선택의 심리학」이라는 저서가 있습니다. 아주 오래전에 제가 읽은 책이지만, 굉장히 중요한 의미가 있습니다. 선택의 기회가 많으면 만족할 것 같지만, 실은 고민이 더 많아진다는 것입니다. 한 가지만 선택하면 단순화되지만, 이것도 할 수 있고, 저것도 할 수 있을 때는 선택이 어려운 것입니다. 선택을 해놓고서도 고민에 빠집니다. 자유인에게는 선택에 대한 책임이 있다는 것이 자유인의 고민인 것입니다. 그래서 이 슈워츠 교수의 유명한 말이 있습니다. 'Paradox of choice', 곧 '선택의 역설'입니다. 선택의 자유가 항상 좋은 것이 아니라는 것입니다. 여러분, 노예는 선택이 없습니다. 주인이 하라는 대로 하면 됩니다. 어떤 선택도 할 필요가 없습니다. 자유가 없어서 그저 가라면 가고, 오라면 오고, 먹으라면 먹습니다. 심지어는 도덕적인 자유도 없습니다. 저 사람 죽여라, 하면 죽이는 것입니다. 이렇게 단순하게 사는 것이지요. 그야말로 철저하게 의식까지 노예화되는 것입니다.

　여러분, 이게 불편할 것 같지만, 편할 때도 있습니다. 어떤 분

이 제게 직접 해준 이야기가 있습니다. 그분은 시장에 갈 때도 남편
이 직접 돈을 계산한다는 것입니다. "어떤 거 살 거야?" 그래 청구서
를 내밀면 딱 그만큼의 돈만 주고, 사 오면 또 그렇게 계산을 한다는
것입니다. "제가 이렇게 살아요, 목사님." 그래서 제가 그랬습니다.
"아니, 그걸 무슨 결혼생활이라고 살아요?" 그랬더니, 이러는 것입
니다. "목사님, 그런 게 아니에요. 세상에 편한 것입니다. 제게는 책
임이 없으니까 저는 그냥 이 집에 돈이 얼마 있는지 없는지, 살림이
되는지 안 되는지 상관하지 않습니다. 그저 주인이 하라는 대로 하
기만 하면 됩니다. 그러니, 제가 오히려 더 자유롭습니다."

　여러분, 선택의 자유가 없다는 게 아주 고통스러울 것 같지만,
아닙니다. 오히려 더 편합니다. 이것이 바로 노예적인 자유입니다.
노예적인 의식입니다. 아무 생각이 없습니다. 그저 가라면 가고, 오
라면 오고, 먹으라면 먹고, 하라면 하고…… 끝입니다. 어찌 생각하
면 이것은 참 말이 아니다 싶지만, 아닙니다. 오히려 이것이 선택의
역설입니다. 여기에 오히려 자유가 있는 것입니다. 이스라엘 백성이
애굽에서 노예로 살았습니다. 자유가 없었습니다. 먹고 입고 자는
것만이 아니라, 의식의 자유도 없었습니다. 선택의 자유가 전혀 없
었던 것입니다. 그렇게 노예 생활을 해오던 그들이 이제 해방이 되
었습니다. 자유인이 되었습니다. 이제부터는 내가 스스로 선택해야
합니다. 의와 불의, 선과 악, 하나님의 뜻과 사람의 뜻을 스스로 가
려서 선택하며 살아야 합니다. 한데, 이것이 너무나도 부담스럽고
어려웠던 것입니다. 이걸 잊지 말아야 합니다.

　하나님께서 이스라엘 백성을 애굽에서 인도해내실 때 열 가지
재앙을 내리셨습니다. 모두가 깜짝 놀랐습니다. 하나님의 사랑의 힘

을 보았습니다. 또한, 홍해를 기적같이 건너가게 되었을 때 그들의 감격은 이루 말로 다 못 합니다. "이거야말로 자유다. 이제는 자유인이다." 하지만, 그 뒤에 조그마한 어려운 일이 생길 때마다 그들은 말합니다. "애굽으로 돌아가자. 애굽이 차라리 좋았다." 여러분, 이게 말이 됩니까? 자유인이 되어 광야에서 죽어도 "이것이 행복이다. 이것이 영광이다" 해야지, 조금 어려운 일이 있다고 해서 "애굽 생활이 좋았는데, 노예 생활을 할 때가 더 좋았는데⋯⋯" 해서야 되겠습니까. 그들이 노예화된 의식에서 벗어나기까지는 많은 시간이 걸렸습니다.

지리적, 물리적, 지정학적으로는 분명히 애굽에서 나왔습니다. 자유인입니다. 정치적으로 자유인입니다. 그러나 신앙적, 문화적으로는 여전히 노예입니다. 노예의 의식구조를 가지고 있습니다. 이것이 바로 오늘본문에 나타난 중요한 내용입니다. 그들에게 자유가 주어집니다마는, 자유의 소중함을 모릅니다. 자유를 지켜갈 수 없습니다. 그러니까 더 큰 혼돈에 빠지고, 더 큰 죄악을 범하게 되더라, 이것입니다. 하나님께서 그들을 인도하시어 그들이 애굽에서 나왔습니다. 그래 가나안까지 가려는데, 열나흘이면 갈 수 있답니다. 하지만, 성경에서 우리가 보는 바와 같이, 무려 40년이나 걸렸습니다. 요새 문화인류학에서 이런 말을 합니다. 한 민족이 의식이 바뀌는 데 40년이 걸린다고요. 참 어려운 이야기입니다. 자기도 모르게 습관화된 것, 습관화된 생활양식, 습관화된 의식구조⋯⋯ 이거 어떡하면 좋겠습니까? 참으로 힘든 일입니다.

우리가 8·15해방을 생각합니다. 1945년 8월 15일에 해방이 되었을 때 다들 얼마나 감격했는지 모릅니다. 제가 몸소 경험했거든

요. 해방되기 전에는 주일예배 때 교회에서 찬송을 일본말로 불렀습
니다. 성경도 일본어로 읽었습니다. 설교만 한국말로 했습니다. 이
렇게 안 하면 예배를 못 드리게 했습니다. 그러다가 해방이 되었습
니다. 얼마나 감격스럽습니까. 해방된 첫 주일에 한경직 목사님이
신의주 제일교회에서 너무나 감격하여 교인들이 가득 모인 자리에
서 이렇게 말씀하셨다는 것 아닙니까. "성도 여러분, 이제부터는 일
본말 '아싸리' 하지 맙시다." 일본말이 무의식중에 나온 것이지요.
그만큼 깊이 젖어 있었던 것입니다.

　기가 막힌 이야기 하나 더 할까요? 우리가 성찬식을 할 때 잔을
이렇게 들고 기다리지 않습니까. 그런데, 우리 교인들 가운데 누가
이런 말 하는 걸 들었습니다. 그분의 남편은 안 믿는 사람으로, 본래
가 술꾼입니다. 그 남편분이 어쩌다 성찬식을 하게 되었을 때 술꾼
들이 흔히 그러듯 들고 있던 잔을 이렇게 돌리더랍니다. 그래서 옆
에서 그분이 남편의 옆구리를 쿡 찔렀답니다. "당신, 뭐 하는 짓이
야?" 그러니까 "아이고, 미안해, 미안해. 옛날 버릇이 있어서" 하더
랍니다. 옛날에 술 마실 때 술잔 들고 이렇게 흔들던 것이 그만 버릇
이 되어 자기도 모르게 손이 움직이더라는 것입니다. 그 버릇 고치
는 데에 얼마나 걸리느냐고요? 40년 걸린다는 것입니다. 이걸 잊지
말아야 합니다. 우리 안에 잠재된 그 옛날의 불신앙적인 잔재를 버
리는 데 그토록 많은 시간이 걸린다는 이야기입니다.

　하지만 여러분, 하나님께서는 그런 옛날의 불신앙적인 요소를
우리로 버리게 하십니다. 훈련하십니다. 특별히 오늘본문에는 이
런 하나님의 아름답고 귀한 이야기가 있습니다. 저는 농촌에서 자란
덕에 아버지하고 함께 산에 올라갔을 때 독수리들을 많이 보았습니

다. 아버지가 제게 저 독수리를 보라고 하십니다. 그 독수리들이 높은 절벽 위에서 빙빙 돌면서 날고 있습니다. 그때 아버지가 이르십니다. "지금 저 독수리가 뭘 하고 있는지 아느냐? 새끼를 훈련시키고 있는 거다." 그런데, 바로 그 이야기가 성경에 있더라고요. 성경 그대로입니다. 독수리가 어린 새끼를 벼랑 높은 데서 떨어뜨립니다. 그때는 정말 무자비합니다. 자기 새끼를 발로 밀어 떨어뜨리는 것입니다. 제가 그걸 직접 보았습니다. 새끼는 미숙하게나마 날갯짓을 열심히 해보지만, 그냥 곤두박질합니다. 그러면 어미 독수리가 멀리서 보고 있다가 그 새끼가 땅에 닿기 전에 휙 내려와 낚아채가지고 위로 올라갑니다. 그리고 잠깐 둥지에 두었다가 또 떨어뜨리는 것입니다. 이런 식으로 계속 독수리를 훈련시킵니다. 그 과정을 거치면서 어린 독수리는 마침내 날개가 튼튼해지고, 결국은 하루 종일 날아도 피곤하지 않은 훌륭한 날개를 가진 독수리로 성장해간다는 것입니다. 이 얼마나 아름다운 이야기입니까.

어미 독수리가 자기 새끼를 저 벼랑에서 떨어뜨리는 시련― 이런 훈련이 반드시 필요합니다. 하나님께서 이스라엘도 이렇게 훈련시키십니다. 순결케 하십니다. 옛 생활을 버리게 하십니다. 애굽스러운 것을 버리게 하십니다. 세속적인 것을 버리게 하십니다. 세상적인 것을 끊어버리게 하십니다. 이런 훈련을 하십니다. 이런 훈련을 통하여 믿음을 가지게 하십니다. 믿음을 순수하게 하십니다. 믿음을 튼튼하게 하십니다. 많은 시련을 통해서 말입니다. 여러분의 믿음의 정도, 어느 만큼입니까? 이것은 얼마나 시련을 겪었느냐에 달려 있습니다. 그러니 겪은 시련만큼까지입니다. 시련을 겪은 만큼 믿음의 그릇이 이루어지는 것입니다.

　우리 민족은 분명 하나님의 은혜 가운데 무상으로 자유와 해방을 얻었습니다. 여기에 중요한 의미가 있습니다. 무상으로 얻었기 때문에 우리는 그 고귀함을 모릅니다. 그래서 우리는 이 자유를 지켜가기가 어렵습니다. 보십시오. 해방되자마자 바로 6·25를 만납니다. 어째서요? 민족의식이 독립되지 못했기 때문입니다. 그래서 이데올로기에 빠지고, 공산주의에 빠지면서 6·25전쟁이라고 하는 큰 시련을 겪게 됩니다. 오늘도 우리는 개인적으로도 경제, 정치, 문화, 교육 등 모든 면에서 시련을 겪고 있습니다. 며칠 전에도 어떤 어머니를 만나보았더니, 하나 있는 아들을 군대에 보내놓고 며칠을 울었다는 것입니다. 그리고 지금은 제대하고 나와서 취직을 하여 싱가포르로 가게 되었다고 합니다. 그런데, 싱가포르로 보내놓고 또 일주일 동안 울었답니다. 그래서 제가 그랬습니다. "울긴 왜 울어? 아들이 아픈가? 아들이 죽었나? 얼마나 좋은 일이야." 여러분, 의식적으로 독립해야지요. 신앙으로 독립해야지요. 제가 그런 인생의 훈련을 방해하지 말라고 그랬습니다.

　하나님께서 이스라엘 백성을 시련을 통하여 훈련하셨습니다. 그들에게 말씀하셨습니다. 하나님을 믿게 하셨습니다. 그렇게 하나님만 의지하는 하나님의 백성으로 만들어가시는 것입니다. 선민은 거저 되는 게 아닙니다. 바른 신앙은 거저 되는 게 아닙니다. 바른 인격이 거저 되는 게 아니다, 이것입니다. 많은 시련을 통해서 말씀하시고, 경험하게 하시고, 버리게 하시고, 취하게 하시고, 강하게 하시고, 순수하게 하십니다. 그래서 오늘본문은 이것을 비유적으로 간단하게 말씀합니다. "독수리의 날개처럼 자기의 보금자리를 어지럽게 하며, 자기의 새끼 위에 너풀거리며, 그 날개를 펼쳐서 새끼를 받

느니라." 독수리가 날개 치며 새끼를 보호함과 같이 하나님께서 이
민족을 보호하셨고, 여기까지 인도하셨습니다. 그저 이제는 다 끝나
는가보다, 다 망하는가보다, 했지만, 아닙니다. 우리가 땅에 떨어지
기 전에 멀리서 지켜보시다가 하나님께서는 우리를 구원하십니다.
우리를 다시 업고 올라가실 것입니다. 그 자유의 날을 생각하고, 그
날개를 우리는 믿고 있습니다.

여러분, 오늘본문말씀에 독수리의 날개로 상징된 그 은총이 있
습니다. 그리고 이 민족과 우리 개개인도 독수리의 날개로 우리를
보호하시는 그 은총을 잠시도 잊어서는 안 됩니다. 그러므로 다시
믿음을 새롭게 하고, 옛사람에서 벗어나 주께서 주시는 믿음을 잘
지켜가는 하나님의 선택된 사람들이 되어야 할 것입니다.   △

# 네 믿음이 너를 구원하였다

여리고에 가까이 가셨을 때에 한 맹인이 길 가에
앉아 구걸하다가 무리가 지나감을 듣고 이 무슨 일이
냐고 물은대 그들이 나사렛 예수께서 지나가신다 하
니 맹인이 외쳐 이르되 다윗의 자손 예수여 나를 불
쌍히 여기소서 하거늘 앞서 가는 자들이 그를 꾸짖어
잠잠하라 하되 그가 더욱 크게 소리 질러 다윗의 자
손이여 나를 불쌍히 여기소서 하는지라 예수께서 머
물러 서서 명하여 데려오라 하셨더니 그가 가까이 오
매 물어 이르시되 네게 무엇을 하여 주기를 원하느냐
이르되 주여 보기를 원하나이다 예수께서 그에게 이
르시되 보라 네 믿음이 너를 구원하였느니라 하시매
곧 보게 되어 하나님께 영광을 돌리며 예수를 따르니
백성이 다 이를 보고 하나님을 찬양하니라

(누가복음 18 : 35 - 43)

## 네 믿음이 너를 구원하였다

　　오래전에 어느 젊은 목사님의 간증을 듣고 아주 깜짝 놀랐던 일이 있습니다. 그분은 어느 가정 4남매의 장남으로 태어났습니다. 그런데, 어른들은 어린아이한테 곧잘 이런 쓸데없는 말을 하잖아요? "너는 다리 밑에서 주워왔다." 그분이 바로 이 말을 들은 것입니다. 그리고 정말인가 싶어서 다른 어른들한테 확인까지 했습니다. 그랬더니, 실제로 몇몇 어른들이 그렇게 말해주었던 것입니다. "너는 다리 밑에서 주워왔다." 이렇게요. 그래서 이 말이 그의 마음에 인각되었습니다. 그러다 보니, 무슨 일로 그 어머니가 꾸중을 하면 '내가 주워온 고아이기 때문에 꾸중을 하시는구나!' 하고, 어쩌다 어머니가 매라도 들면 '그렇지, 나는 주워온 아들이니까 나를 때리시는구나!' 합니다. 그러니까 칭찬을 들어도, 꾸중을 들어도 다 마음에 거슬리는 것이었습니다. 어떤 보상도 마음에 안 들었습니다. 딱 하나 드는 생각은 이것이었습니다. '빨리 커서 가출해야겠다!' 이런 생각으로 그는 고등학교 3학년까지 살았다는 것입니다. 그러니, 그동안 심리적으로 얼마나 불안했겠습니까. 마음속으로 계속 그런 반항심만 키워갔던 것입니다. '나는 이 집 아들이 아니다.' 스스로 아들이라고 생각하고 믿을 때는 칭찬을 들어도, 징계를 받아도 다 감당할 수 있습니다. 하지만 '나는 밖에서 얻어 온 고아다. 나는 이 집 자녀가 아니다'라고 생각될 때는 그 어떤 말도 귀에 들어오지 않습니다. 그래 그는 오직 '빨리 커서 가출해야겠다' 하는 생각으로 고3까지 지냈다는 것입니다. 그러니, 말 한마디가 얼마나 중요합니까. 어린아이들한테 하는 말 한마디, 참 조심해야 합니다. 그것이 그 일생을 이렇게 만들었다는 것을 볼 때 아이들 앞에서 말을 참 조심해야겠다는 생각을 해보았습니다.

사랑이라는 것은 가슴에서 얻어지는 느낌입니다. 그러나 이것은 지식에 뿌리를 두고 있습니다. 사랑이라는 지식은 오직 믿음에 근거합니다. 믿음에는 이유가 없습니다. 믿으면 믿는 것이고, 안 믿으면 그를 믿게 할 도리가 없습니다. 이것이 문제입니다. 하나님의 은혜가 선물인 것은 틀림없습니다. 그러나 이 은혜를 우리가 받을 때 내가 받아들이는 믿음이 없다면, 그 큰 은혜마저 은혜가 될 수 없다는 것을 알아야 합니다. 종교개혁자 마르틴 루터는 늘 입버릇처럼 말했습니다. "하나님께서 주시는 은혜는 하늘로부터 주시는 축복이다." 오직 은혜입니다. 그러나 그 은혜를 내가 받아들이는 믿음이 없다면, 그 큰 은혜도 은혜가 될 수 없다는 것입니다. 이것을 마르틴 루터는 신학적으로 깊이 연구해서 발표하고 있습니다. 하나님께서 우리에게 주시는 계시는 객관적인 계시가 있고, 주관적인 계시가 있다는 것입니다. 좀 어렵지요? 객관적인 계시는 예수 그리스도요, 하나님의 말씀인 성경입니다. 성경의 역사와 사건이 객관적 계시로 우리에게 옵니다. 그러나 이 객관적 계시를 내가 받아들일 수 있는 것은 주관적인 계시인 성령의 역사 때문입니다. 성령께서 내 마음을 움직이시고, 내 마음 문을 열어주실 때만 저 객관적인 계시가 내 속에서 은혜가 은혜로 될 수 있다는 것입니다. 대단히 중요한 말씀입니다.

아인슈타인 박사의 말 가운데 이런 것이 있습니다. '과학의 기초는 믿음이다. 과학 하는 자의 기본자세는 믿음이다. 믿음이 흔들릴 때는 그 어떤 진리도 진리가 될 수 없다.' 아인슈타인 박사의 유명한 말입니다. 그런고로, 가장 불행한 것은 무엇입니까? 소유도 재물도 명예도 권세도 아닙니다. 믿음이 없는 것이 가장 불행한 것입니다. 아니, 믿어지지 않는 것이요, 믿음이 생기지 않는 것입니다. 저는 오래 목회를 해오면서 늘 생각합니다. 우리 교인들이 나와서 말씀을 듣습니다. 은혜받습니다. 여기서 이렇게 보면, 이제는 한 50년 했더니, 좀 보는 눈이 있습니다. 믿음이 있는지 없는지, 믿음으로 받아들이는 사람인지 아닌지…… 그 많은 날 교회를 다녀도 그 속에 믿음이 없는 것을 봅니다. 진리를 진리로, 복음을 복음으로 받지 못하고 있는 것을 볼 때 참 안타깝게 생각합니다. 참으로 불행한 것입니다. 여러분, 생각해보십시오. 이 새벽에 여기까지 나왔습니다. 그래 가지고도 믿음이 없다면 이런 불행이 어디 있습니까. 그런데, 문제는 이 믿음이 하나님의 선물이라는 것입니다. 안 믿어지는 데야 도리가 없잖아요? 반대로 믿어질 때는 엄청난 사건도 믿음으로 받아들이게 됩니다.

오늘본문에는 아주 귀하고 특별한 말씀이 있습니다. "네 믿음이 너를 구원하였느니라(42절)." 오늘본문에 나오는 한 맹인에게 하시는 말씀입니다. 네 믿음이 너를 구원했다— 저는 이 말씀을 읽을 때마다 생각합니다. '예수님이라면 어떻게 하셨을까?' 아마 이러지 않으셨을까요? "내 믿음이 너를 구원했느니라. 내 능력이 너를 구원했느니라." 이러셨을 것 같습니다. 하지만 예수님께서는 이러셨습니다. "네 믿음이 너를 구원했다. 네가 지금 구원받을 만한 믿음을 가졌다. 그 수준에 도달했다." 그의 믿음을 칭찬하신 것입니다. 여러분, 오늘 주님께서 우리에게 "네 믿음이 너를 구원했다" 하실 만큼의 믿음, 그런 순수한 믿음, 그런 거룩한 믿음이 우리에게 있습니까?
그런 믿음의 그릇이 우리에게 있습니까? 오늘 우리가 이 귀한 시간
에 하나님의 말씀을 듣습니다. 여러분의 믿음만큼, 그 믿음의 그릇
만큼 여러분은 은혜를 받을 것입니다. 이걸 잊지 말아야 합니다. 믿
음의 사건은 먼저 듣는 데서 이루어집니다. 복음은 들음에서 옵니
다. 복음을 들어야 하는데, 듣기 전에 이루어질 사건이 하나 있습니
다. 만남입니다. 내가 찾아서 만나는 게 아니고, 주님께서 나를 찾아
오셔서 만나주시는 것입니다. 나를 만나주시는 사건이 있는 것입니
다. 그리고 내게 말씀하십니다. 이 만남의 기회라는 것이 얼마나 중
요합니까. 내가 누구를 만나느냐에 따라서 내 운명이 달라집니다.
내 일생이 바뀝니다. 누구를 만나고, 누구와 함께하느냐에 따라서
말입니다.

그런데, 이 맹인에게 소중한 기회가 주어집니다. 예수님께서 그
가 있는 곳을 지나가십니다. 일생에 딱 한 번 있는 기회입니다. 소중
한 기회입니다. 그리고 예수님을 만나게 됩니다. 그런데, 고마운 것
은, 보지는 못하지만, 듣고는 있다는 것입니다. 이것이 중요합니다.
보기도 하고, 듣기도 하면 얼마나 좋겠습니까. 그러나 보지는 못해
도 들을 수는 있습니다. 그래서 들을 수 있기에 생긴 이 기회를 놓치
면 안 됩니다. 이런 분들은 대체로 청각이 아주 많이 발달해 있습니
다. 잘 듣습니다. 멀리서 듣습니다. 확실하게 듣습니다. 이렇게 그
는 예수님께서 지나가신다는 말을 듣고 "다윗의 자손이여, 나를 불
쌍히 여기소서!" 하고 소리를 지릅니다. 이것은 기도입니다. "나를
불쌍히 여기소서! 다윗의 자손이여, 나를 불쌍히 여기소서!" 간절한
기도입니다. 그의 간절한 외침에 예수님께서 이 사람을 만나주십니

다. 만남의 기회가 온 것입니다. 그는 이 기회를 놓치지 않고 기도했습니다. 만남의 기회를 놓치지 않고, 믿음으로 꽉 붙들고 그는 기도하고 있습니다. 그런데, 이렇게 기도할 때 방해자가 있었습니다. 왜요? 우리가 인간적으로 생각하면 맹인이면서 거지인 이 사람, 얼마나 불쌍합니까.

이런 사람을 문둥병자도 고치시고, 앉은뱅이도 고치시는 예수님께서 만나주십니다. 기회가 온 것입니다. 그렇다면 오히려 맹인을 데리고 가야지요. "여보, 내가 안내해줄 테니, 예수님께 갑시다. 그러면 기적이 나타날지도 모르오. 같이 갑시다." 이렇게 맹인을 예수님께로 안내하고 도와줘야 할 텐데, 사람들은 오히려 그가 예수님께로 가는 길을 방해했습니다. 소리 지르지 말라고 합니다. 여기에 신학적으로 중요한 의미가 있습니다. 당시에 이스라엘 사람들은 불행을 저주라고 여겼습니다. 불행은 저주입니다. 가난도 저주입니다. 질병도 저주입니다. 그렇게 생각했습니다. 그래서 문둥병자나 어려운 형편에 있는 환자를 만나면, 그를 불쌍히 여기는 것이 아니라, 오히려 이렇게 생각했습니다. '얼마나 죄가 많으면 저 모양이 됐을까?' 이렇게 그들을 소외시킨 것입니다. 그런고로, 오늘 이 맹인이 여기에 있는데도 그들은 이 맹인을 그리스도께 인도하여 눈을 뜨게 해주겠다는 생각은 전혀 없었습니다. 오히려 예수님께서 하시는 일에 방해가 된다고 생각하여 사람들이 그를 막아섰던 것입니다. 그리스도께 가까이 못 오도록 말입니다. 이 얼마나 기가 막힌 상황입니까.

그러나 이 사람은 굴하지 않았습니다. 더욱 크게 소리를 질렀습니다. "다윗의 자손이여, 저를 불쌍히 여기소서!" 이 소리를 들으시고 예수님께서 말씀하십니다. "저를 내게로 데려오라." 그리고 만나

주십니다. 모든 사람이 그를 멸시했지만, 예수님께서는 이 사람을 알아보셨고, 개인적으로 사랑하셨습니다. 그가 예수님께 다가오자 그 귀한 시간에 예수님께서 무슨 말씀을 하셨는지 아십니까? "내가 네게 무엇을 해주기를 원하느냐?" 소원을 물으셨습니다. 이 순간을 당시로 돌아가서 생각해보십시오. 이 사람은 거지입니다. 한평생 손을 내밀어 사람들에게 자비를 구하면서 살아온 사람입니다. 동정을 구하는 사람입니다. 그래서 예수님을 다른 모든 사람과 같은 사람으로 보았다면, 이 시간의 소원이 무엇이겠습니까? "돈 좀 주세요. 넉넉하게 주세요. 자비를 베푸소서." 이렇게 나와야 할 것 아니겠습니까. 그러나 이 사람은 여기서 엄청난 신앙고백을 합니다. "주여, 보기를 원하나이다." 사람에게서 구할 수 없는 것입니다. 사람에게는 돈을 구하면 됩니다. 돈과 관계된 것들은 구할 수 있습니다. 그러나 예수님께는 그런 소원을 구할 것이 아닙니다. 예수님께 구하는 소원은 돈이 아닙니다. "보기를 원하나이다." 여기에 엄청난 의미가 있습니다. 우리의 소원도 정화되고, 성결하게 되어야 합니다. 소원이 깨끗해져야 하는 것입니다. 여러분, 어떻게 기도하십니까?

옛날 일입니다. 언젠가 제가 주일 오후에 저 삼각산 안에 있는 겟세마네 기도원이라는 조그마한 기도원에 올라간 적이 있습니다. 거기서 어떤 모임이 있었습니다. 가다 보니, 그 기도원 입구 옆에 큰 바위가 있었습니다. 아주 우람한 큰 바위였습니다. 한데, 그 바위 위에 어떤 아주머니 한 분이 앉아서 무릎을 꿇고 기도를 하고 있었습니다. 크게 소리를 내어 열심히 기도를 합니다. "충만, 충만, 충만, 충만, 충만, 충만, 충만……" 계속해서 그렇게 기도를 합니다. 저도 서서 그걸 한참 봤는데, 계속 똑같은 소리입니다. "충만, 충만,

충만, 충만, 충만, 충만……" 그렇게 기도하고 있었습니다. 더운 날씨에 땀을 흘려가면서 열심히 기도합니다. 그래 제가 이것이 참 좋은 기회라고 생각이 되어 실례인 줄 알면서도 가까이 다가가서 말을 걸었습니다. "아주머니, 미안합니다만, 충만을 위해서 기도하시는군요." "그럼요. 충만해야죠." 그래 제가 이렇게 아주 어려운 질문을 했습니다. "그래, 충만이 뭔지 아십니까?" 이 질문에 그 아주머니가 뭐라고 대답하는지 아십니까? 이랬습니다. "충만해야 장사가 잘되죠." 그 사람의 마지막 소원은 돈입니다. 그 밖에 다른 것이 아닙니다. 여러분, 그 많은 시간 기도하고, 철야를 하면서 충만하여 기껏 장사가 잘되고 부자가 되기를 구하니, 참 기가 막히지 않습니까. 제가 목회 초창기에 그분을 보면서 '이런 사람들을 내가 어떻게 가르치고 인도하나?' 하는 생각을 해보았습니다.

여러분, 소원이 정화되어야 합니다. 오늘본문에 나오는 맹인의 소원도 본래는 돈이었습니다. 돈밖에 없었습니다. 거지니까요. 오직 돈입니다. 그러나 예수님께는 다릅니다. "보기를 원하나이다." 우리의 소원, 기도는 성화가 되어야 합니다. 순수해져야 합니다. 더더욱 주님의 뜻에 가까이 가야 합니다. "보기를 원하나이다." 이 말은 그 소원이 단순화되고, 깨끗해지고, 정결해지는 것뿐만이 아닙니다. 예수 그리스도를 메시아로 고백하는 신앙고백이 여기에는 숨어 있습니다. "당신은 내 눈을 뜨게 해주실 분입니다." 사람에게는 눈을 뜨게 해달라는 간구를 할 필요도 없고, 할 이유도 없습니다. 그러나 나사렛 예수, 다윗의 자손인 당신께만은 소원이 돈이 아닙니다. 명예도 아닙니다. 세속적인 무엇이 아닌 것입니다. 딱 한 마디입니다. "보기를 원하나이다." 왜요? "당신은 저를 보게 하실 수 있으니까요. 당신은 저의 근본적인 문제, 보게 하실 수 있는 분이기 때문입니다." 이런 고백이 여기에 들어 있는 것입니다. 아주 순수한 믿음입니다. 이 말에 예수님께서 크게 기뻐하시면서 말씀하십니다. "네 믿음이 너를 구원하였느니라." 믿음은 그 소원과 정비례합니다. 여러분, 우리가 하나님 앞에 많은 기도를 합니다. 어떻게 기도해야겠습니까? 우리의 소원은 어떤 것입니까? 정화되고, 순화되고, 그리스도화 되어서 주님의 마음에 합한 소원이 되어야 합니다. 우리의 소원이 그리할 때 그 기도는 이루어집니다.

제 어머니께서는 저를 10년 동안 기도해서 낳으셨습니다. 늘 기도하시는 어머니를 저는 보고 자랐습니다. 여기저기 기도실이 있었습니다. 새벽마다 기도하셨습니다. 저녁에도 어머니가 보이지 않으면 또 가서 기도하고 계신 것입니다. 그렇게 기도를 많이 하셨습니다. 제가 피난 나올 때 마지막으로 하신 말씀은 딱 한 마디였습니다. "모든 것을 보고 들었으니까 배운 대로 할 것이다마는, 내 소원, 내 기도 제목은 딱 한 가지다. 목사가 되어라. 그걸 맹세하고 내가 너를 낳았으니까 너는 목사가 되어라." 그렇습니다. 딱 한 가지입니다. "네가 나와 같이 있고 없고는 중요하지 않다. 난 효도 받을 생각 없다. 딱 하나, 어디 가서든지 너는 목사가 되어라. 너는 복음을 전하거라." 여러분, 우리 마음의 소원이 어디에 있습니까? 단순하고 깨끗한 소원, 그 소원이 주님의 뜻에 합당하게 될 때 그 기도는 이루어지는 것입니다.

오늘 본문을 자세히 보십시오. "네 믿음이 너를 구원했느니라." 그 믿음이 훌륭합니다. 순수합니다. 베드로가 "주는 그리스도시요 살아계신 하나님의 아들이십니다" 하고 고백하던 그 수준의 기도요

고백입니다. "보기를 원하나이다." 여러분, 세상이 흔들립니다. 모든 사건은 우리 믿음의 문제입니다. 우리가 지금 무엇을 믿고 있습니까? 축복은 믿음입니다. 여러분, 장사도 안 되고, 건강도 잃고, 다 실패한다고 칩시다. 다 잃어버려도 믿음을 가졌습니다. 믿음이 순수해졌습니다. 믿음이 주님의 뜻에 합당한 수준에 도달했습니다. 주님 말씀하십니다. "네 믿음이 너를 구원했다." 이런 믿음에 왔습니다. 이것은 축복입니다. 때로는 시련이 우리 믿음을 깨끗하게 합니다. 사도 야고보는 그래서 말합니다. "너희가 여러 가지 시험을 만나거든 온전히 기쁘게 여기라." 시험을 통해서 믿음이 깨끗해지고, 소원이 깨끗해지고, 우리 영혼이 깨끗해지기 때문입니다. 그리고 아름다운 그릇이 될 때 주의 은총을 받게 되기 때문입니다. 축복 중에 가장 큰 복은 물질이 아닙니다. 믿음입니다.

여러분, 우리의 믿음을 다시 한번 점검해보십시다. 아직도 세속에 매여서 세속적인 것으로부터 헤어 나오지 못하고 있습니다. 다 벗어나서 순수하게 "주여, 보기를 원하나이다!" 하는 이것이 주님의 마음의 합할 때 "네 믿음대로 되리라. 네 소원대로 되리라" 하는 축복의 음성을 듣게 될 것입니다.   △

# 깊은 밤에 보는 아침

또한 너희가 이 시기를 알거니와 자다가 깰 때가
벌써 되었으니 이는 이제 우리의 구원이 처음 믿을
때보다 가까웠음이라 밤이 깊고 낮이 가까웠으니 그
러므로 우리가 어둠의 일을 벗고 빛의 갑옷을 입자
낮에와 같이 단정히 행하고 방탕하거나 술 취하지 말
며 음란하거나 호색하지 말며 다투거나 시기하지 말
고 오직 주 예수 그리스도로 옷 입고 정욕을 위하여
육신의 일을 도모하지 말라
(로마서 13 : 11 - 14)

## 깊은 밤에 보는 아침

유명한 사회학자인 커밍 워크 박사는 모든 일에 성공하려면 기본적으로 네 가지가 있어야 한다고 말합니다. 언제 생각해봐도 이것은 기초적이고 중요한 진리입니다. 첫째로, 그는 자본이 있어야 한다고 말합니다. 돈 없이 되는 일은 하나도 없습니다. 무슨 일을 하려면 돈이 꼭 따라갑니다. 둘째로, 그는 지식이 있어야 한다고 말합니다. 돈이 있어도 머리가 안 따라주면 소용이 없습니다. 돈도 있고, 지식도 있어야 합니다. 셋째로, 그는 기술이 있어야 한다고 말합니다. 아무리 지식이 있어도 기술이 없으면 안 됩니다. 지식을 완전히 몸에 익혀서 생활화하려면 그 지식이 기술로 바뀌어야 합니다. 중요한 말입니다. 넷째로, 그는 열정이 있어야 한다고 말합니다. 열정이 없이는 되는 일이 없습니다. 커밍 워크 박사는 이렇게 네 가지 기본 요소를 그의 책에서 잘 설명하고 있습니다. 그런데, 마지막의 이 말이 중요합니다. '그러나 이보다 가장 근본적인 것이 있는데, 그것은 시간이 있어야 한다는 것이다.' 그렇습니다. 시간이 없으면 안 됩니다. 이 시간은 인간적인 차원의 문제가 아니라, 하나님께서 주시는 것입니다. 하나님께서 내게 시간을 주시지 않으면 안 됩니다. 이 시간이라고 하는 소중한 선물이 주어져야 합니다. 시간이 매우 중요합니다.

저는 북한에서 중고등학교를 나왔습니다. 그런데, 그 북한에서 중고등학교 때 공부했던 것을 지금은 다 잊어버렸습니다마는, 아직 기억하는 것 한 가지가 있습니다. 잊을 수가 없습니다. 중학생이 뭘 안다고 그 아이들한테 진화론을 가르쳤습니다. 과목 자체가 '진화론'입니다. 그걸 한 학기 동안 가르쳤습니다. 이어 다음 학기에는 '사회발전사'를 가르쳤습니다. 다시 말하면, 진화론적 관점으로 사회를 보고, 세상을 보게 하려는 것입니다. 그리고 고등학교에 올라가면 '볼셰비키 당사(러시아 혁명사)'를 가르칩니다. 이 과목들을 철저하게 배우고 나면 공산당원이 되는 것입니다. 굉장히 중요합니다. 제가 공부를 해보니까 참 무서운 것이더라고요. 진화론, 사회발전사, 볼셰비키 당사— 우리 젊은이들을 공산주의자로 만들어내는 교육을 제가 받았던 것입니다. 이걸 뭐라고 하는가 하면, 유물사관이라고 합니다. 유물사관, 변증법적 유물론— 매우 중요한 것입니다. 두고 두고 이 한마디를 마음속에 새겨가며, 모든 학문에서 그 원리를 다시 찾게 되고, 재확인하게 됩니다. 제가 이 시간에 설명을 다 할 수는 없습니다마는, 문제는 인생의 근본에 대한 것입니다. 다윈이 그렇지 않습니까. 진화론의 처음이 '종의 기원'입니다. 기원, 무엇입니까? 인간의 기원이 동물이라는 것입니다. 그 처음, 근원적인 동물이 '단세포 동물'이라는 것입니다. '꿈틀꿈틀하는 아메바로 시작하여 동물이 되었고, 동물이 사람이 되었고, 사람이 사회가 되었고, 사회가 오늘의 국가가 된 것이다.' 이렇게 설명하는 것입니다. Origin, 근본이 무엇이냐?— 대단히 중요한 것입니다.

다윈은 사람을 동물 가운데 하나라고 봅니다. 인간은 동물 가운데 하나일 뿐입니다. 요새도 어떤 사람들을 보면 굉장한 공부도 했고, 지식수준도 높아 보이지만, 도덕적으로 잘못돼서 이런저런 부끄러운 일을 하는 걸 보지 않습니까. 그런데, 더 놀라운 것은 이 사람들이 부끄러운 줄을 모른다는 것입니다. 그래서 왜 그럴까 하고 가만히 생각해보면, 이 사람들이 유물사관에 물들어 있기 때문입니다. 유물사관에 물든 가치관으로 보면, 여자는 그냥 암컷이고, 남자는 그냥 수컷에 지나지 않습니다. 암컷, 수컷 말고는 다른 아무 생각이 없는 것입니다. 바로 그것이 유물사관입니다. 그런 차원에서 보다 보니, 요새 와서 이 모든 문제가 불거지는 것입니다. 우리는 고개를 들 수 없을 만큼 부끄러운 일인데도 그 사람들은 부끄러운 줄도 모릅니다. 전혀 몰라요. 왜요? What's wrong? 뭐가 잘못됐냐는 것이지요. 그렇지 않습니까. 유물사관으로 볼 때는 이렇게 되는 것입니다. 굉장한 문제입니다. 이걸 역사관이라고도 하고, 혹은 가치관이라고도 합니다.

그런가 하면, 기독교는 여기에 반해서 창조론을 말합니다. 진화론이 아닌 창조론— 창조론의 특징이 무엇입니까? 이걸 꼭 잊지 말아야 합니다. '하나님께서 창조하셨다. 천지를 하나님께서 창조하셨다.' 이런 근본적인 선언만이 아니라, 사람을 또 어떻게 보느냐, 하는 것입니다. 이것이 중요합니다. 기독교는 사람이 무엇이냐, 할 때 딱 두 가지 요소를 말합니다. '하나님께서 흙으로 사람을 만드셨다.' 그 근원이 흙입니다. 이것이 첫째입니다. 하나님께서 말씀하십니다. "너는 흙이니 흙으로 돌아갈지니라." 흙덩어리가 분명합니다. 창조 기사가 나오는 창세기 1장을 히브리어 원문으로 보면, '만들었다'라는 '아샤'라는 말과 '창조하다'라는 뜻의 '바라'라는 단어가 서로 딱 대조됩니다. 만들었느냐? 창조했느냐? 아, 묘합니다. 아주 오묘하게 기록되어 있습니다. 다시 말하면, 사람의 몸은 만들어진 것입니다. 흙으로 만들어졌습니다. 그 근원이 흙입니다. 그러니까 흙으로 돌아가는 것입니다. 몸이 흙이고, 흙에서 나오는 것을 먹고 살다가 흙으로 돌아가는 것입니다. '너희는 흙이다. 흙덩어리로 돌아가라.' 그게 인간입니다. 그러나 바로 이어서 성경은 말씀합니다. "하나님께서 자기 형상대로 사람을 남자와 여자로 창조하시니라." 여기 '창조'가 나옵니다. 이것이 둘째입니다. 그 창조된 부분이 하나님의 형상이라면, 만들어진 부분은 우리의 육체요 동물적인 것입니다. 이 동물성과 하나님의 형상이 함께하고 있습니다. 당분간 함께하고 있습니다. 그게 바로 오늘 이 자리에 앉아 있는 여러분과 저, 인간이라고 하는 존재입니다. 그러나 우리는 근원을 잘 생각해야 합니다. 동물적이고, 흙에 속하고, 땅에 속한 육체라고 하는 것이 있습니다. 만들어진 바가 있고, 만들어진 바 그 속에 근본 중의 근본인 하나님의 형상이 있습니다. 하나님의 형상이 그 속에 있다면, 하나님의 형상이 육체라는 옷을 입고 잠깐 이 세상에 머물러 사는 것입니다.

그렇다면, 인간 존재의 근본은 무엇입니까? 다시 오늘본문으로 돌아가서 말씀드립니다. 11절, 12절입니다. "이 시기를 알거니와 …… 밤이 깊고 낮이 가까웠다." 우리네 인생을 향한 말씀입니다. 여러분과 저를 향한 말씀입니다. '밤이 깊고 낮이 가까웠다. 이 시기를 알라.' 여기에서 '이 시기'라는 말은 '카이로스'입니다. 시간입니다. 하나님께서 주신 시간입니다. 하나님의 시간은 '크로노스'입니다. 내게 주어진 시간은 '카이로스'입니다. 이제 내게 주어진 시간, 현시점을 알아야 한다고 성경은 말씀합니다. 그러면 무슨 말씀입니까? 인간이 육체에 머무는 시간이 '카이로스'입니다. 오늘이라고 하는 시간에 내가 머물고 있습니다. 내게 주어진 소중한 시간입니다. 그런데, 성경은 이 시기, 이 시간을 알라는 것입니다. 왜냐하면, 이제 머지않아서 육체라는 옷을 벗어야 하기 때문입니다. 이걸 잊지 말아야 합니다. 결국, 육체라는 옷을 벗어버려야 될 시간이 가까이 오고 있다는 것입니다. 근본은 하나님의 형상입니다. 그러나 지금은 육체와 함께합니다. 그리고 머지않아 육체를 벗어야 합니다. 그것이 나의 나 됨의 존재입니다. 이것이 '카이로스'라고 하는 것입니다. '카이로스'의 귀중한 영적 의미가 되는 것입니다.

　오늘성경은 말씀합니다. '밤은 밤으로 끝나지 않는다.' 여러분, 아셔야 합니다. '이 시기를 알라.' 현재 낮입니까? 곧 밤이 옵니다. 현재 건강하십니까? 곧 병드는 때가 옵니다. 현재 우리가 사는 일에 집착하고 있습니까? 머지않아 우리는 이 삶을 정리해야 합니다. 흘려듣지 말아야 합니다. 그런고로, 앞에 끝이 있다는 걸 항상 마음에 두고 살아야 합니다. 그리스도인은 언제나 현재에 살면서 미래를 봅니다. 오늘 밝은 세상 같으나, 그 속에 곧 어둠이 온다는 걸 알아야 합니다.

　예수님의 확실한 말씀을 한번 들어보십시오. 제자들이 예수님과 함께 예루살렘 성전에 올라갔을 때 '예수님께서 왕이 되실 것'이라고 저들은 생각하고 있었기에 자랑삼아 성전을 가리키면서 말합니다. "이 건물을 보세요. 이 성전을 보세요." 이렇게 성전을 보고 있을 때 예수님께서 말씀하십니다. "너희가 성전을 보느냐? 며칠 뒤에 돌 하나도 돌 위에 남지 않고 다 무너지리라." 예수님께서는 오늘의 건설을 보시며, 무너지는 종말을 보셨습니다. 마태복음 24장에서 예수님께서는 "환난이 있고, 지진이 있고, 재난이 있고, 사랑이 식으며, 모든 어려움이 온 우주에 있으리라"라고 말씀하십니다. 그리고 그 환난과 함께 복음이 전파될 것이며, 그제야 끝이 오리라고 분명히 말씀하십니다. 예수님께서는 밝은 세상을 보시면서 멸망을 보셨습니다. 예루살렘 성을 바라보시면서 40년 뒤에 무너질 예루살렘을 또한 바라보셨습니다. 우리도 그걸 볼 줄 알아야 합니다. 현재는 낮입니다. 그러나 곧 밤이 옵니다. 밤을 의식할 수 있어야 합니다.

우리 개인적으로 말하면 어떻습니까? 여러분, 지금 건강하십니까? 얼마 뒤에는 병들지 않겠습니까. 지금 살아계십니까? 곧 죽어야 할 때가 오지 않겠습니까. 다 버려야 됩니다. 이걸 잊지 말아야 합니다. 사업을 하십니까? 사업도 내려놓아야 됩니다. 밤이 온다는 걸 잊지 말아야 합니다. 밤이 다가온다는 걸 의식하는 사람이 그리스도인입니다. 그래서 성경은 말씀합니다. "밤이 깊고 낮이 가까웠으니……(12절)" 밤이 깊고 아침이 가까웠다— 지금은 밤입니다. 아직 밤입니다. 밤은 점점 깊어지고 있습니다. 이제 아침이 가까이 온 것을 오히려 밤에 의식할 수 있어야 하는 것입니다.

여러분, 밖에서 밤을 지새워본 일이 있습니까? 그거 그리 쉽지 않은 일입니다. 그런데, 저는 군대생활 하면서 전쟁 때 최일선에서 보초를 많이 섰습니다. 깜깜한 밤에 총 한 자루 들고서 언덕 위에서 보초를 섰는데요, 밤이 점점 어두워집니다. 초저녁에는 별빛도 여기저기 있습니다. 그러다가 점점 어두워집니다. 점점 깜깜해집니다. 마지막에는 별빛 하나 안 보일 만큼 어두워질 때가 옵니다. 그러다가 대체로 3시쯤 되면 저 동쪽에 환한 새벽별이 쏙 올라오는 걸 봅니다. 여러분, 밤이 깊었다는 것은 아침이 가까이 오고 있다는 것을 의미합니다. 이걸 의식할 수 있는 사람이 그리스도인입니다. 이걸 아는 사람이 참 지성인입니다.

밤이 깊어진다고 거기서 끝나지 않습니다. 밤이 어두워지고 세상이 혼돈해지면서 하나님의 뜻은 이루어집니다. 사람의 도성은 무너지나, 하나님의 도성은 세워집니다. 이것이 아우구스티누스의 고백입니다. "사람이 만든 성은 무너지고, 신성로마제국도 무너진다. 그러나 하나님의 도성은 세워지고 있다." 밤은 깊었습니다. 여기서 하나님의 능력을 알고, 하나님의 지혜를 알고, 하나님의 경륜 속에서 이루어지고 있는 하나님의 나라를 볼 수 있습니다. 그 하나님의 통치를 의식할 수 있고, 느끼고, 그리고 감격할 수 있어야 합니다. 지금은 밤입니다. 아직 밤입니다. 그러나 아침이 가까이 오고 있습니다. 그런고로, 우리의 의식은 저 앞에 있어야 합니다. 밤에 있는 것이 아닙니다. 과거에 있는 것이 아닙니다. 미래에 있고, 종말에 있습니다. 그래서 오늘본문에 오묘한 말씀이 있습니다. 아직 밤입니다. "낮에와 같이 단정히 행하고……(13절)" 낮에와 같이— 저는 이 '낮에와 같이'라는 말을 생각할 때마다 떠오르는 것이 하나 있습니다. 여자분들이 직장에 나갈 때 아침 일찍 일어나 아직 깜깜한 가운데 화장을 하잖아요? 여자에게 생명은 화장 아닙니까. 아직 깜깜해서 잘 안 보이는 가운데서도 나름대로 예쁘게 화장을 합니다. 왜 화장을 해야 합니까? 화장을 안 하고 직장에 나갔다가는 날이 환하게 밝았을 때 그 꼴이 무엇이겠습니까. 안 될 일이지요. 그러니까 어두운 가운데서도 애써 화장을 하는 것입니다. 밝아진 다음에 화장하는 사람은 게으른 여자입니다. 그래서 날이 밝으려면 아직 먼 그 새벽에 일어나 화장을 하는 것입니다. 우스운 이야기지만, 제가 언젠가 읽은「행복한 여자」라는 책에 이런 말이 있었습니다. '참으로 아름다운 여자는 화장하지 아니한 얼굴을 남편에게 보이는 것이 아니다.' 알아서 하십시오. 늦게 자고도 벌써 일어나서 깨끗하게 단장한 가운데서 식구를 맞이하고, 직장에도 나가는 것입니다. 그런데, 화장을 언제 합니까? 어두운 가운데 하는 것입니다. 이걸 잊지 말아야 합니다. "낮에와 같이 단정히 행하고……" 아, 너무나 중요한 말씀입니다.

'경영학의 대부'로 불리는 피터 드러커가 마지막으로 「Next Society」라는 책을 썼습니다. 마지막으로 이 책을 쓴다고 해서 제가 일부러 기다렸다가 책을 본 기억이 있습니다. 그 책에 이런 중요한 말 한마디가 있습니다. '끝없는 변화 속에서 우리는 항상 물으며 살아야 한다.' 그래서 이분이 '거울 테스트'라는 말을 합니다. 이 말이 너무나 마음에 듭니다. 거울 테스트— 그는 말합니다. "우리는 아침마다 거울을 한 번씩은 본다. 보면서 우리는 물어야 한다. '너는 누구냐? 너는 누구 앞에 서 있느냐? 내가 사람 앞에 있느냐, 하나님 앞에 있느냐?' 이렇게 물어야 한다. 또 '내 종말이 뭐냐? 이대로 살면 끝이 어떻게 될 것이냐? 이 일의 마지막, 또 그 마지막의 마지막은 무엇이냐?'" 끝을 알고 살라는 것입니다. 우리는 분명히 육체적으로는 점점 늙어갑니다. 그러나 우리는 거울을 봅니다. 육체는 점점 늙어가지만, 성숙해가는 하나님의 형상을 보아야 합니다.

저는 늘 혼자 생각하면서 웃는 이야기가 하나 있습니다. 세상의 유명한 악처들 가운데 한 사람이 바로 소크라테스의 부인입니다. 천하에 못된 악처로 역사상 유명한 사람입니다. 한번은 소크라테스가 밖에서 제자들을 가르치고 저녁에 집으로 돌아오자 그 부인이 설거지하던 구정물을 남편 얼굴에 확 끼얹어버렸습니다. 그리고 이랬다는 것 아닙니까. "이 늙은이가 돈도 안 벌고 어딜 돌아다녀?" 그렇게 못됐다는 것입니다. 그래서 악처의 대표적인 사람이 소크라테스의 마누라입니다. 그러니 제자들이 스승 소크라테스에게 뭐라고 했겠습니까. "아, 저 못된 여자와 이혼해버리시지, 왜 저런 여자와 계속 사십니까?" 그러자 소크라테스가 껄껄 웃으면서 뭐라고 했는지 아십니까? "잘 생각해봐라. 저 사람이 아니면 내가 철학자가 됐겠느냐?" 그런 줄 아십시오.

여러분은 지금의 아내를 어떻게 생각하십니까? 이 사람이 아니면 오늘 내가 없지요. 지금까지는 이 사람 때문에 망했다고, 이 사람 때문에 신세가 이렇게 됐다고 투덜거렸지만, 그만하십시오. 이제는 '이 사람이 있어서 오늘 내가 있다'고 반성해야 합니다. 이것이 바로 '낮에와 같이 단정히 행'하는 것입니다. 아직은 밤입니다. 그러나 낮에와 같이 단정히…… 그리스도인은 이렇게 성숙해가는 자기 자신을 거울 보듯이 확인하며 살아가야 합니다. 낮에와 같이 단정히 하라— 그리스도인은 다른 사람이 못 보는 것을 봅니다. 그리스도인은 다른 사람이 느끼지 못하는 것을 느낍니다. 그리스도인은 다른 사람이 믿지 못하는 것을 확실하게 믿고 삽니다. 그가 그리스도인입니다. 낮에와 같이 단정히 하라— 밤은 밤입니다. 그러나 심판의 아침이 옵니다. 밤이 옵니다. 그러나 밤은 다시 아침으로 이어집니다. 그런고로, 낮에와 같이 단정히 하라—

우리가 사랑하고 존경하는 사도 바울을 보십시오. 디모데후서 4장은 말씀합니다. "나의 달려갈 길을 마치고 믿음을 지켰으니(7절)." 지금 내 앞에 바로 죽음이 있음을 알고 있습니다. 그러나 달려갈 길을 다 가고 믿음을 지켰으니, 내 앞에 생명의 면류관이 있습니다. 이 생명의 면류관을 바라보며 오늘의 밤을 통과한다고 하는 것입니다. '밤이 깊고 낮이 가까웠다. 그러므로 어둠의 일을 다 벗으라.' 오늘본문은 분명히 말씀합니다. "오직 주 예수 그리스도로 옷 입고 정욕을 위하여 육신의 일을 도모하지 말라(14절)." 세상은 혼돈합니다. 점점 어두워지고 있습니다. 어둠을 피부로 느끼고 있습니다. 경제, 정치, 문화…… 모든 면에서 어둠을 느낍니다. 그러나 이 어둠의 뒤에는 하나님의 심판이 있고, 구원이 있습니다. 심판과 구원이 동시에 이루어집니다. 그리고 우리는 이 거룩한 하나님의 섭리와 역사 저 뒤에 있는 아침을 바라보며, 낮에와 같이 단정히 행하라는 말씀을 붙들고 살아갑니다. 오늘본문은 말씀합니다. "그리스도로 옷 입고……(14절)  △

# 그 일을 내게 숨기지 말라

그러므로 여호수아가 아간에게 이르되 내 아들아 청하
노니 이스라엘의 하나님 여호와께 영광을 돌려 그 앞에
자복하고 네가 행한 일을 내게 알게 하라 그 일을 내게 숨
기지 말라 하니 아간이 여호수아에게 대답하여 이르되 참
으로 나는 이스라엘의 하나님 여호와께 범죄하여 이러이
러하게 행하였나이다 내가 노략한 물건 중에 시날 산의
아름다운 외투 한 벌과 은 이백 세겔과 그 무게가 오십 세
겔 되는 금덩이 하나를 보고 탐내어 가졌나이다 보소서
이제 그 물건들을 내 장막 가운데 땅 속에 감추었는데 은
은 그 밑에 있나이다 하더라 이에 여호수아가 사자들을
보내매 그의 장막에 달려가 본즉 물건이 그의 장막 안에
감추어져 있는데 은은 그 밑에 있는지라 그들이 그것을
장막 가운데서 취하여 여호수아와 이스라엘 모든 자손에
게 가지고 오매 그들이 그것을 여호와 앞에 쏟아 놓으니
라 여호수아가 이스라엘 모든 사람과 더불어 세라의 아들
아간을 잡고 그 은과 그 외투와 그 금덩이와 그의 아들들
과 그의 딸들과 그의 소들과 그의 나귀들과 그의 양들과
그의 장막과 그에게 속한 모든 것을 이끌고 아골 골짜기
로 가서 여호수아가 이르되 네가 어찌하여 우리를 괴롭게
하였느냐 여호와께서 오늘 너를 괴롭게 하시리라 하니 온
이스라엘이 그를 돌로 치고 물건들도 돌로 치고 불사르고
그 위에 돌 무더기를 크게 쌓았더니 오늘까지 있더라 여
호와께서 그의 맹렬한 진노를 그치시니 그러므로 그 곳
이름을 오늘까지 아골 골짜기라 부르더라

(여호수아 7 : 19 - 26)

## 그 일을 내게 숨기지 말라

　아주 유명한 비평가인 마크 반 도렌(Mark Van Doren) 교수가 대학에서 강연을 하고 있었습니다. 그 강연 중 한 학생이 느닷없이 손을 들고 이런 질문을 했습니다. "어떻게 사는 것이 성공한 사람답게 사는 길이겠습니까?" 당돌한 질문이었습니다. 도렌 박사는 빙그레 웃으면서 이렇게 답했습니다. "그리 어렵지 않아. 한 가지만 알면 되지." 학생이 다시 묻습니다. "그 한 가지가 무엇입니까?" 도렌 박사가 대답합니다. "자기 자신이야. 자기 자신을 어떻게 평가하느냐가 중요해. 환경의 문제도 아니고, 경제, 정치의 문제도 아니야. 언제나 자신의 문제라고 생각하면 성공적으로 살 수 있지." 참 지혜로운 대답 아닙니까.

　공자와 그의 제자 자공 사이에 오간 이런 대화를 우리가 알고 있습니다. 자공이 공자에게 묻습니다. "나라가 튼튼히 서려면 어떤 여건을 갖추어야 하겠습니까?" 그러자 공자가 딱 세 가지를 말합니다. "식량이 넉넉하고, 군비가 충실하고, 신의가 있어야 하느니라." 여기서 식량이 넉넉하다는 것은 지금으로 치면 경제문제입니다. 그러니까 경제적으로 부요해야 한다는 뜻입니다. 또, 군비가 충실하다는 것은 국방의 문제입니다. 그다음으로, 신의가 있어야 한다는 것은 도덕적인 문제입니다. 자공이 또 물어봅니다. "만일 그 셋 가운데 한 가지를 빼야 한다면 무엇을 뺄 수 있겠습니까?" "그야 군비를 빼야지." 경제가 국방보다 더 중요하다는 뜻입니다. "그다음에 또 하나를 빼야 한다면 무엇을 빼야겠습니까?" "식량을 빼야지." 이 한마디가 매우 중요한 교훈입니다. 국방문제, 경제문제보다 더 중요한 것이 신의의 문제요, 도덕의 문제라는 말입니다. 눈에 보이지는 않지만, 나라가 망할 때 경제 때문에 망한 나라도 없고, 정치가 잘못되어서 망한 나라도 없습니다. 전부 그 안의 죄 때문에 망하는 것입니다. 깊이 들어있는 내적인 죄악 때문에 개인이든, 사회든, 나라든 다 망하는 것입니다. 이걸 잊지 말아야 합니다.

토마스 머튼은 그가 쓴 「명상의 씨(New Seeds of Contemplation)」라는 책에서 이렇게 교훈합니다. '사람이 절망을 경험하게 되는 이유가 무엇일까? 첫째는 자기 사랑에 치우치기 때문이다. 자기 사랑에 극단적으로 빠져들기 때문이다. 둘째는, 같은 맥락이지만, 자기 사랑에 빠져들다 보니, 주변 사람이 보이지 않기 때문이다. 도덕성도 보이지 않고, 나라도 사회도 보이지 않는다. 나 하나만 보인다. 이러면 안 된다. 그리고 어느 경우에 가서는 자신을 비워야 하는데, 그때 자기를 비우지 못하면 전부 실패하게 된다.' 이걸 잊지 말아야 합니다.

나라든 개인이든 사회든, 우리는 흔히 이것을 경제, 정치, 문화의 문제로 접근하지만, 아닙니다. 도덕의 문제입니다. 그리고 도덕문제의 근본은 양심입니다. 양심의 문제입니다. 나아가 신앙의 문제입니다. 이걸 잊지 말아야 합니다. 그래서 성경은 말씀합니다. "의인은 나라를 영화롭게 하고, 죄인은 나라를 망하게 하느니라." 망한다면 그것은 언제든지 죄 때문에 망하는 것이지, 경제 때문에 망하는 것이 아니라는 것입니다. 국방이 잘못되어서 망하는 것이 아니올시다. 문제는 깊이 숨어 있는 죄악 때문에 망한다는 것입니다.

오늘본문은 너무나도 드라마틱하고, 아주 소중한 교훈을 주는 말씀입니다. 이스라엘 백성이 애굽으로부터 나와서 요단강을 건너고, 여호수아의 인도함을 받아 가나안으로 들어갑니다. 그리고 여리고 성을 점령합니다. 무혈 전쟁입니다. 한 번 싸워보지도 않고 여리고 성이 무너집니다. 제가 그 여리고 성을 직접 가 보았습니다. 생각보다 그리 큰 성이 아니었습니다. 그런데, 그 무너진 흔적이 지금도 그대로 있거든요. 이렇게 하나님의 은혜로 이스라엘 백성이 여리고 성을 손 하나 대지 않고 정복했습니다. 이 소문이 쫙 퍼지니까 가나안 일곱 족속이 벌벌 떱니다. '이제 우리는 망했다. 여호와 하나님께서 함께하시는 저 여호수아의 군대로 말미암아 우리는 다 죽었다.' 이렇게 벌벌 떨고 있는 바로 그때입니다. 이스라엘 백성은 지금 승리에 도취해 있습니다. 바로 그 순간, 여리고 성 옆에 아이 성이라고 하는 작은 성이 있었는데, 이제 그 성을 또 점령해야 합니다. 사람들은 생각합니다. '아이 성은 작아서 많은 사람이 가지 않아도 될 거야.' 그래서 2, 3천 명만 보내기로 합니다. 그런데, 웬걸요? 완전히 패전했습니다. 그리고 36명이나 죽었습니다. 이런 일을 당할 때 여호수아는 큰 근심에 잠깁니다. 이것은 거룩한 전쟁입니다. 성전입니다. 하나님의 명령을 받들어 하나님과 함께하는 전쟁입니다. 하나님께서 약속으로 주신 땅을 점령하러 가는데, 패전이란 있어서는 안 될 일입니다. 그런데, 패전했습니다. 그 이스라엘을 보고 여호수아는 기가 막혔습니다. 그래서 여호수아 7장 7절에서 그는 하나님 앞에 통곡합니다. "주 여호와여 어찌하여 이 백성을 인도하여 요단을 건너게 하시고 우리를 아모리 사람의 손에 넘겨 멸망시키려 하셨나이까 우리가 요단 저쪽을 만족하게 여겨 거주하였다면 좋을 뻔하였나이다." 그러니까 '어찌하여 이런 일이 있습니까? 하나님, 우리는 하나님만 믿고 왔는데, 어찌하여 이런 일이 있습니까?' 하고 하나님 앞에 엎드렸더라는 말씀입니다. 약속된 승리 앞에 그들의 패전은 정세의 문제도 아니고, 전략의 문제도 아니고, 정치 경제의 문제가 아니었습니다. 왜 패했느냐고요? 여호수아 7장 10절, 11절에 기막힌 일이 나옵니다. "여호와께서 여호수아에게 이르시되 일어나라 어찌하여 이렇게 엎드렸느냐 이스라엘이 범죄하여 내가 그들에게 명령한 나의 언약을 어겼으며 또한 그들이 온전히 바친 물건을 가져가고 도둑질하며 속이고 그것을 그들의 물건들 가운데에 두었느니라." 명령을 어기고, 도둑질하고, 속인 것 때문에 전쟁에 패한 것이다, 패전의 원인이 밖에 있지 않고, 안에 있다, 이것입니다. 굉장한 사건처럼 보이지만, 아닙니다. 숨겨진 죄악 때문입니다. 이렇게 하나님께서 심판하십니다. 패전의 원인은 외적인 것이 아니고, 내적인 것입니다. 그런고로, 성경은 다시 말씀합니다. "너희는 내일을 위하여 스스로 거룩하게 하라……(13절)" 해결의 길은 전략을 가다듬는 데 있지 않습니다. 하나님 앞에 스스로 성결케 하여 내일을 기다리라는 것입니다. 하나님 말씀입니다.

여기서 '숨겨진 악'이 무엇입니까? 아간이라는 사람이 여리고 성을 정복할 때 한 가지 실수를 합니다. 하나님께서는 분명히 "전부 진멸하고, 그 모든 것을 탐내지 말라"라고 하셨는데, 이 아간이 여리고 성을 정복할 때 거기서 탐심을 품었던 것입니다. 전쟁하는 사람이 탐심이 있으면 안 되지요. 거룩한 역사를 이루는 사람의 마음속에 탐심이 있어서는 안 됩니다. 성경은 아주 드라마틱하게 말씀합니다. "외투 한 벌과 은 이백 세겔과 그 무게가 오십 세겔 되는 금덩이 하나를 보고 탐내어……(21절)" 그랬습니다. 보고 탐내어— 이 본다는 것이 문제입니다. 이 금덩이를 보는 순간 다른 아무것도 보이지 않게 되었던 것입니다.

　이런 아주 재미있는 이야기가 있습니다. 옛날 시장에서는 마당에다 물건들을 죽 벌여놓고 팔지 않습니까. 그래 어떤 사람이 시장에서 은으로 만든 비녀를 놓고 파는데, 누가 그걸 보다가 많은 사람이 뻔히 지켜보는 가운데 비녀 하나를 훔쳐서 도망가기 시작합니다. 주인이 득달같이 따라가 그 도둑을 붙잡았습니다. 그리고 꾸짖습니다. "이놈아, 그 많은 사람이 보는 데서 그걸 훔쳐 가면 무사히 갈 수 있으리라고 생각했느냐?" 그러자 그 도둑이 어떻게 대답했는지 아십니까? 이랬습니다. "제가 그 비녀를 보는 동안에는 아무것도 보이지 않았거든요. 그 비녀에 온 마음이 가 있는 동안 주변에 누가 있는지, 누가 저를 보는지 전혀 생각이 없었습니다." 오늘본문은 말씀합니다. 아간이 금덩이 하나를 보고 탐내어― 외투를 보고, 은을 보고, 금을 보는 순간 그만 정신이 나간 것입니다. 아무것도 보이는 게 없습니다. 말씀도 들리지 않습니다. 욕심에 눈이 어두워서 아무것도 생각나는 것이 없습니다. 그저 '저것만 가지면 되겠다. 저것만 내 것으로 만들면 되겠다' 하는 생각뿐인 것입니다. 이렇게 해서 '거룩한 성전'을 '노략질하는 전쟁'으로 의미를 바꿔 놓는 것입니다. 하나님 앞에 크게 도전하는 것입니다. 뿐만이 아니라, 이 사람의 마음속에는 이기심이 있었습니다. 자기만 생각한 것입니다. 자기와 자기 자식만 생각한 것입니다. 하나님께서는 그것을 심판하십니다. 결국, 아간은 자신과 가족이 모두 돌에 맞아 죽게 됩니다. 이기적인 일로 자식을 생각했다면, 그 자식이 잘될 것 같습니까. 불의한 일로 재산을 모은다면, 그 재산이 무사할 것 같습니까. 그 권력이 무사히 서 있을 것 같습니까. 하나님께서 심판하십니다. 아간은 자신만 생각하고, 이스라엘을 생각하지 못했습니다. 하나님께서 우리와 함께하시는 출애굽의 역사를 생각하지 않고, 이기적인 욕심에 자기중심적으로 생각하는 죄를 지었더라, 이것입니다.

그다음으로, 드라마틱한 것이 하나 더 있습니다. 숨겼다는 것입니다. 그 금덩이를 가져다가 자기 집 땅속에 몰래 묻었습니다. 사람에게는 안 보였다는 것입니다. 다른 사람은 보지 못했습니다. 그러나 우선 나 자신이 보고 있잖아요? 그리고 하나님께서 보고 계시잖아요? 하나님께서 보신다는 걸 깜빡 잊었던 것입니다. 하나님께서 아시고, 하나님께서 관찰하시고, 하나님께서 심판하십니다. 숨겼다— 여러분, 숨길 수 있습니까? 이걸 잊지 말아야 합니다. 많은 세월을 살아가면서 보지 않았습니까. 숨겨지는 일이 없습니다. 다 드러납니다. 골방에서 말한 것이 지붕에서 소리를 질러 다 드러납니다. 요새 걸핏하면 컴퓨터니 뭐니 하지만, 추적하면 다 드러납니다. 오래전에 한 일까지 다 드러나니까 컴퓨터가 참 무섭다고 합니다. 하지만 여러분, 무서워할 것 없습니다. 죄 안 지으면 되는 것입니다. 무섭긴 뭐가 무섭습니까. 우리는 하나님의 심판대 앞에 설 사람들인데, 그까짓 컴퓨터를 왜 무서워합니까. 진실하게 살면 되는 것이지요. 남이 뭐라고 하든 말든, 투명하게 하고, 숨겨서는 안 됩니다. 하나님께서는 숨겨진 악을 향하여 화살을 쏘십니다. 이걸 잊지 말아야 합니다. 그 악이 시원찮은 것 같아도 숨겨질 때 하나님께서는 참지 않으십니다. 화살을 쏘셔서, 그냥 클로즈업시키셔서 만방에 드러나게 만드십니다. 그것이 하나님의 취미입니다. 그런 줄 아십시오. 숨기는 것, 하나님께서 절대 허락하지 않으십니다. 하나님께서는 어떤 모양이든지 숨기는 것을 용납하지 않으십니다. 숨겨서 문제가 해결되겠습니까. 하나님을 만홀히 여기고, 업신여기면 안 됩니다. 다 드러납니다. 이걸 잊지 말아야 합니다.

역사가 찰스 베어드는 말했습니다. '하나님께서는 세상에 전쟁을 허락하신다. 전쟁은 뼈아픈 것이나, 전쟁을 통해서 하나님께서는 당신의 공의를 나타내신다.' 하나님께서는 악을 심판하시는데, 전쟁을 통하여 악을 심판하신다는 것입니다. 그리고 동시에 하나님께서는 전쟁을 통하여 당신의 백성을 구원하신다는 것입니다. 하나님께서는 전쟁을 통하여 당신께서만 아시는 위대한 하나님의 역사를 창조해가고 계신다는 것입니다. 여러분, 나라도 개인도 정치도 다시한번 생각해보십시오. 멸망으로 치닫는 이유가 어디에 있습니까? 그것은 탐심 때문입니다. 욕심 때문입니다. 이기심 때문입니다. 거짓 때문입니다. 그래서 안창호 선생님의 유명한 말이 있습니다. '꿈에라도 거짓말을 하지 마라. 꿈에라도 거짓말을 했거든 회개해라.' 진실만이 능력이요 지혜라는 것을 잊어서는 안 됩니다. 그리고 탐심에 사로잡혀서는 안 됩니다. 욕심에 사로잡히고, 이기심에 사로잡히면 전후좌우 보이는 것이 없게 됩니다. 미래도 안 보이고, 나라도 생각 못 합니다. 망하고야 마는 것입니다.

뿐만이 아니라, 숨겨진 악이 있습니다. 회개란 무엇입니까? 숨겨진 악을 하나님 앞에 고하는 것 아니겠습니까. 사람에게는 숨겼지만, 하나님께는 고백하는 것입니다. '내가 이렇습니다. 나는 이런 사람입니다.' 이렇게 숨겨진 악을 하나님 앞에 다 고해서 나 자신을 깨끗하게 하는 것입니다. 진실을 고하는 것입니다. 그래서 종교 개혁자 마르틴 루터는 말합니다. 신앙이라는 것이 무엇이냐, 할 때 그는 이렇게 말합니다. '신앙은 하나님 앞에 정직한 것이다.' 하나님 앞에 정직한 것이다— 그 속에 겸손이 있고, 그 속에 온유가 있고, 그 속에 용기가 있습니다. 숨겨진 악을 다 고하고, 깨끗한 영혼이 될 때 지혜가 있고, 용기가 있고, 능력이 있는 것입니다. 오늘본문은 이렇게 결론을 맺습니다. '스스로 성결케 하고 내일을 기다리라.' 전략을 다시 짜라, 군비를 정비하라는 것이 아닙니다. 스스로 성결케 하고 내일을 기다리라— 전략은 하나님께서 내십니다. 미래는 하나님께서 주관하십니다. 내 운명은 하나님께 있습니다. 우리가 할 일은 스스로 성결케 하고, 내 영혼과 내 이성, 내 생활을 깨끗하게 하고, 스스로 성결케 하며 내일을 기다리는 것입니다.   △

# 육신이 약하도다

이에 예수께서 제자들과 함께 겟세마네라 하는 곳에 이르러 제자들에게 이르시되 내가 저기 가서 기도할 동안에 너희는 여기 앉아 있으라 하시고 베드로와 세베대의 두 아들을 데리고 가실새 고민하고 슬퍼하사 이에 말씀하시되 내 마음이 매우 고민하여 죽게 되었으니 너희는 여기 머물러 나와 함께 깨어 있으라 하시고 조금 나아가사 얼굴을 땅에 대시고 엎드려 기도하여 이르시되 내 아버지여 만일 할만하시거든 이 잔을 내게서 지나가게 하옵소서 그러나 나의 원대로 마시옵고 아버지의 원대로 하옵소서 하시고 제자들에게 오사 그 자는 것을 보시고 베드로에게 말씀하시되 너희가 나와 함께 한 시간도 이렇게 깨어 있을 수 없더냐 시험에 들지 않게 깨어 기도하라 마음에는 원이로되 육신이 약하도다 하시고 다시 두 번째 나아가 기도하여 이르시되 내 아버지여 만일 내가 마시지 않고는 이 잔이 내게서 지나갈 수 없거든 아버지의 원대로 되기를 원하나이다 하시고 다시 오사 보신즉 그들이 자니 이는 그들의 눈이 피곤함일러라 또 그들을 두시고 나아가 세 번째 같은 말씀으로 기도하신 후 이에 제자들에게 오사 이르시되 이제는 자고 쉬라 보라 때가 가까이 왔으니 인자가 죄인의 손에 팔리느니라 일어나라 함께 가자 보라 나를 파는 자가 가까이 왔느니라

(마태복음 26 : 36 - 46)

## 육신이 약하도다

데비 샤피로가 쓴 「마음으로 몸을 고친다」라는 아주 유명한 책이 있습니다. 이 책에서 그는 이렇게 전제하고 있습니다. '몸의 병은 우리의 나쁜 행동에 대한 벌이 아니라, 몸의 균형을 깨뜨렸을 때 생기는 것이다.' 이브 맥도날드라는 간호사가 근무 중에 몸이 몹시 아파 진료를 받아보았습니다. 그래서 자신이 '근위축성측삭경화증'이라는 희귀병에 걸렸다는 사실을 알게 되었습니다. 진행 속도도 빨라서 의사의 말대로라면 그는 이제부터 일어설 수도 없고, 휠체어에 앉은 채로 6개월 정도밖에는 살지 못할 운명이었습니다. 아주 절박한 진단이었습니다. 결국, 그는 휠체어에 앉아서 하루하루 남은 시간을 보내야 하는 신세가 되었습니다. 어느 날, 그는 목욕을 하고 난 뒤 거울에 비친 자기 얼굴을 바라보게 되었습니다. 웬걸요? 그렇게 예쁠 수가 없는 것입니다. 초췌하고 병든 몸인데도 거울에 비친 자기 얼굴만은 천사와도 같았습니다. 그는 감동하여 감사기도를 드립니다. "하나님, 이렇게 예쁜 얼굴, 이렇게 아름다운 몸을 주셔서 감사합니다." 그런데, 이게 웬일입니까. 그 뒤로 그의 병세가 조금씩 조금씩 호전되더니, 마침내는 건강해졌다고 합니다. 실화입니다.

여러분은 거울을 볼 때 어떤 생각을 하십니까? '하나님께서 창조해주신 이 얼굴, 참 예쁘다!' 하고 느끼십니까? 아니면, '하필이면 왜 이렇게 만드셨습니까?' 하고 생각하며 지내십니까? 그렇다면 벌써 정신적으로 죽어가는 것입니다. 자기 아름다움에 스스로 감동해야 합니다. 그렇게 하나님을 찬양할 수 있을 때 정신적으로도 건강하고, 육체적으로도 건강할 수 있습니다. 아주 웅변적인 이야기입니다. 성도 여러분은 자신을 어떻게 바라보십니까? 나는 나의 무엇을 보고 자신을 칭찬하고 있습니까?

사무엘상 16장 7절에서 하나님께서는 다윗을 지명하여 왕으로 삼으시려고 사무엘을 보내십니다. 그가 이새의 집에 가서 아들들을 다 살핀 다음 마지막으로 다윗에게 기름을 붓는 장면이 나옵니다. 그 집에 일곱 아들이 있었는데, 다 훌륭하고 장대했습니다. 하지만 다윗은 그 가운데에서도 가장 초라하고 시원치 않았습니다. 이야기가 아주 드라마틱합니다. "하나님께서 말씀하시어 너희 집 아들들에게 기름을 부으러 왔다" 하고 사무엘이 말할 때 아버지가 일곱 아들을 다 불러 모아 죽 세워놓았습니다. 하나하나 보는데, 성령의 감동이 없습니다. 그래 묻지요. "이 아들들이 전부냐?" "아닙니다. 하나 더 있기는 합니다마는, 지금 목장에서 양을 돌보고 있습니다." 말인즉 시원치 않은 아들이다, 이것이지요. 하지만 사무엘은 그 시원치 않은 아들을 불러오라고 합니다. 그래 불려온 아들을 보니, 그가 바로 다윗입니다. 성경은 이렇게 증거합니다. "용모와 신장을 보지 말라. 내가 이미 그를 버렸노라. 나의 보는 것은 사람과 같지 아니하니, 사람은 외모를 보거니와, 나 여호와는 중심을 보느니라." 중심을 보느니라— 여러분, 하나님께서는 외모를 보지 않으십니다. 사람들은 외모를 봅니다마는, 하나님께서는 신장이나 능력이나 지능이나 건강이나 용맹함을 보지 않으십니다. 하나님께서 보시는 것은 그 중심입니다. 중심을 보십니다. 대단히 중요한 말씀입니다.

세월이 흐르면서 사람들은 점점 늙어갑니다. 얼마 전에 어떤 가수가 노래를 부르는데, '사람은 늙어가는 것이 아니라, 익어가는 것이라오'라는 노랫말이 감동을 주었습니다. 익어가고 성숙해가는 것이 아니라, 신령해져가는 것입니다. 이 과정을 똑바로 알아야 합니다. 세상으로부터 멀어지고, 육체가 쇠약해가면서 점점 더 신령해져가는 것입니다. 사도 바울은 그래서 말합니다. "겉사람은 후패하나, 속사람은 날로 새롭도다." 겉 사람은 아무리 돌봐도 낡을 수밖에 없습니다. 그러므로 날로 새로워지는 속사람, 그 속사람에 관심을 집중해서 남은 생을 살아가야 합니다. 속사람은 하나님의 형상입니다. 하나님의 형상이 육체에 갇혀 있는데, 이제 점점 더 하나님의 형상, 그 본 모양에 가까워지고 있다는 것을 잊지 말아야 합니다.

신학자 폴 틸리히는 「The Courage to Be」라는 그의 책에서 인간의 실존에 대해 이렇게 말합니다. '인간의 실존이라는 것은 운명과 싸우는 것이다. 날 때부터 시작해서 죽을 때까지 죽음과 싸우는 것이다. 죽음의 그늘 가운데 싸우는 것이다.' 사실 인간은 죽음이라는 것을 전제로 하고 살아가는 것입니다. 그는 또 말합니다. '인간은 공허와 무의미와 싸우는 것이다. 내가 지금 무엇을 하고 있는 것인가? 정말 의미가 있는가? 공허와 싸우는 것이다.' 그리고 셋째로 그는 이렇게 말합니다. '죄와 싸우는 것이다. 자기의 나약성, 타락성과 싸워가면서 더 깨끗하고, 더 거룩하게 하나님의 뜻에 가까이 살아가야 하는 것이 인간의 모습이다.'

마태복음 10장에서 예수님께서는 길을 지나가시다가 마태라는 사람을 부르십니다. 마태는 세리입니다. 모든 사람 가운데 가장 크게 경멸과 멸시를 받는 신분입니다. 그런 그가 세관에 앉아 있었습니다. 예수님께서 그곳을 지나가시다가 그 마태를 딱 보시고 "나를 따르라!" 하십니다. 딱 이 한마디입니다. 한데, 마태는 그 당장 모든

것을 버리고 예수님을 따라가 예수님의 제자가 되었고, 오늘 우리가
읽은 이 말씀까지 기록하게 됩니다. 하나님께서는 무엇을 보셨습니
까? 주고받은 대화도 없습니다. 그러나 예수님께서는 분명히 그 중
심을 보셨습니다. 그의 직업도, 그의 지식도, 그의 능력도, 그의 사
회적인 지위도, 그의 건강도 아니었습니다. 예수님께서는 오직 마태
의 중심을 보셨습니다. 비록 지금 그는 세관에 앉아 세금을 받고 있
지마는, 그의 마음 깊은 곳에는 메시아를 기다리는 마음, 거룩한 마
음이 있다는 것을 보신 것입니다. 그리고 딱 한 마디 하십니다. "마
태야, 나를 따르라!" 이 얼마나 놀라운 말씀입니까. 중심을 보셨다
는 것입니다.

　누가복음 13장에는 참 드라마틱한 이야기가 있습니다. 여기 한
여자가 있습니다. 무려 18년 동안 귀신 들린 사람입니다. 귀신만 들
린 것이 아닙니다. 몸이 꼬부라져서 펴지 못하는 꼽추입니다. 게다
가 귀신까지 들렸습니다. 그런 꼴로 18년을 보냈습니다. 스무 살에
귀신이 들렸으니, 지금 서른여덟인 셈입니다. 그런 상태로 인생의
아름다운 시절을 다 보낸 사람입니다. 한마디로, 살아야 할 아무런
이유가 없는 사람이었습니다. 그러나 놀랍게도 예수님께서는 이 여
자를 딱 한 번 보시고 이르십니다. "저도 아브라함의 딸이라!" 아,
정말 감격스럽습니다. 저는 언제나 성경의 이 말씀을 읽을 때마다
'아브라함의 딸'이라는 그 한마디가 얼마나 감동스러운지 모릅니다.
그 귀신 들려 쓸모없는 인간을 예수님께서는 그 중심을 보시고 "아
브라함의 딸이요, 선택된 백성이라!" 하고 말씀하십니다.

　우리가 자녀들을 가르치지요? 그래 아이들더러 "이런 사람이
되어라. 공부를 잘해라. 이래라, 저래라" 합니다. 그러면서도 딱 하

나 잘못된 말이 있으니, 이것입니다. "쓸모 있는 사람이 되어라. 세상에서 쓸모가 있는 사람이 되어라." 우리는 이런 말을 생각 없이 자주 합니다. 그러다 보면, 아이는 열심히 공부를 하다가도 문득 이런 생각을 하게 됩니다. '아무래도 나는 별로 쓸모가 없는 사람인 것 같다.' 그래서 낙심하여 가출까지 하는 것입니다. 여기서 '쓸모'란 도대체 무슨 뜻입니까? 돈을 벌라는 말입니까? 출세하라는 말입니까? 이스라엘 사람들처럼 정직한 사람이 되라는 것이 차라리 바른 교육법이지, 쓸모라니요? 그게 도대체 무엇을 말하는 것입니까? 쓸모없다고 생각하니까 자포자기하는 것 아니겠습니까. 여러분, 이 쓸모라는 말의 기준이 무엇입니까? 많이 생각해야 하는 말씀입니다.

하나님께서는 우리를 사랑하시되 하나님의 형상으로 창조하셨고, 하나님의 형상이 그 안에서 어떻게 성장하고 성숙해가는가를 바라보고 계십니다. 오늘본문에서 예수님께서는 귀신 들려 꼬부라진 여자, 그 쓸모없이 버려진 저주받은 여자를 보시면서 "그도 선택받은 아브라함의 딸이니 매임에서 풀어주는 것이 마땅하지 않느냐?" 하시며 풀어주십니다. 그 통찰력, 그렇게 보시는 그 마음에 복음이 있는 것입니다. 흔히 사람들은 상대를 대할 때 손익계산을 많이 합니다. '이 사람하고 만나면 어떻게 될까? 내게 이로울까, 해로울까?' 결혼할 때에도 '이 사람하고 결혼하면 내게 이로울까, 해로울까?' 합니다. 공부할 때에도, 다른 무엇을 할 때에도 인간은 손익계산을 합니다. 그리고 상대방을 봅니다. 하지만 그것은 신앙의 관점이 아닙니다. 속사람을 보아야 합니다. 하나님의 형상을 보고, 사람을 보아야 합니다.

특별히 오늘본문은 제가 개인적으로 읽을 때마다 언제나 이 대

목에서 늘 마음에 깊은 은혜를 받는 말씀입니다. "마음에는 원이로
되 육신이 약하도다(41절)." 바야흐로 베드로에게 하신 말씀입니다.
이제 예수님께서 십자가를 지시기 바로 몇 시간 전에 겟세마네 동산
에서 기도하시며 하시는 말씀입니다. 이 얼마나 소중한 시간입니까.
십자가에 달리시기 전 마지막 말씀입니다. 그 마지막 순간에 제자들
에게 부탁하시는 것입니다. 예수님께서 힘든 마음에 제자들에게 같
이 기도할 것을 부탁하시고는 갔다 와서 보시니, 제자들이 다 자고
있었습니다. "시험에 들지 않게 기도하라." 이렇게 다시 부탁하시고
나서 예수님께서는 조금 더 앞으로 나가셔서 기도하셨습니다. 한참
을 기도하시다가 와서 보시니, 제자들이 또 자고 있었습니다. 아무
리 생각해봐도 어찌 그럴 수가 있을까 싶습니다. 예수님께서는 지금
십자가를 앞에 놓으시고 피땀 흘려 기도하십니다. 그런 시간에 제자
들은 바로 그 뒤에서 쿨쿨 자고 있는 것입니다. 말이 안 되는 일 아
닙니까.

여러분은 이럴 때 뭐라고 말씀하시겠습니까? 저라면 이렇게 한
바탕 큰소리로 야단을 치고도 남았을 것입니다. "이 정신없는 놈들
아! 내가 너희들을 3년을 데리고 다니면서 하나님 나라의 역사를 보
여줬는데, 이 중요한 순간에 이렇게밖에는 못하느냐?" 그러나 예수
님께서는 이렇게 말씀하십니다. "마음에는 원이로되 육신이 약하구
나." 이 얼마나 긍정적이십니까. 이 얼마나 깊은 통찰력입니까. 이
얼마나 깊은 은총입니까. 마음에도 없다고 판단하는 것이 정직할지
모릅니다. 그러나 예수님께서는 "마음에는 있다. 그러나 육신이 약
하다"라고 긍휼을 베푸셨습니다.

마태복음 9장에서 예수님께서는 세리의 집에 초대를 받으십니

다. 그때 많은 사람이 예수님과 세리를 비난합니다. 하지만 예수님께서는 귀한 말씀을 하십니다. "긍휼하심을 배워라. 하나님께서는 긍휼히 여기신다. 사람을 외모로 취하지 않으신다. 세리가 문제냐, 바리새인이 문제냐? 하나님께서는 중심을 보시고, 하나님의 백성을 보신다. 긍휼하심을 배워라." 그렇습니다. 긍휼이라는 것, 굉장히 중요합니다. 긍휼의 가장 중요한 대명사가 탕자의 이야기 아닙니까. 탕자가 집을 나갔다가 돌아옵니다. 이 탕자를 맞이하는 아버지를 보십시오. 여기에 중요한 초점이 있습니다. 그 돌아온 아들을 딱 보면서 "저놈이 내 재산을 다 팔아먹고 거지가 돼서 돌아왔구먼. 저놈, 내 재산을 다 탕진한 놈이다. 타락한 놈이다" 하면, 그 아들은 끝입니다. 그러나 그 많은 재산을 탕진한 탕자를 두고 아버지는 이렇게 말합니다. "살아 돌아왔구나!" 아들이 살아 돌아왔다는 이 사실 하나로 그 아버지는 기뻐합니다. 그의 관심의 초점이 어디에 있는가를 알아야 합니다. 그것이 긍휼하심입니다. 깊이 생각할 문제입니다.

로마서 7장 18절에서 사도 바울은 자기 자신의 정체에 대하여 이렇게 간증합니다. "원함은 내게 있으나 선을 행하는 것은 없노라." 자기 존재에 대한 깊은 간증입니다. 여러분, 잘 들으셔야 합니다. 마음에는 원하는데, 행할 수는 없습니다. '그런 갈등 속에서 사는 나 자신'이라고 고백합니다. 사도 바울의 고백이 여기에 있습니다. 그러면 육신의 나약함, 그 실존을 인정하는 것입니다. 육신은 약합니다. 예수님께서는 말씀하십니다. "마음에는 원이로되 육신이 약하도다." 육신의 나약함을 말씀하시는 것입니다. 잘못된 과거의 습관을 말씀하십니다. 문화화되고 잠재의식화된 타락상을 말씀하시는 것입니다. 이걸 극복하기란 참으로 어려운 일입니다.

여러분, 예를 들어 우리가 무엇을 결심한다고 생각해보십시오. 내가 내일 아침부터 새벽에 일찍 일어나겠다고 하면, 그게 어디 쉽게 됩니까. 세 번만 일찍 일어나면 감기 걸립니다. 그게 하루아침에 되는 일이 아닙니다. 새벽 체질 만드는 데에도 최소한 3년은 걸립니다. 사람에게는 타락하는 습성이 있어서 이걸 극복하기가 어려운 것입니다. 나도 모르게 습관화되고, 체질화되고, 문화화된 것에서 벗어나기가 어려운 것입니다. 결심한다고 되는 것이 아닙니다. 혈서를 써도 안 되는 것입니다. 얼마나 인간이 나약합니까. 그러나 오늘 예수님의 말씀입니다. "마음에는 원이로되……" 예수님의 마음입니다. 깨어 있지는 못해도 마음에는 원이로되, 바로 서지는 못해도 마음에는 원이로되…… 아직은 시원치 않지마는, 마음이 원하는 바 그 중심을 예수님께서는 인정해주셨다고 하는 것입니다.

여러분, 솔직히 말해서 어쩌다 우리가 돈만 조금 잃어버려도 어디 잠이 옵니까. 어쩌다가 언짢은 말 한마디만 들어도 잠이 옵니까. 그런데, 어찌 십자가를 앞에 놓고 잠을 잘 수가 있는 것입니까? 그러나 예수님께서는 바로 이 순간에도 말씀하십니다. "마음에는 원이로되……" 마음이 원하고 있다, 육신이 약할 뿐이다, 하는 그 본심을 인정해주셨습니다. 더 나아가 소망을 두고 믿어주셨습니다. 예수님의 관점은 이렇습니다. 미래를 보셨습니다. 그 깊은 곳에 있는 내면을 보셨습니다. 여기 한마디가 빠졌습니다. "지금은 모르지만, 이후에는 알리라." 지금은 이렇지만, 이후에는 정신 차릴 것이고, 지금은 너희들이 나를 배반하지만, 머지않아 복음을 전하고, 나를 위해서 순교할 것이다, 이것입니다. 멀리 내다보고 계신 것입니다. 비록 나약하고, 시들고, 병든 것 같아도 그 깊은 곳의 본심, 중심에는 하나님을 사랑하는 마음과 믿음이 있다는 것을 인정해주신 것입니다.

또 한 가지는, 인간의 나약함을 다 알아주셨다는 것입니다. 헤아려주신 것입니다. 오랫동안 이렇게 관습이 되고, 세상을 살면서 생긴 잘못된 습관을 아시고 "마음에는 원이로되 육신이 약하다" 말씀하십니다. 그런고로, 예수님의 마지막 부탁이 있습니다. "깨어 기도하라. 네 마음대로 못 한다. 너 자신이 스스로를 다스릴 수 없다. 네 의지로는 불가능하다. 그런고로 깨어 기도하라." △

## 곽선희목사 설교집·강해집·기타

〈강해집〉

(빌립보서 강해) 희락의 복음

(갈라디아서 강해) 은혜의 복음

(고린도전서 사랑장 강해) 진정한 사랑의 의미

(예수님의 이적 강해) 이적으로 계시된 말씀

(사도신경 강해) 사도들의 신앙고백

(야고보서 강해) 참믿음 참경건

(예수님의 잠언 강해) 예수의 잠언

(사도행전 강해)(상) 교회의 권세

(사도행전 강해)(하) 교회의 권세

(로마서 강해) 믿음에서 믿음으로

(고린도전서 강해) 복음의 능력

(고린도후서 강해) 생명에로의 길

(예수님의 비유강해)(상) 하나님의 나라/(중) 이 세대를 보라/(하) 생명
에로의 초대

(에베소서 강해) 내게 주신 은혜의 선물

(골로새서 강해) 위엣것을 찾으라

(데살로니가서 강해) 사도의 정체의식

(디모데서 강해) 네 직무를 다하라


〈기타〉

행복한 가정/참회의 기도/영성신학/종말론의 신학적 이해/생명의 길